国际组织与全球治理丛书 ● 丛书总主编 李 媛 米 红

浙江大学国际组织精英人才培养计划

国际胜任力人才培养

实践与思考

主 编 张 宁 邬小撑

副主编 李 媛 李 佳

ZHEJIANG UNIVERSITY PRESS

浙江大学出版社

·杭州·

图书在版编目（CIP）数据

国际胜任力人才培养：实践与思考 / 张宁，邬小撑主编. — 杭州：浙江大学出版社，2023.3（2023.12重印）
（国际组织与全球治理丛书 / 李媛，米红总主编）
ISBN 978-7-308-22692-9

Ⅰ.①国… Ⅱ.①张… ②邬… Ⅲ.①高等学校－人才培养－研究－中国 Ⅳ.①G649.2

中国版本图书馆CIP数据核字(2022)第094692号

国际胜任力人才培养：实践与思考
张　宁　邬小撑　主编

选题策划　包灵灵　张　琛
责任编辑　包灵灵
文字编辑　杨诗怡
责任校对　田　慧
封面设计　周　灵
出版发行　浙江大学出版社
（杭州市天目山路148号　邮政编码　310007）
（网址：http：//www.zjupress.com）
排　　版　杭州林智广告有限公司
印　　刷　浙江新华数码印务有限公司
开　　本　710mm×1000mm　1/16
印　　张　18.25
字　　数　300千
版 印 次　2023年3月第1版　2023年12月第2次印刷
书　　号　ISBN 978-7-308-22692-9
定　　价　68.00元

序　言

2018 年 9 月 10 日，习近平总书记在全国教育大会上强调，要大力培养掌握党和国家方针政策、具有全球视野、通晓国际规则、熟练运用外语、精通中外谈判和沟通的国际化人才，有针对性地培养“一带一路”等对外急需的懂外语的各类专业技术和管理人才，有计划地培养选拔优秀人才到国际组织任职。①2021 年 7 月 1 日，在庆祝中国共产党成立 100 周年大会上，习近平总书记指出，要推动建设新型国际关系，推动构建人类命运共同体，推动共建“一带一路”高质量发展。② 在全球化进程加速和全球治理体系深度变革，我国参与全球治理的深度和广度不断拓展的时代，国际胜任力人才培养成为一项重要、紧迫且系统的工程。

中国教育发展战略学会国际胜任力培养专业委员会于 2021 年 7 月正式成立，旨在更好地促进国际胜任力培养理论研究，探索国际胜任力人才培养模式，为推进相关领域的改革创新提供战略思考和决策服务。国际胜任力培养专业委员会在 2021 年组织了“国际胜任力人才培养论坛”，得到了有关单位的积极响应。

本书汇集了包括高校和智库在内的 40 余家单位的国际胜任力人才培养的特色经验。这 40 余家单位类型丰富，既包括综合性大学，又包括行业特色型大学；既包括东部沿海地区的大学，又包括中西部地区的大学；既包括研究型大学，又包括职业大学，还包括国际化智库。同时，这些单位大多为“双一

---

① 习近平 2018 年 9 月 10 日在全国教育大会上的讲话 . (2021-10-27) [2022-10-15]. https://www.xuexi.cn/lgpage/detail/index.html?id=1740176079620833036.

② 习近平：在庆祝中国共产党成立 100 周年大会上的讲话 . (2021-07-01) [2022-10-15]. http://jhsjk.people.cn/article/32146278.

流”建设高校，它们在国际胜任力人才培养方面的成果代表了我国高校当前国际化人才培养的发展水平。本书将他们的工作成果、方法措施、经验分享进行汇合，以促进各方思考与交流，共同推动培养具有国际胜任力的高端人才、非通用语种人才、国别与区域研究人才、国际组织人才，构建具有上述这四类急需人才的发展格局，共同推动国际胜任力人才培养推送工作迈上新的台阶。

张宁　李媛

2022 年 5 月

目　录

将全球胜任力有机融入国际组织人才培养全过程

——来自清华大学的探索与实践[①]

一、引 言

加强国际组织人才培养是推动全球共同发展的重要基础，而全球胜任力是国际组织人才需要具备的基础能力。清华大学以提升学生全球胜任力为切入点，持续强化国际组织人才培养与推送工作。学校围绕加强国际组织人才成长规律研究，营造氛围引导更多学生了解国际组织，培养强化提升学生到国际组织任职的胜任力等，开展了一系列富有成效的工作。同时，学校在实践中发现，全球新冠疫情的持续、人才推送层次和渠道的相对局限等给学校国际组织人才培养推送工作的深入开展带来了挑战，需要以创新性思维、创造性举措突破。

二、加强国际组织人才培养是推动全球共同发展的重要基础

当前，全球共同发展面临巨大挑战。一方面，新冠疫情仍在全球肆虐，世界经济复苏艰难曲折，新兴市场国家经济增长放缓，南北发展鸿沟不断加大；保护主义、单边主义有所抬头，全球治理体系和多边机制受到冲击，经济全球化遭遇逆流。另一方面，地区冲突、气候变化、能源危机等一系列挑战

---

① 作者：廖莹，清华大学学生全球胜任力发展指导中心主任；石智丹，清华大学学生全球胜任力发展指导中心主任助理；何雪冰，清华大学学生职业发展指导中心主任助理；徐雅楠，清华大学学生职业发展指导中心职员。

对各国的可持续发展造成了不利影响。与此同时，新工业革命浪潮方兴未艾，数字经济、绿色发展和疫情催生的新业态、新模式，为发展中国家实现跨越式发展以及全球共同发展，带来了新机遇。

推动全球共同发展，是应对全球挑战与危机的重要路径。1986 年，联合国通过《发展权利宣言》，将“发展权利”确认为“一项不可剥夺的人权”。2021 年 9 月，习近平主席在第 76 届联合国大会一般性辩论上提出全球发展倡议：一是坚持发展优先；二是坚持以人民为中心；三是坚持普惠包容；四是坚持创新驱动；五是坚持人与自然和谐共生；六是坚持行动导向。① 习近平主席提出的全球发展倡议，目的是让发展成果惠及更多人、更多国家，为各国共同发展提供行动指南。

推动全球共同发展，需要让更多人在全球共同面临的重大问题上达成共识。当前，人类共同面临着气候变化、公共卫生、人工智能治理、在线教育等诸多问题带来的挑战和机遇。加强对全球共同面临的重大问题的学习研究，推进各国人民尤其是各国青年在全球共同重大问题方面的交流与合作，有利于弥合制约全球共同发展的知识鸿沟和理解鸿沟，为推动全球共同发展建立国家间纽带。

国际组织是应对全球危机、推动全球共同发展的重要力量。作为国际关系中重要的非国家实体，国际组织已成为当今社会各国开展国际合作和参与国际事务的重要舞台，在应对人类发展挑战、维护世界和平、促进全球共同发展方面具有重要作用。1971 年 10 月 25 日，中国恢复在联合国的合法席位，承担起联合国安理会常任理事国的重大责任使命。50 多年来，中国在国际事务中的参与度不断提升。然而，当前我国国际组织人才缺口大，在国际组织中的代表性不足，高级官员比例偏低。此外，我们对全球共同发展中的深层次、前瞻性、战略性、思想性层面的问题思考还不够，更重视的还是技术层面的问题，这与其他国家还有较大差距。这已成为中国参与全球治理、推动全球共同发展的瓶颈所在。

加强以国际组织人才为代表的国际化人才的培养与输送，帮助中国青年在国际场合更好地发出中国声音，是拓展我国参与全球治理路径，进而推动

① 习近平提出全球发展倡议. (2021-09-22) [2022-05-01]. http://www.gov.cn/xinwen/2021-09/22/content_5638602.htm.

全球共同发展的题中应有之义。党的十八大以来，清华大学深入贯彻落实中央精神，认真领会“人类命运共同体”的深刻内涵，不断提升国际组织人才培养与推送的工作水平，逐渐探索出通过提升学生全球胜任力加强国际组织人才培养的方法和路径。

三、具备全球胜任力是学校人才培养的核心目标

“全球胜任力”（global competence）的概念由美国学者海登提出，用以描述生活在全球化时代的个体所必需的能力。[①] 面对复杂多变的国际形势，全面构建全球胜任力人才培养的教育体系，有助于响应国家人才战略的需求，为国家参与全球治理提供人才储备，同时也有利于促进不同国家、地区和人们之间的相互理解、交流与协作。[②] 因此，全球胜任力是高校人才培养的核心目标。

清华大学响应国家国际化人才培养需求，将具备全球胜任力作为人才培养的核心目标。2016 年，《清华大学全球战略》发布了学校全球战略的 3 个子目标，其一就是“着力培养具备‘全球胜任力’的拔尖创新型人才”。2018 年 4 月，学校成立学生全球胜任力发展指导中心（Center for Global Competence Development, Tsinghua University），聚合学校全球胜任力培养资源，为学生的全球胜任力发展提供支持与辅导，推动全球胜任力融入学校人才培养与教育教学全过程。在实践过程中，学校逐渐形成了符合学校办学理念的全球胜任力定义，即“在国际与多元文化环境中有效学习、工作和与人相处的能力”。全球胜任力内涵丰富，包含世界知识与全球议题、语言、开放与尊重、沟通与协作、道德与责任和自觉与自信六大核心素养（见表 1）。

---

① Hayden, R.L. A Beginning: Building Global Competence. *State Education Leader*, 1983, 4(2): 1-3.

② 钟周，张传杰 . 立足本地、参与全球：全球胜任力美国国家教育战略探析 . 清华大学教育研究，2018, 39(2): 60-68.

表 1　全球胜任力的六大核心素养

维度	核心素养	主要能力
认知	世界知识与全球议题	了解世界历史、地理、经济与社会发展的知识，理解不同国家的政治和文化差异，关注环境、能源、健康、安全等全球议题，理解人类相互依存、共同发展的重要意义
	语言	恰当有效地以母语和至少一种外语进行口头与书面表达，能够与国际同行深入探讨专业话题，并借助语言理解、欣赏不同的文化内涵
人际	开放与尊重	保持好奇和开放的心态，尊重文化差异，具有跨文化同理心；坦然面对不确定性，适时调整自己的情感与行为
	沟通与协作	具有合作精神和协调能力，能够与不同文化背景的人友好互动和交流；善于化解冲突与矛盾，能够在跨文化团队中发挥积极作用
个人	道德与责任	诚实守信，遵守社会伦理，恪守职业道德，坚持在重大事项上做出负责任的决策；勇于承担责任，推动人类可持续发展
	自觉与自信	深刻认识自己的文化根源与价值观，理解文化对个体思维和行为方式的影响；在跨文化环境中自信得体地表达观点，并通过不断自我审视来提升自我

清华大学以提升学生的全球胜任力为目标，积极探索全球胜任力培养路径与方式，建立并完善全球胜任力培养支持体系。第一，建设全球胜任力发展系列课程，将全球胜任力培养融入通识课程、专业课程，鼓励教师基于全球背景讲授专业知识，将全球胜任力培养与院系特点密切结合。第二，加强学校各部门、院系和研究中心的协同，为学生提供丰富的跨文化交流和学习机会。第三，积极与国外高校、国际组织和跨国公司等开展多种类型的人才培养合作，拓展人才培养的海外渠道和基地。第四，培育多元文化兼容并蓄的特色校园文化，营造国际化校园氛围，推动建设中外学生共同发展的国际化校园。第五，优化学生全球胜任力咨询辅导。一方面，完善涵盖视野拓展、文化浸润、自信表达等专题的工作坊模块，提升教学质量，拓展覆盖面；另一方面，为有发展需求的学生群体、院系、部门提供专业化的咨询服务，设计、实现有针对性的辅导支持方案。

四、国际组织人才培养输送的思路与经验

国际组织人才的素养维度是多元的，包含价值观、思维方式、个性特质、国际可迁移能力、专业知识等多个层次。① 例如，《联合国胜任力发展：实用

① 滕珺，曲梅，朱晓玲，等. 国际组织需要什么样的人？——联合国专门机构专业人才聘用标准研究. 比较教育研究，2014, 36(10): 78-84.

指南》将“胜任力”界定为技能、品质和行为 3 个方面，与能否胜任具体工作直接关联。[①] 全球胜任力同样包含价值观、知识、技能等意涵。本质上，国际组织对于人才的素养要求与全球胜任力紧密相关。加强全球胜任力培养，能够为学生进入国际组织并胜任国际组织工作奠定良好基础。因此，清华大学以提升学生全球胜任力为切入点，通过在人才培养理念、目标、环节、评价中融入全球胜任力，强化国际组织人才的培养与推送工作。

（一）加强学生国际组织胜任力培养

1．加强研究，探索国际组织人才培养规律

一是摸查学生前往国际组织实习任职的意向，调研学生对国际组织职业胜任力的实际需求情况，为改进国际组织胜任力培养工作积累参考依据。二是对有国际组织实习任职经验的在校生和青年校友持续开展交流访谈，不断深化对国际组织任职能力、素质和要求的认识，并将学生和校友的工作经验提炼转化为精细化能力培训内容。三是深入研究国际组织人才培养的规律与路径，基于文献研究、实证分析与案例研究，梳理总结国际组织人才培养的层次，根据不同层次需求匹配相应培养模块，提供针对性培养资源（见图 1）。

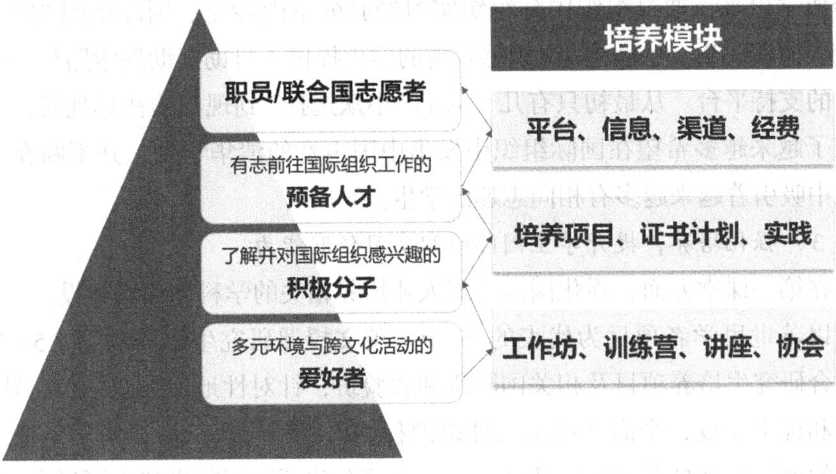

图 1　清华大学国际组织人才培养的层次与对应模块

① 金茜，刘婧如 . 全球治理视阈下国际组织人才培养的实践探索 . 中国高等教育，2020(8): 50-52.

2．营造氛围，让更多学生了解国际组织

一是组织国际组织专题讲座。多年来，学校陆续邀请联合国副秘书长、世界银行副行长、国际原子能机构副总干事等多位国际组织高级官员来校讲座，覆盖学生超过 1000 人。

二是举办国际组织人才推介会。学校先后承办亚洲开发银行、世界银行、国际劳工组织在中国高校的人才宣介会。这些宣介会不仅面向全体清华学生，也面向全国所有高校。例如，2016 年 10 月，联合国人力资源外联项目（北京站）宣介活动在清华大礼堂举行，这是该活动第一次在国内大规模举办，吸引了来自清华大学、北京大学、中国人民大学等 10 所北京高校的近 700 名师生参加。通过专题讲座和资源宣介，清华大学为学生搭建了与国际组织沟通对话的平台，在全校范围内营造了鼓励赴国际组织实习任职的良好氛围。

三是积极发挥朋辈激励与支持效用。2016 年，学校成立清华大学学生全球治理与国际组织发展协会（Tsinghua University Student Association for Global Governance and International Organizations），这是全国高校中第一家国际组织类学生协会。协会的定位为关注全球治理体系与议题，培养全球胜任力与领导力，为有志于赴国际组织实习和工作的同学提供受助、自助、互助的平台。协会成立以来，通过组织国际组织实习经验分享微沙龙、国际组织“朋辈导师”计划等形式，为对国际组织感兴趣的学生提供了自助互助探索路径、畅通渠道的支持平台。从最初只有几十人的“小众选择”到现在的初具规模，协会凝聚了越来越多希望在国际组织中发出中国声音的清华学生，并不断在潜移默化中吸引着越来越多有相同志趣的学生。

3．强化培养，提升学生国际组织实习任职能力

在第一课堂方面，强化国际组织人才培养相关的学科和项目建设。

以苏世民学者项目为代表的 29 个全英文授课研究生培养项目、52 个中外联合研究生培养项目及相关国际班和实验班，针对性地加强双学位、辅修、兼修和证书建设，全面增加第二外语课程的语种和门次，为清华学生全球胜任力的整体提升打下了坚实基础。环境学院全球环境国际班建立了通专融合、文理兼修的课程体系，多层次国际化的实习实践体系，以及以全球胜任力为导向的第二课堂全球环境人才培养体系。

在第二课堂方面，以提升全球胜任力为切入点提升学生能力素养。具体如下。

组织国际组织人才训练营。针对多元环境与跨文化活动的爱好者，学校定期组织国际组织人才训练营，以增进其对于国际组织的了解与认知。例如，2021 年，学校举办了第三届国际组织人才训练营。结合国际组织实习任职的宏观概况，训练营对学员进行了系统培训，引导他们萌发意识，点燃梦想。训练营邀请了联合国驻华协调员常启德等多位国际组织高级别官员和校内外专家举办讲座，并组织学员在朋辈导师带领下开展能力实训。为扩大培训影响，训练营还面向近千名全国其他高校学生开放了线上直播环节。

组织工作坊、微沙龙以及培训。学校定期组织实习任职微沙龙、朋辈导师课程等活动，针对国际组织专项人才招聘计划加强考试辅导，切实落实一人一策。例如，学校邀请了蒋逸航、韩群力等中国籍国际组织卸任高级官员和伊莎贝尔·蒂比等外籍在职联合国专家联合授课，还通过组织“全球治理与公共外交”“联合国全球公民与可持续发展”“模拟 WTO 经贸谈判”等多个系列工作坊，以话题研讨、课题实战、模拟谈判等方式帮助同学了解全球治理相关理念，锻炼国际组织任职的必备能力。

开展国际组织胜任力证书计划。该计划致力于提升学生的国际组织胜任力，采用“知识与技能相结合 + 国内与国外相结合 + 学术与职业相结合”培养模式，设计了课程、拓展、实践、实习等培养模块。证书计划将利用一年时间，着力提升学生的理论素养、语言能力、沟通能力和职业能力，培养具有全球胜任力并且能够胜任国际组织、跨国企业工作的管理人才。

（二）拓展和丰富人才输送层次

1．强化领导，深化与国际组织的交流合作

国际组织实习任职对国内高校而言是一项新鲜事物，学校从工作体系构建之初就建立联席会议制度，全校一盘棋，沟通无壁垒。2017 年 3 月，清华大学成立国际组织人才培养推送工作领导小组，由校党委书记担任组长。近年来，学校领导多次带队，先后赴位于瑞士、美国、肯尼亚、奥地利、意大利等国家的几十个国际组织实地走访调研，并与多家国际组织签订了合作谅解备忘录。

2．发挥优势，将人才培养与国际组织输送有机结合

学校注重将国际组织实习任职输送与学科建设、人才培养紧密结合，支持院系发挥学科专业优势，培养学生的国际组织胜任能力。例如，环境学院

将支持本科生到国际组织实习列入教学培养计划，并定期组织学生参与国际气候谈判观察等重要活动，提升学生相关素养；五道口金融学院发挥专业优势，已牵头与多家国际组织签订合作谅解备忘录等。

五、国际组织人才培养推送的问题与改进思路

到 2020 年年底，清华大学国际组织人培养与输送工作已取得阶段性成果。当前，学校与国际组织直接开展的人才合作已涵盖实习生（Intern）、研究员（Fellow）、顾问（Consultant）、联合国志愿者（UNV）等多个层次，前往国际组织任职的应届毕业生已经涵盖了多种类别。但是，这项工作也面临着一些客观挑战和困难。

一是新冠疫情对人才推送带来持续冲击。新冠疫情在全球的持续肆虐，严重影响了国际组织工作的交流、人员互访和人才派出，人员无法正常赴海外到岗，只能在国内远程工作或等候，这在一定程度上阻碍了获得正式职位毕业生职业生涯的顺利起步，严重影响了实习生或顾问找寻正式职位的进程。

二是人才推送层次不够丰富。目前人才推送层次主要集中在实习生和顾问阶段，对志愿者、初级专业官员等项目的引导和支持力度不够。实习或短期任职后的“旋转”机制缺乏，如京沪落户困难、后续职业发展不确定性等现实问题影响了优秀毕业生到国际组织实习任职的意愿。

综合当前国内国际宏观形势，未来国际组织人才培养推送工作既面临重大挑战，更将迎来重要机遇，需要大学以更加创造性的思维、更加创新性的举措，加强顶层设计，探索机制突破，增进国际交往，丰富合作模式。而对于一所大学来说，教育教学始终是人才培养的核心环节，因此需要更好地依托教学改革，引导院系将全球胜任力培养融入培养方案或课程设计，持续发挥学科优势和智力优势，不断扩大国际组织人才后备队伍，真正开拓国际组织人才培养新局面。

突出“国际性”“交叉性”和“应用性”三位一体，开创国际组织人才培养工作新局面

——北京大学全方位多层次国际组织人才培养模式的实践与探索①

一、引　言

党的十八大以来，遵照习近平总书记“要加强全球治理人才队伍建设，突破人才瓶颈，做好人才储备，为我国参与全球治理提供有力人才支撑”②的重要指示精神，北京大学（简称“北大”）在国家战略布局和政策的引导下，围绕立德树人根本任务，充分发挥在国际组织人才培养方面的传统优势，以及学科交叉性强、办学国际化程度高的综合优势，将国际组织人才培养列为学校工作重点，坚持守正创新、积极探索，在国际组织人才培养和推送方面取得了重要进展。一方面，突出“国际性”“交叉性”“应用性”三位一体，不断深化国际组织人才培养体系，完善课程体系建设，强化师资队伍建设；建立国内高校第一个“国际组织与国际公共政策”系，自主设立“国际组织与国际公共政策”二级学科，将情景发展式研讨教学方法引入课堂；积极开展国际组织数据库建设，加强与世界名校的合作，大力推进专业教材编写工作。另一

① 作者：张海滨，北京大学国际关系学院副院长；郑如青，北京大学国际合作部副部长；张园园，北京大学国际合作部交换学生办公室副主任。

② 中共中央政治局进行第三十五次集体学习 . (2016-09-28) [2022-05-04]. http://www.gov.cn/xinwen/2016-09/28/content_5113091.htm.

方面，坚持多措并举，积极向国际组织推送北大优秀人才，打造以“首个专门性国际组织人才培养办公室、首个国际组织求职网、首本国际组织实习就业指导教材、首门国际组织求职指导课程、首个国际组织专家导师库”为支撑，较为系统的学生赴国际组织实习就业的指导服务体系，赴国际组织实习人数位居国内高校前列。未来北大将坚持不懈，不断深化对国际组织人才培养规律的认识，全力开创国际组织人才培养工作新局面。

二、立足优势，构建全方位多层次国际组织人才培养大格局

发挥优势、扬长避短、守正创新是做好国际组织人才培养工作的前提和关键。经过集思广益，认真研讨，我们认为北大在国际组织人才培养方面具有如下优势。

（一）传统优势

北大拥有国际组织人才培养的悠久历史和良好基础。北大法学院是全国范围内最早开始国际组织人才培养的单位。1977 年年底，梁西教授在法学院率先开设了国内第一门国际组织法课程，并构建了研究国际组织法的基本体系。随后法学院于 1979—1997 年开设国际法专业（本科），1979 年开始招收国际法专业研究生，梁西（1984 年调至武汉大学）、饶戈平等教授担任国际组织法方向专业教师，开设“国际组织法”（本科）、“联合国与国际组织法”（硕士）、“国际法与国际组织法专题”（博士）等专业课程。1996 年，饶戈平教授出版了《国际组织法》教材，这是我国最早系统研究政府间国际组织的专著性教材之一。1998 年以后，法学院本科专业不再分专业方向。国际法与国际组织人才培养主要依托国际法专业研究生层面。

1994 年，北大国际关系学院在国际政治硕士专业下设立联合国与国际组织研究方向，1998 年在国际政治博士专业下设立联合国与国际组织研究方向，培养了一批国际组织优秀人才，如现任世界贸易组织副总干事张向晨等。

（二）学科优势

国际组织人才属于典型的跨学科复合型人才，国际组织人才培养需要多学科支撑。北大是综合性大学，拥有文史哲、政经法、理工农医等众多学科，门类齐全，其中 41 个学科为全国“双一流”学科，为国际组织人才培养提供了坚实的学科支撑。

（三）管理优势

在学校层面推进国际组织人才培养工作离不开学校主要领导的大力支持。林建华教授担任北大校长期间全力支持学校国际组织人才培养工作。郝平教授担任校长后继续大力推进该项工作，并担任学校国际关系学院国际组织与国际公共政策系教授、博士生导师。郝平校长曾担任联合国教科文组织第37届大会主席，具有丰富的国际组织工作经验。

（四）资源优势

国际组织人才培养必须面向国际，因此需要广泛的国际智力资源。这里的资源优势主要指北大在国际学术资源和在国际组织中担任高层职员的校友资源方面的优势。北大与哈佛大学、斯坦福大学、牛津大学、剑桥大学、伦敦政治经济学院、巴黎政治学院这些世界顶尖学府有常态化联系，为国际组织人才培养提供了高端国际学术和人员交流平台。长期以来，一大批北大校友加入国际组织，已成为北大国际组织人才培养的重要资源，仅以在任的校友为例，就有联合国副秘书长刘振民、世界贸易组织副总干事张向晨、金砖国家新开发银行副行长周强武等。

立足上述优势，近年来北大全面发力，积极打造全方位多层次国际组织人才培养模式，初见成效。

（一）国际组织学位项目

国际组织人才培养学位项目是北大国际组织人才培养的核心。国际关系学院2015年启动“国际公共政策”专业硕士项目，2017年在国内率先设置“国际组织与国际公共政策”二级学科硕士学位授予点，此后又设立“国际组织与国际公共政策”本科项目，并在国际政治专业博士点下新设国际组织与全球治理方向。目前北大国际组织与国际公共政策项目已形成本、硕、博贯通的人才培养体系。2021年，国际组织与国际公共政策专业17名本科生、6名硕士研究生和2名博士研究生顺利毕业。与此同时，国际关系学院面向全校学生提供国际组织与国际公共政策双学位和辅修学位。除此之外，学院利用线上和线下相结合的方式为全校学生提供4门国际组织与全球治理慕课，为不同需求的学生提供不同的课程选择。

国际关系学院与瑞士日内瓦高级国际关系与发展学院（简称“日内瓦高

院”）合作开展的“3+2”本硕连读项目，依托国际关系学院丰富的国际办学经验和鲜明的国际组织人才培养理念，以本硕连读的培养模式，让参与项目的学生最终可以获得北大学士学位及日内瓦高院硕士学位，并利用第四年、第五年在日内瓦的区域优势获得国际组织实习机会。该项目于2019年成功申请了国家留学基金委国际组织后备人才项目，项目学生可获得相应资金支持。

此外，2019年法学院在法律硕士（法学）项目里专门设立了国际法与国际组织方向。

（二）国际组织非学位项目

除了全力打造精品学位项目，北大有关部门和院系结合自身特点和优势，积极打造了形式多样、丰富多彩的国际组织人才培养非学位项目，有力配合北大国际组织人才培养工作。

研究生院于2018年起联合国际合作部、就业中心和教务部，整合优化现有教学资源，每年暑期组织“北京大学国际组织人才培养暑期证书项目”。该项目分为基础课程、专家讲座、国际组织（驻京办公室）调研和访问、分组研讨交流4个基本模块。学员在为期一周的时间内参加10余场课程和专题讲座等教学环节，考核合格后准予结业，并可获得2学分及结业证书。

国际合作部与国际关系学院于2019年暑期联合推出首届“北京大学日内瓦国际组织暑期项目”。该项目为期两周，在瑞士日内瓦开展。第一周由日内瓦高院教授就国际冲突与维和、全球卫生治理、全球贸易和世界贸易组织改革、国际气候与环境治理、联合国改革等主题为项目学生进行专业授课并组织讨论。第二周组织项目成员对联合国日内瓦总部、世界贸易组织、世界卫生组织、世界气象组织、联合国贸易和发展会议等10个国际组织进行参访和座谈，深入了解不同国际组织的职能、基本架构、发展目标和机构文化等。学员们通过该项目完成的考察报告已由北京大学出版社于2021年10月出版。

公共卫生学院从2009年开始每年与美国杜克大学共同开设“北京大学—杜克大学全球卫生问题证书班”，与日内瓦高院合作举办全球卫生外交高级培训班。2012年10月，公共卫生学院全球卫生学系成立，并开设了“全球卫生概论”“全球卫生治理”等课程。这些教学和实践活动，旨在从不同层面促进全球卫生学科的发展，推动人才的培养。

此外，教育学院于2015年开设全校公选课——“国际组织理论与实务”

等课程，并与亚太经合组织、亚洲开发银行等国际组织开展了多方面的合作。

综上，北大目前已形成全方位多层次、包括学位项目和非学位项目、国际组织课程全覆盖的国际组织人才培养大格局。

三、突出“国际性”“交叉性”和“应用性”三位一体，强化国际组织学科建设

国际组织人才培养的基础是学科建设，北大对此高度重视。国际关系学院主要负责国际组织的学科建设。其基本思路是着眼于培养熟悉党和国家方针政策、了解我国国情、具有全球视野、熟练运用外语、通晓国际规则、精通国际谈判的专业人才，突出“国际性”“交叉性”和“应用性”三位一体的办学理念，努力打造“七个一”工程。

（一）形成一个比较科学完善的课程体系

国际组织与国际公共政策专业的最大特色是“国际性”“交叉性”和“应用性”的三位一体。课程体系必须充分反映这一特色。国际关系学院依托北大41个“双一流”学科，为学生提供了70多门跨学科优质课程。为确保该专业的应用性和实用性，学院将“国际组织与全球治理前沿名家系列讲座”作为本科生和研究生必修课，聘请了30多位从事多边外交的中国籍部长、大使和国际组织高官为学生授课。

（二）建设一支高水平的师资队伍

近年来，北大国际关系学院致力于打造一支与国际性、交叉性和应用性相匹配的师资队伍。为此，国际关系学院于2017年建立了国内高校中第一个“国际组织与国际公共政策系”，旨在为系统培养国际组织人才提供有力的师资保障。目前该系已组建完毕，包括3位教授（北大校长郝平、联合国粮农组织前副总干事何昌垂、国际关系学院副院长兼国际组织与国际公共政策系主任张海滨）、2位副教授、4位助理教授。所有老师都拥有海内外名校博士学位，均能用中英双语教授专业课，研究领域涉及国际组织理论、国际法与全球治理、国际公共政策分析、国际冲突与危机管控、国际发展政策、国际环境与气候政策、国际公共卫生政策、国际贸易与投资政策等。据统计，建系3年以来，该系老师围绕国际组织与国际公共政策出版专著6部，包括

《国际组织学：知识论》《全球气候治理的中国方案》等；发表论文 40 篇，英文论文 12 篇，中文论文 28 篇，其中，SSCI 期刊论文 7 篇，CSSCI 期刊论文 20 篇，在国际组织研究方面取得重要进展，显示了强大的学术竞争力。这是国际组织人才培养的核心师资，占整个师资队伍的三分之一；师资队伍的第二个三分之一是在北大学科综合性强的优势下，负责一系列文理工等学科课程的其他学校优秀教师；师资队伍的第三个三分之一，则是来自校外的资深国际组织高官和多边外交大使。

（三）出版一套国际组织精品教材

就目前我国国际组织专业人才的培养要求而言，现有教材难以满足需求。北大国际关系学院利用自身学术研究优势，于 2020 年 8 月与北大出版社签署协议，联合出版“北京大学国际组织与国际公共政策系列”，包括《国际组织概论》《国际组织理论》《国际公共政策导论》《国际法与国际关系》《国际危机管控导论》《国际环境与气候政策导论》《国际发展学概论》《国际卫生政策导论》《国际公务员实务概论》等教材。其中，由何昌垂教授等编写的《国际公务员实务概论》一书已于 2021 年 9 月出版，梁云祥教授编写的《国际法与国际关系》一书即将出版。

（四）引入一个新的教学方法

近年来，北大国际关系学院经过前期研讨和筹备，在借鉴博弈论和军事推演方法的基础上，开始将情景发展式研讨教学方法应用到以国际组织和国际公共政策课程为代表的实务型教学课堂中，为本科生和研究生提供一种真实的多边外交和谈判场景，以激发本科生和研究生的学习兴趣，提升学生处理多边外交和国际危机的实际工作能力。情景发展式研讨教学是一种较为新颖的研讨和教学方式。在流程导控的前提下，各行为体通过参与情景（场景）模拟、角色分工扮演和沉浸式互动研讨的方式进行案例解读和研究，使政策评估和分析更趋近于真实，有助于检验各种政策的有效性，丰富预案的完备性。该教学方法的应用受到了学生的普遍欢迎。最近几年，北大国际关系学院将该教学方法应用于中央国家机关司局级干部专题研修班的教学之中，受到了干部们的高度肯定和热烈欢迎。该成果作为中央和国家机关干部教育培训的优秀典型案例，入选 2021 年 7—8 月由中央和国家机关工委主办的“新时代中央和国家机关党的建设成就巡礼展”，在国家博物馆进行了隆重的成果展出。

（五）建设一个功能强大的国际组织数据库

国际组织数据库建设是开展中国风格和中国气派的国际组织研究和国际组织人才培养的一项重大基础性学术工程。2021年7月22日，北大国际组织数据库建设工作正式启动。该项工作依托北大大数据分析与应用技术国家工程实验室的技术支持，在北大区域与国别研究院的协调下，联合国际关系学院、法学院、教育学院、政管学院、新结构经济学研究院、信息管理系、图书馆等相关机构，形成强有力的跨学科团队，旨在于10年内建成具有国际影响力的国际组织数据库。

（六）打造一个国内高端学术交流与合作平台

推动中国高校国际组织研究和人才培养工作的交流与合作是中国国际组织人才培养的必然选择。从这一思路出发，2018年4月18日，北大国际关系学院与中国联合国协会在北大联合举办国际组织人才培养论坛，联合国常务副秘书长阿米纳·穆罕默德发来视频致辞。15所中国高校国际组织人才培养项目的负责人围绕“中国学术界对国际组织理论研究的新思考”和“国际组织人才培养：政策、实践与教学”两大议题展开了深入讨论。2019年11月16—17日，由北大国际关系学院主办的“北大国际组织人才培养论坛”在北大举行。来自联合国驻华机构、亚投行、红十字国际委员会等多个国际组织和中共中央组织部、外交部、发改委、人社部等多个中国党政部门的资深官员及30多所开展国际组织人才培养工作的中国高校代表相聚北大，围绕全球治理的走向和国际组织人才培养的重大问题展开深入研讨，社会反响热烈。原国务委员戴秉国，原文化部部长蔡武，中共中央组织部人才工作局副局长、中央人才工作协调小组办公室副主任牛伟宏，人社部国际合作司司长郝斌，国家国际发展合作署国际合作司司长田林，北大校长郝平，副校长王博，北大新结构经济学研究院院长、南南合作与发展学院院长林毅夫，以及30多所中国高校国际组织人才培养项目的负责人出席论坛。

（七）建立一个高水平国际化学术网络

为提高国际组织人才培养的质量和水平，借鉴国际组织与国际公共政策领域的世界顶尖学府的办学经验是十分必要的。近年来，为提高国际组织领域的国际化办学水平，北大通过“请进来”和“走出去”等方式与巴黎政治学院、伦敦政治经济学院、乔治城大学、日内瓦高院等建立了良好的学术和人员交流合作关系。

四、多管齐下，拓展国际组织实习资源

鼓励学生去国际组织实习是国际上培养国际组织人才的通行做法和重要途径。为此，北大采取了多种办法为学生拓展国际组织实习和就业资源。

（一）主动对接国际组织

从 2013 年开始，北大国际合作部便开始主动出击，走访不同的国际组织机构并与之建立联系，希望能够与他们形成更加直接的合作渠道，为北大学子争取更多定向的国际组织实习机会。北大校长郝平同时担任联合国教科文组织第 37 届大会主席，多次访问国际组织机构，加强与国际组织的沟通。

目前，北大已经与海牙国际法庭、国际电信联盟、世界卫生组织、联合国儿童基金会、联合国妇女署、联合国教科文组织、国际大学生体育联合会等机构开展了校级层面的实习生合作项目，向北大在校生开放了实习岗位，以学校选拔推荐的形式向国际组织机构直接输送实习人员，极大丰富了在校生的国际组织实习任职经历。

（二）精心打造就业信息平台，积极提供职业技能指导

2016 年 9 月，为贯彻落实习近平总书记“要加强全球治理人才队伍建设”的指示精神，服务国家人才培养的战略需要，北大学生就业指导服务中心成立了全国高校首个专门性的国际组织人才培养办公室。

2016—2021 年，北大学生就业指导服务中心打造了以全国高校“首个专项工作办公室、首个国际组织求职网、首本国际组织实习就业指导教材、首门国际组织求职指导课程、首个国际组织专家导师库”为支撑的，由国际组织高端讲坛（IO Talk）、国际组织职业课堂（IO Course）、国际组织职场沙龙（IO Salon）、国际组织实地参访（IO Visit）、国际组织面试（IO Interview）组成的北大国际组织职业（PKUIO Career）系列品牌，相关活动至今已举办 120 余场次，覆盖学生超过 1 万人次，形成了较为系统完整的引导学生赴国际组织

实习就业的指导服务体系，为开拓学生全球化国际化职业规划视野，培养具有参与全球治理能力的高质量人才发挥了重要作用。

（三）加大国际组织实习资助力度

有的国际组织实习需要学生个人承担往返旅费、在外住宿费和生活费等全部费用，这无疑是一笔巨大的开销。目前，北大学生赴国际组织实习的资助来源主要是国家留学基金委。在国家留学基金委的资助下，近年来北大到联合国机构、欧盟、国际刑事法庭等国际组织实习的学生人数不断增加。学校层面，北大国际合作部与教育基金会于 2019 年设立北大学生海外学习专项基金，用于全面支持北大学生赴海外参与各类学习项目。北大国际关系学院于 2019 年设立北大国际关系学院国际组织与国际公共政策新奥项目，用于资助北大国际关系学院国际组织与国际公共政策项目的学生赴各类国际组织实习等。而在新冠疫情的影响下，部分学生无法赴国外国际组织机构参与实习，只能以远程实习的方式或者在境内国际组织机构参与实习。学校也为这些参与远程实习和境内实习的在校生提供了一定程度的补助，填补了这部分实习项目暂无资助来源的空白，以鼓励他们继续参与国际组织实习工作。

经过各种努力，北大学生赴国际组织实习就业的工作成绩斐然。据统计，2017 年北大共有 43 人到国际组织实习或任职，2018 年有 84 人，2019 有 89 人，2020 年有 73 人，2021 年有 76 人。北大连续多年成为国内高校赴国际组织实习和任职人数最多的学校。

五、直面问题，开创国际组织人才培养工作新局面

十年树木，百年树人。国际组织人才培养有其内在规律，是一项长期的战略性事业，不可能一蹴而就，需要做出坚持不懈的努力。从国外顶尖大学开展国际组织人才项目的历史看，大多经历了半个世纪甚至更长时间的积累。

当前，北大在国际组织人才培养中面临的主要问题和挑战有两点。一是办学经验不足，对国际组织人才培养规律的认识有待进一步深化。北大开展国际组织学位教育的时间不长，在国际组织人才培养规律、课程设置、校外导师选聘、学生实习等方面还存在经验不足，认识不够深入的问题，需要在实践中不断总结经验，在国际国内交流中借鉴学习。二是国际影响力有限。与海外世界一流大学的国际组织人才培养项目相比，北大的国际组织人才培

养项目在学科建设和影响力方面还有不小的差距，需要奋发有为、不断探索，争取早日办成世界一流的国际组织人才培养项目。

展望未来 3—5 年，北大将重点采取以下举措：

继续完善北大国际组织人才培养机制，继续办好北大国际组织高端论坛。

鼓励更多院系参与到国际组织人才培养的学科建设中来，从不同专业的角度培养各类国际组织急需人才，同时通过国际胜任力培养专业委员会平台加强与兄弟高校的合作与交流。

整合全校资源，与国外优秀大学开展形式多样的合作项目，加强国际组织人才储备，与国际组织与国际公共政策领域的世界顶尖学府，如巴黎政治学院、伦敦政治经济学院、乔治城大学、日内瓦高院等建立五校国际组织与国际公共政策联盟，并鼓励各院系加强与国外高校在国际组织人才方面的联合培养。

完成国际组织与国际公共政策系列教材的出版工作。

依托北大的大数据分析与应用技术国家工程实验室和社科学部，尽快启动高水平国际组织数据库的建设，有力推动北大的国际组织理论和战略研究，同时为国家的国际组织战略提供智力支撑。

习近平总书记在庆祝中国共产党成立 100 周年大会上的讲话中强调，“以史为鉴、开创未来，必须不断推动构建人类命运共同体”①，“中国始终是世界和平的建设者、全球发展的贡献者、国际秩序的维护者！”② 北大自成立以来，始终与国家与民族同呼吸、共命运，也将不忘初心、砥砺前行，积极推动完善全球治理，不断开创国际组织人才培养的新局面，为人类社会携手应对共同挑战做出新贡献。

---

① 习近平．在庆祝中国共产党成立 100 周年大会上的讲话．人民日报，2021-07-02(2).

② 习近平．在庆祝中国共产党成立 100 周年大会上的讲话．人民日报，2021-07-02(2).

统筹教学实践创新　扎实推进国际组织人才培养工作[①]

一、引　言

随着经济社会的快速发展，中国正日益走近世界舞台的中央。时代的发展需要越来越多的高端国际化人才参与到全球治理与国际组织工作中。习近平总书记高度重视中国参与全球治理的重大历史意义，并指出，参与全球治理需要一大批熟悉党和国家方针政策、了解我国国情、具有全球视野、熟练运用外语、通晓国际规则、精通国际谈判的专业人才。[②]中国人民大学(简称“人大”)作为中国人文社会科学领域的一面旗帜，近年来，积极响应国家人才培养需要，努力承担新时代高校全球治理和国际组织人才培养的使命，探索出“教学为主、实践引领、资源共享”的独具人大特色的国际组织人才培养模式。

二、创新全球治理和国际组织人才培养方式，成立国际组织学院

为创新国际化人才培养方式，整合校内外优质资源，人大于 2019 年成立

---

① 作者：韩飞，中国人民大学国际组织学院办公室主任。

② 中共中央政治局进行第三十五次集体学习 . (2016-09-28) [2022-05-04]. http://www.gov.cn/xinwen/2016-09/28/content_5113091.htm.

国际组织学院。国际组织学院成立以来，紧紧围绕培养具有国际视野、通晓国际规则、拥有出色外语能力、具备跨文化沟通与交流能力、能够参与全球治理的国际化创新人才的目标，全面提升学校全球治理与国际组织人才培养质量。

国际组织学院成立后，在前期调查研究和科学论证基础上推出“全球治理与国际组织人才培养计划”。该计划着眼于强化学生对全球治理和国际组织的认知，训练学生国际组织职业能力，为其未来投身国际组织工作奠定坚实的基础。该计划还强调加强学科交叉融合，兼顾专业知识和实践能力，构建精品课程讲座平台、国际组织实践活动平台、国际组织人才推送平台三位一体的全球治理和国际组织人才培养体系。首届“全球治理与国际组织人才培养计划”招收了来自学校 18 个不同学院的本硕博学生共计 240 人。

三、整合校内外优质资源，为推动学校国际组织人才培养工作形成合力

人大在全国高校中具有人文社会科学学科数量多、门类全、综合水平高的优势。与国际组织人才培养相关的学科，如法学、经济学、政治学、新闻传播学、管理学，均入选国家“双一流”学科。学校与国外高校和国际组织开展了广泛深入的交流合作，为国际组织人才培养提供了强有力的支撑。学校拥有一大批在国际组织兼职、承担科研项目和开展学术交流的教师。

为充分发挥学校相关资源优势，国际组织学院积极打造多维度资源整合平台，建立跨部门、跨学院资源整合机制，整合开辟课程资源、师资资源、实践活动资源、人才推送资源，通过资源统筹，优化组合，科学配置，形成合力，推动国际组织人才培养工作高质量发展。

国际组织学院积极打造学科建设与人才培养融合发展平台，充分发挥法学、经济学、政治学、新闻传播学、管理学等“双一流”学科优势，与相关学院建立工作交流机制，定期举办工作会议，加强资源共享，合作举办学术会议和交流活动，推动各学院协同开展全球治理人才培养工作。

为促进学校相关学院有关国际组织人才培养工作的经验交流和工作开展，2020 年 10 月，国际组织学院召开人大国际组织人才培养工作会议，来自学校 29 个学院和相关职能部门的主管领导参加会议。各学院结合本学院国际组织

人才培养工作情况和遇到的问题进行了交流讨论。会议的举办进一步推动了各学院国际组织人才培养工作的开展。

（一）统筹校内外课程资源，建设完善的课程体系平台

国际组织学院成立后，全面梳理了学校全球治理相关课程，积极探索符合全球治理人才培养特点和要求的课程体系。国际组织学院现已形成“外语语言基础及强化课＋国际组织基础课＋国际组织理论与实务课＋国际组织人文素养课＋国际组织实践课”这一全方位的全球治理人才培养课程体系。学院充分发挥学校外语类学科基础雄厚、外语语种丰富等优势，开设“基础法语”“基础西班牙语”等第二外语课程。国际组织学院还重点开设国际组织实务类课程，如“国际公文写作”“国际组织职业发展”“走进联合国”等课程。实务课程的开设使同学们进一步提升国际组织工作技能，了解国际组织文化，增强对国际组织竞聘和发展路径的认知。国际组织学院在建构课程体系的过程中，着重加大了人文素养课程比重，通过开设“西方音乐赏析”“西方美术史”“世界葡萄酒文化”等课程提升学生的人文素养，为学生未来在多元文化环境下开展工作奠定基础。截至2021年10月，国际组织学院共开设课程22门，举办讲座35次。所有课程均作为全校跨专业选修课设置相应学分。学生在修满各课程模块所要求的学分后，可获得人大“全球治理与国际组织人才培养计划”荣誉辅修学位。通过构建并不断完善以国际组织实务课程为核心的课程体系，为全球治理人才培养工作奠定坚实的基础。

（二）整合校内外师资资源，打造一流教师队伍

国际组织学院积极整合学校在全球治理人才培养领域的师资资源，形成全球治理人才培养师资的整体力量。为推动学校教师为国际组织人才培养工作建言献策，2021年3月，国际组织学院召开国际组织专家学者座谈会，邀请来自学校11个学院的25位全球治理与国际组织相关领域的专家参加会议。与会专家围绕国际组织人才培养课程建设、人才推送、实践活动开展纷纷发言，从自身对国际组织人才培养的认识出发提出富有建设性的建议，并表示将积极支持和参与学校国际组织人才培养工作和国际组织学院建设。

同时，国际组织学院积极整合校外师资资源，下大力气聘请了一批曾在国际组织任职的官员以及全球治理领域知名专家学者作为学院导师，为学院开设国际组织实务课程。导师们以其丰富的实践经验和教学经历，为学生了解国际组织、学习全球治理相关知识提供了全新的视角。导师们还通过在国际组织等机构的人脉积极推荐学生赴国际组织实习，组织赴国际组织的参访活动，进一步增进同学们对国际组织的了解。截至2021年10月，国际组织学院已聘请校内导师46名，校外导师31名。

（三）坚持实践引领，赋能第二课堂，提升全球治理实践育人质量

国际组织学院成立后，充分发挥第二课堂在能力提升、开阔视野、涵养情怀方面的育人优势，让实践活动在全球治理人才培养过程中发挥引领作用。学院先后举办了“新星计划——赴国际组织参访训练营”“国际组织在中国”实践参访课程、人大第一届《联合国气候变化框架公约》模拟谈判大会、“国际组织胜任力培养计划”等一系列丰富多彩的国际组织实践活动，不断提升全球治理实践育人质量。

1. 开拓与国际组织交流合作，增进学生对国际组织切身体验

国际组织学院成立后，积极加强与国际组织沟通联络，开展赴国际组织参访活动，以增进学生对国际组织运作机制的了解。

2019年7月，国际组织学院举办“新星计划——赴国际组织参访训练营”，组织18名学生赴世界贸易组织、联合国欧洲总部、国际劳工组织、联合国难民署、世界银行驻日内瓦分支机构等国际组织进行了深度的参访学习，让学生了解这些国际组织的工作宗旨、运作机制等情况，并有针对性地训练了学生在国际组织任职所需具备的思维方式和能力素质。

2020年，国际组织学院克服疫情不利影响，组织开展了“国际组织在中国”实践参访课程。通过组织学生参访国际组织驻华机构和在中国实施的合作项目，并围绕所参访国际组织或项目举办主题讲座、读书沙龙、学员成果展示等活动，使学生充分体会国际组织的工作内容和工作宗旨，为其未来投身国际组织工作奠定基础。从2020年10月举办第一期活动“致敬伟大的志愿服务精神——国际组织在中国之走进联合国志愿人员组织”至2021年，国际组织学院的师生共参访了16个国际组织驻华机构和合作项目。

2. 创建模拟仿真场景，提升国际组织工作实战技能

实践活动秉持贴近实战的理念，注重模拟国际组织实际工作场景，帮助学生在实践场景中深入理解国际组织工作的重点和难点。

2020年12月18—20日，国际组织学院联合环境学院、农业与农村发展学院、国际关系学院、人大模拟联合国社团举办了人大第一届《联合国气候变化框架公约》模拟谈判大会。大会秉持“学术本位”的理念，积极调动学校丰富的学术资源，邀请气候谈判领域的专家学者，为同学们提供专业的学术培训。在两天半的会期里，来自全校多个学院的70多名代表和13名主席、30余名观察员，模拟气候谈判大会真实情景，进行立场阐述、多轮磋商、辩论。各代表利用有限的会期时间，纷纷发言，为维护“本国”利益和推进大会进程做出贡献。最终，按照协商一致原则，修改并通过了案文。

3. 知行合一，全面提升国际组织研究素养

2021年春季学期，为全面提升人大学子国际组织研究素养和能力，激励学生主动走近国际组织、了解国际组织、钻研国际组织相关规则政策，国际组织学院开展了“奋楫扬帆·求是笃行——国际组织胜任力培养计划”。活动通过研究国际组织相关资料、定期研讨、实地参访、分享汇报等形式，提升同学们国际组织胜任力，增进团队合作和沟通能力，为日后竞聘国际组织增加竞争力。参加活动的121名同学分成18个小组，每个小组研究1—2个国际组织。在为期近3个月的活动中，共举办讲座8场，参访国际组织驻华代表处及相关机构16个，每个小组在研究结束后都形成了一份不少于8000字的研究报告。

（四）构建国际组织人才推送体系，建设高水平国际组织人才推送平台

学院通过建立合作机制、开展专项辅导、实现信息共享、提供资金支持等多种举措构建国际组织人才推送体系，做大做强国际组织人才推送工作。

学院充分利用国家留学基金委资源，开展“国际组织后备人才培养项目”，形成合作办学与人才推送融合发展机制。

一是实施中欧欧洲法国际组织后备人才培养项目，培养具备参与全球治理能力和国际组织经验的高层次法律精英。

为培养具备参与全球治理能力和国际组织经验的高层次法律精英，人大法学院在国家留学基金委的指导和支持下，与瑞士日内瓦大学合作，于2015年申请设立了“中欧欧洲法创新型人才国际合作培养项目”，并于2019年成功入选国家留学基金委“国际组织后备人才培养项目”。

项目学员在赴日内瓦大学学习前，需进行为期一年的法语学习。在日内

瓦大学学习期间，学员们通过学习国际组织和国际贸易相关法律课程，对国际组织相关规则进行深入系统的学习。同时，在日内瓦大学学习期间，学员们还会赴联合国教科文组织、世界知识产权组织、国际劳工组织、国际电信联盟等国际组织开展实习。

6年来，项目共培养学员55名。学员们可以熟练运用英语、法语两种国际组织官方语言，熟悉中国法、欧盟法和国际法，并通过在国际组织的实习，充分了解国际组织的运行机制，进一步提升在国际组织的工作能力，为日后赴国际组织任职打下坚实的基础。

二是实施当代中国与欧盟研究国际组织后备人才培养项目，培养欧洲问题和国际组织研究专业人才。

为加强新时代全球化人才培养，人大国际关系学院、人大欧洲问题研究中心联合比利时荷语布鲁塞尔自由大学于2018年设立“当代中国与欧盟研究硕士培养项目”，该项目于2019年4月被国家留学基金委确定为“国际组织后备人才培养项目”。

项目采取联合培养模式，学员于第一年在人大国际关系学院学习欧盟研究系列课程，第二年赴比利时荷语布鲁塞尔自由大学学习，完成外方课程要求。项目运行以来，陆续联络欧洲议会、欧洲亚洲中心、欧盟亚洲研究所等欧盟重要机构和知名智库，并与其达成了良好合作关系，开辟了推送人才渠道，为项目学生提供了赴国际组织机构实习的机会。

项目自开设以来，累计派出学员26人。通过项目培养，学员深入系统地学习了欧洲政治制度等相关理论知识，弥补了对欧盟制度缺乏系统性学习的不足，增强了学生在国际组织工作的竞争力。

同时，国际组织学院充分发挥学校与国际组织合作的整体优势，与联合国艾滋病规划署、大自然协会等18个国际组织达成合作意向，支持学生赴国际组织实习。除开设课程加强学生对国际组织和全球治理知识的学习外，还举办“国际组织实习工作坊”，邀请曾赴国际组织实习的校友和国际组织官员就国际组织竞聘和工作技能为学生提供专项辅导。国际组织学院建立了全新的国际组织学院网站、微信公众号，发布国际组织实习与任职信息，截至2021年，已累计推送文章541篇，公众号关注人数2122人，阅读量48219人次；制作宣传册和宣传片，扩大学校国际组织人才培养工作的影响力。此外，学校积极利用国家留学基金委经费支持，开展“国际组织后备人才培养项目”

和“国际组织实习项目”；学院成立后，也从学校层面加大了对全球治理人才培养工作的经费支持。通过构建不同类型、各有侧重的实践活动体系，提升学生未来参与全球治理的综合素质。

通过工作开展，学校学生全球治理知识素养和国际组织工作能力大幅提升，赴国际组织实习和发展的意愿以及内在驱动力显著增强。2016—2021年，学校赴国际组织实习交流人数保持快速增长，总人数达到260人次，在全国高校中位居前列，就业带动效应明显。

当今世界正经历百年未有之大变局，中国正以更大程度的开放拥抱发展机遇，参与全球治理，推动构建人类命运共同体。时代的发展呼唤着我们培养更多国际化创新人才投身到国际组织和全球治理工作中。人大国际组织学院正以奋发有为的姿态，发挥自身学科优势，汇聚优质资源，不断提升国际组织人才培养质量，进一步提高学校人才培养的国际性与竞争力，更好地服务于国家发展战略需求。

国际教育组织研究与专业人才培养的经验与思考[①]

一、引　言

国际组织是科技进步与人类交往范围扩大的产物，是人类社会维护世界和平与发展的重要机制。国际组织在呼吁世界各国团结合作的方面发挥了不可替代的重要作用。作为多边主义的坚定维护者，中国站在“两个一百年”的历史交汇点上，胸怀两个大局，携手各国构建人类命运共同体，需要进一步加强和深化关于国际组织的研究。作为教育部首批人文社科基地和国际教育基地之一的北京师范大学国际与比较教育研究院，早在20世纪末就开始关注国际组织对全球教育的影响。当时的研究主要集中在欧盟的博洛尼亚进程对欧洲高等教育的影响，以及中国加入世界贸易组织对教育发展的影响这两个方面。进入21世纪后，随着我国社会经济的快速发展，中国在国际舞台上开始发挥越来越重要的作用。北京师范大学国际与比较教育研究院在顾明远教授的引领下，从2005年开始系统地、有计划地组织开展“国际组织与全球教育治理”的系列研究，培养国际组织专业研究人员，下面从科学研究、人才培养和社会服务方面介绍相关的工作。

① 作者：滕珺，北京师范大学国际与比较教育研究院副院长。

二、科学研究

经过10多年的积累，北京师范大学国际与比较教育研究院不仅搭建了较为成熟的科研队伍，而且取得了较为丰硕的研究成果，在国内外学界产生了一定的影响。

（一）搭建老中青三代科研团队

目前，国际与比较教育研究院已初步搭建了一个由老中青三代组成，来自不同国家、不同高校，包含顾问团队与工作团队两个层面的“国际组织与全球教育治理”研究团队。其中，顾问团队共9人，包括北京师范大学资深教授顾明远先生，北京师范大学教授、世界比较教育学会联合会大会联合主席王英杰教授，曾任联合国教科文组织教育助力总干事的唐虔先生，上海师范大学国际与比较教育研究院教授、联合国教科文组织教师教育研究中心张民选教授，北京师范大学国际与比较教育研究院院长、亚洲比较教育学会会长刘宝存教授，多伦多大学安大略教育研究院教授、香港教育学院前院长露丝·海霍教授，多伦多大学安大略教育研究院教授、世界银行全球教育合作基金前首席专家凯伦·蒙迪教授，哥伦比亚大学师范学院教授、北美比较教育学会前会长吉塔·斯坦纳-卡姆西教授，经合组织教育与技能部长安德烈亚斯·施莱歇尔教授。工作团队共10人，包括来自北京师范大学国际与比较教育研究院的滕珺教授、孙进教授、丁瑞常博士、胡铁昀博士，来自首都师范大学的沈蕾娜副教授、乔鹤博士，来自浙江大学教育学院的阚阅教授，来自上海师范大学教育学院的孔令帅教授和闫温乐副教授，以及来自清华大学教育学院的段世飞博士。近15年来，团队在CSSCI核心期刊先后发表了70余篇与“国际组织与全球教育治理”相关的论文，成为国际教育组织研究的核心力量。

（二）课题立项

近10年来，国际与比较教育研究院先后主持并参与国家级、省部级的“国际组织与全球教育治理”的相关课题5项：学院的滕珺教授先后于2011年和2017年独立主持国家社科基金国家青年项目（CFA110111）“国际组织人才聘用标准及中国对策研究——以联合国组织系统为例”和国家社科基金后期资助项目（17FJK006）“联合国教科文组织教育话语演变与分析（1945—2015）”。此外，她还参与了由上海师范大学国际与比较教育研究院张民选教授主持的2014年度国家社科基金重大（重点）课题（AFA140007）“国际组织人才培养和选送机制”，负责子课题“国际组织人才标准研究”。丁瑞常博士2019年独立主持国家社科基金教育学青年项目（CDA190257）“国际组织参与全球教育治理的机制与成效研究”。北京师范大学国际与比较教育研究院自身也高度重视“国际组织与全球教育治理”的相关研究，在“十三五”期间专门设立教育部人文社会科学重点研究基地重大项目“中国参与全球教育治理战略研究”（项目编号：17JJD880004），由孙进教授主持，目前已顺利结项。学院同时计划于“十四五”期间进一步深化该项目相关研究。

（三）重要专著及核心观点

国际与比较教育研究院已先后出版了4部“国际组织与全球教育治理”的相关专著，其中包括由滕珺教授撰写、上海教育出版社2018年出版的《国际组织需要什么样的人——联合国系统人才标准及中国教育对策研究》；由孙进教授撰写，人民出版社2020年出版的《全球教育治理：国际组织、民族国家与非国家行为体的互动》；由丁瑞常博士撰写，人民教育出版社2021年出版的《经合组织参与全球教育治理研究》；由首都师范大学沈蕾娜副教授撰写、高等教育出版社2011年出版的《隐形的力量：世界银行的高等教育政策及其影响》。其中代表性的专著2部，即滕珺教授撰写的《国际组织需要什么样的人——联合国系统人才标准及中国教育对策研究》和孙进教授撰写的《全球教育治理：国际组织、民族国家与非国家行为体的互动》。

《国际组织需要什么样的人——联合国系统人才标准及中国教育对策研究》一书指出，当今世界正经历百年未有之大变局，中国与世界的关系正发生深刻变化。作为全球治理的重要平台，国际组织特别是以联合国系统为代表的政府间国际组织发挥着不可替代的重要作用。然而，我国的国际组织人才储备却十分有限，这与我国的国际地位极不匹配。因此，我们需要深入研究国际组织的用人标准及教育对策。

该书的研究主要采用内容分析法和深度访谈法，采集了联合国系统整年度发布的专业及以上职位（P1—D2）招聘说明书共1742份。同时，研究也采集了联合国口述史、人物传记等各种历史资料，以及深度访谈数据，通过NVivo进行编码分析，深入挖掘国际组织人才的“硬指标”和“软实力”。研究建构了包括“价值观”“思维方式”“专业知识”“国际可迁移能力”和“人格特质”在内的5维度20指标的国际组织人才“软实力”模型。研究打破了“民族文化身份认同”与“国际化能力”相生相克的二元对立思维模式，明确提出“民族文化身份认同”是国际组织人才的重要价值观，对于中国这样的发展中国家尤为重要，是个体在国际舞台发展的动力源泉与重要资本，与个体的“国际化能力”相生相长。此外，国际组织人才的培养是一个社会系统工程，不仅需要各级各类学校的努力，更需要充分调动各种社会资源，帮助学生更好地认知自我，链接世界。研究特别强调了在基础教育阶段培养学生全球胜任力的重要性，建议将培养学生全球胜任力作为中国基础教育国际化的新战略选择，并重新建构全球胜任力在中国的理论阐释和实践模式。①

该研究成果得到了学术界的高度认可，滕珺教授不仅在CSSCI杂志公开发表了7篇研究相关的学术论文，同时在北美比较教育年会、亚洲比较教育学会年会等国际会议多次宣讲该研究的核心成果。此外，本研究为国家培养与选拔国际组织人才提供了科学的理论依据；为广大有志于培养学生“全球胜任力”的一线学校提供了实践指导；为有志于投身国际事务的青年人提供了系统全面的专业指引。

《全球教育治理：国际组织、民族国家与非国家行为体的互动》是一部系统研究和介绍全球教育治理的专著，尝试回答什么是全球教育治理的本体论问题，介绍了5个可用于全球教育治理研究的理论：复合相互依赖理论、多层治理理论、利益相关者理论、多维权力理论和世界文化理论。在此基础上，该书不仅介绍了政府间国际组织（联合国教科文组织、联合国儿童基金会、世界银行、经合组织、欧盟）参与全球教育治理的历史、基本路径、保障机制和影响，而且也介绍了世界主要国家的全球教育治理概况，包括其参与全球教育治理的历史、主要机构、基本路径、经验与挑战，同时还分析了非国家行为体在全球教育治理中的作用以及参与全球教育治理的基本路径。该书还提出了中国参与全球教育治理的战略性建议。这是一项理论和实践相结合的研究成果，对于提升全球教育治理主体的治理能力，改进全球教育治理实践均具有重要的价值。②

---

① 滕珺．国际组织需要什么样的人——联合国系统人才标准及中国教育对策研究．上海：上海教育出版社，2018.

② 孙进，等．全球教育治理：国际组织、民族国家与非国家行为体的互动．北京：人民出版社，2020.

此外，自2012年起，北京师范大学国际与比较教育研究院每年组织编撰的《国际教育政策与发展趋势年度报告》都包含专门的国际组织章节。报告已连续出版了8年，累计40余万字，及时反映了国际组织的教育主张及重要教育活动。

三、人才培养

北京师范大学国际与比较教育研究院在顾明远教授高瞻远瞩的指引下，自2005年开始有计划地培养国际组织专业研究人员，先后培养了23名硕士，这些专业学术人员逐渐成长为我国国际教育组织研究的核心力量。此外，学院为培养有志于在国际组织从事实践工作的青年专业人才，先后开展了“国际组织理论与实践”“国际理解与跨文化交流”等专业课程。同时，学院还开展了系列“国际教育大讲堂”，专门邀请凯伦·蒙迪教授、吉塔·斯坦纳-卡姆西教授、安德烈亚斯·施莱歇尔教授、唐虔博士等常年在国际组织工作的首席专家和高级官员为学院师生开展讲座。例如，2020年12月29日，联合国教科文组织前教育助理总干事唐虔博士以“我在国际组织的25年——国际组织与全球教育”为主题，结合自身在联合国教科文组织的工作经历，指出中国在联合国教科文组织参与全球治理的过程中存在能力与实力不相匹配的问题，这与中国尚未制定参与全球治理的整体性战略，不明确我国期待通过国际组织达到怎样的战略目标相关。唐虔博士表示期待未来走入国际组织的中国籍官员能够助推中国在国际组织活动中的深度参与，促成中国与国际组织的双赢局面，借助国际平台分享中国经验，代表发展中国家的利益发声，参与制定国际规则，彰显大国担当与软实力。

四、社会服务

北京师范大学国际与比较教育研究院不仅开展了大量国际组织与全球教育治理的相关研究，培养了一批专业研究人员，同时也积极参与决策咨询，服务国家战略。学院滕珺教授多次受邀为决策部门提供《关于加强我国国际组织人才队伍建设的几点意见》《国际组织关于教师行为规范的政策研究》《学生应该学什么——联合国教科文组织最新基础教育学习指标体系述评》等决策咨询报告并获采纳。

此外，学院滕珺教授先后在《中国教育报》《中国教师报》等官方媒体发表《国际组织人才的十大核心素养》《2015后国际教育发展的五大关键词》《教育是全人类共同核心利益——联合国教科文组织成立70周年提出教育新理念》等相关论文，帮助公众深入认识国际组织的重要性、最新教育理念和国际组织的人才标准。

五、经验与思考

回顾北京师范大学国际与比较教育研究院10多年的国际教育组织研究与专业人才培养的工作，有以下几点经验与思考与大家分享。

第一，高瞻远瞩，谋划全局。学院在过去10多年间积累的诸多成果首先得益于顾明远教授的高瞻远瞩，谋定全局。顾明远教授凭借自己多年的研究积累和社会洞察力，早早地预见了中国在国际社会的地位提升，预见国际教育组织对中国教育发展和社会发展的重要性，因此，早在20年前顾明远教授就多次强调要深入研究国际教育组织，及时了解他们的思想、政策、动向，以及内部组织规则，培养能够在国际教育组织中工作的中国籍员工。顾明远教授不仅预见到了国际教育组织研究的重要性，而且有组织有计划地带领学院开展了系列深入的研究，覆盖了联合国教科文组织、世界银行、经合组织、欧盟、联合国儿童基金会等重要的政府间国际组织。

第二，立场坚定，观点明确。虽然学院高度重视国际教育组织的研究，但并不意味着盲目接受国际教育组织所有的观点和主张。事实上，学院明确支持以联合国教科文组织为代表的人文主义的教育观，支持教育的公益性和国家性；明确反对包括世贸组织、经合组织等国际组织中将教育视为经济贸易活动，鼓吹教育私有化、市场化的新自由主义观点，特别是对近年来经合组织的教育活动持理性批判的态度。

第三，聚智聚慧，同心协力。国际教育组织研究与专业人才培养是一个全新的领域，需要团结国内外理论与实践领域多方面的人才，同时也需要跨学科的交流与合作。因此，学院始终保持开放的态度，团结一切有可能团结的力量，充分调动社会各方面的资源，做好国际教育组织研究和专业人才培养的工作。

第四，持续发力，积少成多。最初开展国际教育组织研究时，学院面临很大的挑战，虽然有较强的语言优势和教育专业优势，但缺乏国际关系、国际政治等多学科的相关背景，但学院在过去的10多年间不畏挑战，努力通过各种途径补齐自己的短板，持续积累，一点一滴逐渐勾画出国际教育组织的全貌与细节。

第五，强化实践，持续迭代。目前学院的研究在不断深化，不仅深入到国际教育组织内部的各项具体教育项目，而学院也计划在人才培养的过程中，一方面编写相关的国际教育与发展教育教材，为专业人才培养提供理论基础；另一方面不断强化理论与实践的联系，开展系列指向实践技能的工作坊，为培养能够在国际教育组织胜任的专业人员奠定坚实的基础。

以一流学科建设大力推进国际组织人才培养[①]

一、引　言

党的十八大以来，习近平总书记对中国参与全球治理极为重视，先后就此主持了两次中共中央政治局集体学习，2016年的二十国集团领导人杭州峰会和2017年的“一带一路”国际合作高峰论坛，开启了中国引领全球治理的新时代。“十四五”规划纲要进一步提出中国要推动共建“一带一路”高质量发展，积极参与全球治理体系改革和建设。[②]农业、减贫等是全球治理的重要领域。习近平总书记指出，中国的脱贫攻坚工作“创造了减贫治理的中国样本，为全球减贫事业作出了重大贡献”[③]。中国将继续向全球分享农业发展和减贫经验，为“一带一路”建设和人类命运共同体建设，为实现国家“两个一百年”奋斗目标做出贡献。然而，我国仍缺乏一大批能够参与全球减贫治理的人才。习近平总书记提到，要大力培养掌握党和国家方针政策、具有全球视野、通

① 作者：徐秀丽，中国农业大学国际发展与全球农业学院院长；张悦，中国农业大学国际发展与全球农业学院讲师。

② 中华人民共和国国民经济和社会发展第十四个五年规划和2035年远景目标纲要．(2021-03-13) [2022-05-01]. https://www.12371.cn/2021/03/13/ARTI1615598751923816.shtml#d12.

③ 习近平．在全国脱贫攻坚总结表彰大会上的讲话．(2021-05-24) [2022-05-01]. http://www.moa.gov.cn/ztzl/xjpgysngzzyls/zyll/202105/t20210524_6368278.htm.

晓国际规则、熟练运用外语、精通中外谈判和沟通的国际化人才。[①]要加强全球治理人才队伍建设，突破人才瓶颈，做好人才储备，为中国参与全球治理提供有力人才支撑。[②]为解决国家对国际组织人才的迫切需要，更好地服务国家涉农领域国际组织人才培养需求，中国农业大学结合一流学科建设，以农业与减贫为特色，改革人才培养模式和内容，探索为我国参与全球治理提供有力的国际组织人才支撑的方式。

二、总体思路

（一）提高定位，瞄准联合国等核心国际组织

拓展全球战略合作伙伴，与联合国南南合作办公室、联合国粮农组织、世界银行、联合国开发计划署，以及A5联盟、剑桥大学、牛津大学、伦敦政治经济学院、曼彻斯特大学等世界顶尖高校签订合作协议，或建立常规联系机制，形成国际组织人才培养的新型全球平台。在疫情背景下积极开展中美专家减贫对话，中欧国际发展知识创新对话，中国东北亚国家国际发展合作对话，中国与印度、巴西等新兴国家的南南合作对话，搭建中外友好学术交流平台，共同应对全球性挑战。

（二）以农业和减贫为特色，以全球治理为导向

以服务全球治理新型人才培养为方向，以国际发展理论为核心，培养积极参与全球发展治理、粮农治理和减贫治理等领域的高素质涉外人才。此举既是构建人类命运共同体的重要组成部分，又是脱贫攻坚之后国内启动乡村振兴、国外高水平建设“一带一路”的重要战略支点。

（三）联通国内国际，扎根基层

建立国内和国际组织基地，联通国内与国际，扎根本土和海外基层。在云南等地建立国内农村减贫与乡村振兴实践基地，为学生提供深入一线了解我国脱贫攻坚、乡村振兴、乡村治理的机会；在坦桑尼亚建立发展与减贫示范

① 习近平2018年9月10日在全国教育大会上的讲话 . (2021-10-27) [2022-10-15]. https://www.xuexi.cn/lgpage/detail/index.html?id=1740176079620833036.

② 中共中央政治局进行第三十五次集体学习 . (2016-09-28) [2022-05-04]. http://www.gov.cn/xinwen/2016-09/28/content_5113091.htm.

村庄，为学生提供了解非洲农业农村发展与减贫问题，以及中国发展经验向非洲分享、在非洲落地的平台；在与农业相关的国际组织建立实践基地，为学生拓展全球治理视野，熟悉国际组织与社会组织，学习全球治理提供实践课堂。

三、重点举措

（一）人才培养体系建设

中国农业大学着力解决我国全球粮农和减贫治理人才短缺的问题。1988年，在中德两国政府合作框架下，中国农业大学建立了中德综合农业发展中心/国际农村发展中心，参与了当时几乎所有多边、双边，以及民间各类国际组织在华的农村发展援助项目，成为全国国际发展合作与全球农业人才培养的摇篮，培养了国内最早一支国际发展合作师资队伍，出版了国内最早探讨国际发展项目管理的系列著作。1998年，学校联合多所高校设立了国内系统的，聚焦于农业与农村发展的国际发展合作教学体系。2019年，学校成立国际发展与全球农业学院，聚焦国际组织人才培养工作，打造包括硕士、博士、国际留学生、MPA、“学位+”项目、前沿交叉课程在内的人才培养体系。

（二）学科建设

中国农业大学积极开展学科建设，建立国际发展政策与治理二级学科，回应国家对于全球治理专业人才的培养需求。顺应国家加大“全球治理”一级新学科建设的需要，启动了“全球治理”的新学科建设。面向“十四五”和2035年远景目标，推进“全球农业”交叉学科建设。围绕以上学科，在科学研究、政策建议和社会服务方面深入开展工作。

四、进展成效

（一）启动新学科建设和人才培育，回应国家人才培养需求

2019年，中国农业大学自设国际发展政策与治理二级学科，2021年开始硕士研究生、博士研究生招生。开设国际组织与社会组织管理方向MPA，旨在培养一批有家国情怀，德才兼备的新型综合型、应用型、复合型公共管理专门人才，帮助其充分探索中国参与、引领和主导国际发展与合作的路径，

完善国际组织和社会组织引导和监督工作，促进其在国家治理体系和治理能力现代化进程中更好地发挥作用。顺应国家加大"全球治理"一级新学科建设的需要，学校启动了"全球治理"的新学科建设，召开并邀请多名国内高级专家多与新增全球治理与发展本科专业论证会。新学科旨在培养国际发展政策和治理学科高水平研究和管理的人才，培养学生掌握本学科基本理论和方法视角，能够系统地、动态地和批判地理解和分析发展议题，投身于国际发展政策与治理实践。

（二）培养农业国际组织后备人才

我国在联合国粮农组织等联合国技术机构中任职的官员人数远低于我国应该按比例派驻的人数，这使我国利用国际舞台深入广泛地开展农业国际合作与交流活动，提高我国的农业国际话语权，以及维护国家利益的农业外交工作受到一定程度的限制。因此，迫切需要培养一批热爱祖国、具有国际化视野、熟悉农业外事外交工作的专业型后备人才，以适应我国的农业国际化和"一带一路"农业国际合作的迫切需要。"懂农业，懂外事"的高层次人才目前是研究生人才培养的空白点。

2019年、2020年、2021年学校连续开展高级农业外事班人才培养项目，累计招收学员162人。该项目是以培养农业外事外交后备队伍为目标的证书项目（"学位+"项目），旨在增强学员在农业外事外交理念、知识、技巧等方面的能力，培养热爱祖国，具有开阔国际化视野和前瞻性外交思维，掌握一定涉农前沿科学知识，具备一定外事外交能力的高层次复合型人才，探索高层次国际化农业人才队伍建设机制，为农业方面的外交事业储备后备力量，为我国农业国际合作与交流提供有力的人才支持。项目邀请来自中国农业大学、外交学院、国际关系学院、农业农村部、商务部、中国社科院、重点涉外农业企业等农业领域的专家讲授农业前沿理论与实践、培训外事实践能力。项目同时组织全球治理系列课程线上学习，邀请牛津大学、康奈尔大学和华盛顿大学等全球治理领域知名高校专家和教授授课，主要包括"国际背景下的传播与外交""联合国公文阅读与写作""基于联合国报告的全球可持续发展导论"和"性别关系与性别平等教育"等全球治理相关的20门课程。在实践环节，项目学员会前往世界银行、世界粮食计划署进行参访，以提升自身农业国际合作与交流能力。在实习环节，学员会分别赴农业农村部和商务部相关部门及下属事业单位，科研院所、联合国可持续农业机械化中心、国际马铃薯中心亚太中心等农业相关国际组织，以及开展农业对外投资与合作的企业进行实习，以锻炼农业外事实践技能。

（三）“中非 1+1 农业合作专业硕士班”国际留学生人才培养项目

2020 年，“中非 1+1 农业合作专业硕士班”正式启动，招收来自非洲的学生到中国学习两年，将中国发展经验与国际和非洲农业农村发展实践相结合，培养全球和非洲农业治理和农村发展管理的高层次人才。针对“中非 1+1 农业合作专业硕士班”，中国农业大学创新建立了一套面向留学生的导师培养方案。一方面，专门制定跨学科导师制度，组织来自作物学、食品生物工程、植物保护、农业经济、经济贸易、兽医学、畜牧学、社会学、公共管理等一级学科的老师担任留学生导师；另一方面，结合学生在专业课程学习、科研能力训练、培养环节以及日常学习生活等方面的实际需求，探索建立一套导师、联合导师、助理导师的指导队伍，为每名学生配备由 2—3 名教授、副教授和青年教师共同组成的指导团队，以提高留学生培养的及时性、针对性和全面性。

（四）面向“十四五”期间全球农业领域战略布局，开设前沿交叉课程

当前中国与全球层面均面临涉农重大挑战，全球农业发展议题日益复杂化，中国农业大学开展了研究生学科前沿及交叉课程建设项目并开设了“全球农业与国际发展专题”课程，旨在探究当前全球农业危机和趋势，从国家、区域和全球层面学习分析新型全球粮农治理体系与全球农业前沿科技，通过开展交叉学科对话培育学生的国际视野和跨学科研究能力。“全球农业与国际发展专题”课程由国内外交叉学科 7 位教授联合授课，采用专题授课与研讨相结合的形式，聚焦全球农业前沿议题、全球农业治理体系、全球农业科技方案三大板块。本课程共有 47 名博士、硕士研究生参与，他们分别来自水利学院、动科学院、农学院、经管学院、人文学院等多个学院，横跨生态学、水利工程、畜牧生物工程、国际贸易、发展研究、农业工程等 16 个专业。学生根据各自的兴趣和专业方向，在课上依据种质资源、粮食安全、国际组织本土化等研究方向组成 9 个跨学科科研小组，产出了规范的研究成果。

（五）开展国家级智库平台和人才培养基地建设

中国农业大学入选国家国际发展合作署核心智库、教育部国别与区域研究备案中心，获得了2021年国家留学基金委国别区域研究人才支持计划、2021年国家留学基金委乡村振兴专项立项，为新学科建设和招生、人才培养工作提供了机制化的支持。近10年来，中国农业大学为党中央、国务院各部委提供政策建议，所提建议多次获得中央领导，以及商务部、外交部、国家国际发展合作署等相关部委领导的批示。学校还积极参与全球发展治理，多次在联合国总部、联合国南南合作高级别会议等高峰平台上发布专业报告，推动全球南南合作评估框架和标准的制定，积极参加全球层面的国际发展报告修订和政策咨询，提升国际话语权。中国农业大学团队在联合国纽约总部发布了《助力国际发展合作：南南合作评估框架的新探索》，首次在国际高端平台上提出了南南合作评估框架。2019年3月，作为国内唯一一家学术机构，中国农业大学在第二届联合国南南合作高级别会议上组织边会。学校在坦桑尼亚建设的海外教学研究基地成果成功入选全球南南合作40周年成果展，该成果还获得首届"全球减贫案例征集"的最佳案例。此外，学校还积极在博鳌亚洲论坛、中非合作论坛、首届中非农业合作论坛等区域、行业高峰论坛上发声。

（六）在减贫、乡村振兴、国际发展等核心领域开展高水平学术研究

在国内外顶级学术刊物发表学术论文，形成了具有中国农业大学特色的全球发展研究范式。过去10多年来，中国农业大学国际发展与全球农业学院团队在国内外的相关领域顶级学术刊物《世界发展》（*World Development*）、《发展与变革》（*Development and Change*）和《中国社会科学（内部文稿）》《世界经济与政治》《社会学研究》《外交评论》和《西亚非洲》发表了大量全球发展研究论文。研究团队获得了国家社会科学基金重大项目、一般项目和自然科学基金项目的支持。国家主流媒体，如《人民日报》、新华社、中央电视台等也多次介绍过学校学科建设成果。

北京航空航天大学全球胜任力人才培养实践[①]

一、引　言

当今世界正经历百年未有之大变局，全球治理体系变革加速推进。中国作为世界上最大的发展中国家和重要的政治经济体，需要展现负责任的大国担当，积极参与全球事务，贡献中国智慧，推动构建人类命运共同体。习近平总书记指出，“参与全球治理需要一大批熟悉党和国家方针政策、了解我国国情、具有全球视野、熟练运用外语、通晓国际规则、精通国际谈判的专业人才”[②]。在此背景下，高校要加强全球治理人才队伍建设，做好人才储备，为我国参与全球治理提供有力的人才支撑。紧密围绕国家发展的需求与号召，北京航空航天大学（简称“北航”）大力推动空天信融合发展的学科态势，持续优化创新人才培养体系，务实开展高水平的国际交流合作，将培养具备全球胜任力的一流人才作为服务国家战略需求和建设中国特色世界一流大学的重要使命，持续优化国际化人才培养体系，探索出了具有北航特色的全球胜任力人才培养模式。

---

① 作者：吕莹，北京航空航天大学高等教育研究院副研究员；高源，北京航空航天大学国际交流合作处科长；周宓，北京航空航天大学国际交流合作处科员。

② 习近平．深入推进“一带一路”建设．(2016-09-26) [2022-05-01]. http://fec.mofcom.gov.cn/article/fwydyl/zgzx/201609/20160901403540.shtml.

二、全球胜任力人才培养的主要举措及成果

（一）加强顶层规划与工作部署，推动全球胜任力人才培养工作质量发展

近年来，北航大力实施“UPS”国际化发展战略，通过制订学生海外经历提升计划——“远航计划”，利用全球优质教育资源为学生提供面向世界、面向未来的多元化的高等教育，积极构建遍布全球的国际化人才培养平台，全力打造北航“全球校园”。面向新时代，学校在事业发展规划中将培养学生的全球胜任力作为新时期人才培养工作的核心目标，提出要持续构建全学程、多层次、高质量的学生海外培养体系，不断加强以全球胜任力为核心的本土国际化人才培养体系建设，培养具有全球视野和开放包容精神，勇于解决全球问题，承担构建人类命运共同体责任的一流人才。

在国际化人才培养的工作机制建设方面，学校不断强化组织领导，优化工作流程。学校于 2018 年成立国际组织人才工作领导小组，对选派学生、教师赴国际组织实习或任职的相关工作进行统一领导和协调部署。2019 年，学校成立人才培养工作领导小组，全面加强对人才培养工作的统一领导、规划与协调。2021 年，学校先后成立外事工作领导小组、师生公派出国（境）工作领导小组，进一步加强对包括国际化人才培养在内的外事领域工作的统筹规划与协调，全面推动学校国际化人才培养工作高质量、内涵式发展。

（二）拓展高水平国际联合培养，打造国际化人才培养品牌项目

在当今全球治理的语境下，全球胜任力人才不仅需要夯实外语能力基础，更要具备运用专业知识和技能应对挑战的能力。以联合国系统人才选拔的核心价值观“正直、专业和尊重多元文化”[①]为参照，高校在人才培养的过程中要注重学生专业能力及全球化素养的有机融合，尤其要注重培养学生立足科技前沿开展学术创新，以及灵活运用外语开展跨文化交往与合作的能力。

北航立足自身空天信融合的特色学科优势，积极与全球一流大学、科研机构及企业等开展交流合作，建立了一批高水平的国际化人才培养示范项目。学校现已建立涵盖校际学生交换项目、双学位联合培养项目在内的高水平深

① 滕珺，曲梅，朱晓玲，等. 国际组织需要什么样的人？——联合国专门机构专业人才聘用标准研究. 比较教育研究，2014 (10): 78-84.

度海外学习项目157项，其中86项获批国家留学基金委资助，12项获批欧盟“伊拉斯谟+”计划资助。2005年，北航与法国中央理工大学集团共同创办了北航中法工程师学院。该学院实施法国“预科—工程师”与我国“本科—硕士”相融合的本硕一贯制培养模式，采用课程学习、实践训练和学位论文相结合的培养方式，在本科（预科）阶段强化法语、数理知识和人文素养的提升，硕士（工程师）阶段开展注重学科交叉和工程实践的通用工程师教育。在中、英、法三语环境下，学生接受国内高校与国外高校的共同培养，在强化语言能力的同时，形成了扎实的数理能力和交叉学科背景，逐步成长为具有“全球视野、系统思维、协同创新”能力，能够胜任世界多样性和快速变化挑战的复合型工程人才。北航的国际通用工程学院立足打造“新工科”建设、国际化人才培养及教育教学改革品牌学院，2015年入选由科技部和教育部共同实施的“高校国际化示范学院推进计划”，2018年加入美国工程院“重大挑战学者计划”。该项目对标国外顶尖大学的课程体系和教学方法，采用全英文小班授课模式，融合航空航天、机械制造及电子计算机三大学科，构建“新工科”建设背景下国际通用工程人才培养模式，全面培养兼具工程科学基础及交叉学科素养，具有“国际视野、通专融合、创新开放、知行合一”品质的领军人才。

（三）丰富学生海外学习经历，综合培养国际化实践能力

实践能力是全球胜任力的重要维度。过硬的专业能力和扎实的语言功底是参与全球治理的基础，而跨文化理解力与交往能力、组织协调能力、家国情怀和国际视野等更是开展高水平全球治理的必备素质。近年来，北航持续深化“全球校园”内涵建设，以培养学生的全球胜任力为目标，坚持将国际化的教育理念贯穿教育教学的全过程，统筹课堂内外教育资源，综合提升学生的国际化素养。在提升学生海外经历方面，北航深入推进“远航计划”实施，充分利用全球优质教育资源，构建和完善全学程、多层次的学生海外学习项目矩阵，持续开展学生交换、双学位联合培养、科研实习、暑期交流等国际化人才培养项目，稳步提升学生深度海外学习经历。2019年，学校具有海外经历的本科生占比达49.6%，博士生达到89%，稳居全国高校前列。2020年以来，学校努力克服新冠疫情全球蔓延带来的不利影响，大力建设“云远航”“混合式海外学习”等新型海外交流学习平台和项目，开拓国际化人才培养新模式。此外，学校还组织开展学生国际化能力提升工作坊、国际化论坛与讲座、“远航下午茶”、联合国机构宣讲会、学科竞赛等全球胜任力培养相关的课外活动，在提升校园国际化氛围的同时，全面培养和提高学生的全球胜任力。

（四）加强与国际组织的交流合作，推进国际组织人才培养推送工作

北航重视与国际组织拓展和深化合作关系，并结合自身学科优势和特色，拓展与航空航天领域国际组织的合作。以学校与国际民航组织的合作为例，双方于 2018 年 5 月签署了合作备忘录，就推荐师生赴国际民航组织任职或实习达成合作意向。其后，双方陆续签署了大数据和人工智能科研项目协议，围绕民航领域全球治理共同开展科研合作。2018 年 12 月，学校与国际民航组织、深圳市政府、中国航空学会在深圳联合主办 2018 国际民航组织下一代航空专业人才全球峰会。在国际民航组织的支持下，学校作为全球 6 所倡议单位之一，发起并成立了“国际航空航天教育协会”，以推动成员单位在航空航天领域开展全方位合作。2014 年，联合国附属空间科技教育亚太区域中心依托北航成立，这是中国高校唯一的联合国附属机构，也是亚太地区首个政府间空间科学和技术教育区域机构。该中心以推动空间技术和平利用及造福人类为宗旨，不断推动优势科技与教育资源共享，为各国培养高层次、创新型的国际化空间技术应用人才。截至 2019 年，该中心在遥感与地理信息系统、卫星通信、全球导航卫星系统、小卫星技术、空间法律与政策 5 个专业领域为 24 个发展中国家培养了 237 名硕士和博士研究生，并为来自 64 个国家的近千名学员提供了短期培训，成为亚太地区空间技术合作与国际化复合人才培养的重要平台。

此外，北航一直积极拓展师生赴国际组织实习和任职的渠道，鼓励师生积极参与国际组织相关工作。依托国家留学基金委国际组织实习项目的奖学金支持，学校积极组织学生了解并申报国际组织实习岗位，此外，学校还利用已有合作及校友资源，为师生开拓赴联合国外空司、亚太空间合作组织等国际组织的实习机会。近年来，学校选派多名学生在国家公派留学奖学金资助下赴国际民航组织、联合国总部、联合国欧洲经济委员会等国际组织实习。此外，学校还鼓励教师赴国际组织兼职 / 任职，发挥学科专业特长，参与国际组织各类事务。截至 2021 年，学校已有 3 名教师在国际民航组织、亚太空间合作组织等国际组织任职。其中，经中国国家空管委办公室、意大利民航

局和美国联邦航空局提名，中国国家空管法规标准研究中心副主任、北航教师刘浩于2021年10月当选无人系统规则制定联合体新一任秘书长。

三、挑战与不足

我国全球胜任力人才培养尚处于起步阶段，高校现行的学科专业分类标准和人才培养模式还不能完全满足国际组织对复合型人才的需要。① 北航作为以理工科见长的综合性大学，国际关系与国际事务相关学科师资不足，相关领域教学与研究基础有待夯实。学校国际化的教育理念虽然已经逐步融入教学科研之中，但普通教师、行政管理人员和辅导员的国际组织经历及相关培训依然不足，将全球胜任力的理念融入育人全过程有待加强，仍需有意识地鼓励、推荐在校学生前往国际组织实习和求职。此外，学校目前与国际组织的深度合作主要集中在航空航天领域，尚未能在更大范围内与更多国际组织开展长效稳定的合作。此外，如何培养具有中国特色的全球胜任力人才是我国高校应不断思考与努力的方向。全球胜任力人才培养在注重外语能力、专业知识和综合素养提升的同时，也应加强对本民族文化特有知识的理解和认同。只有通晓中国，才能为提升中国影响力和国际话语权贡献更大的力量。北航一直秉承"爱国奉献、敢为人先"的北航精神，在几代人的办学实践中铸就了爱国的精神底色，如何将本民族的历史、政治、文化融入国际化人才培养中，转化为学生在未来向世界提供中国智慧、中国方案所需的关键才能，是我们需要不断探索解决的课题。

四、未来工作展望

面向未来，北航将进一步加强校内相关单位的组织协调，并将立足本校学科特色和优势，有力推动全球胜任力人才培养，积极推进国际组织人才培养推送工作。一是继续构建和完善相关课程及人才培养体系，全面提升学生的全球胜任力。二是通过继续完善就业信息服务，开设就业课程指导及相关培训，推动更多师生和校友赴国际组织实习任职。三是加强与更大范围内的国际组织的交流合作，发展长期合作伙伴关系，争取签订更多的实习生协议、

---

① 刘宝存，肖军．"一带一路"倡议下我国国际组织人才培养的实践探索与改革路径．高校教育管理，2018, 12(5): 1-7.

备忘录与合作意向书。同时，完善师生赴国际组织工作实习的保障机制，通过改革教务及人事管理制度，为师生赴国际组织实习、任职创造有利条件。此外，学校将加强与其他高校间的横向联系[①]，依托各自的特色学科，建立优势互补、资源共享的合作机制，不断提升教学科研和服务管理水平。在打造各自品牌的同时，共同完善我国全球胜任力人才培养的基本理念、规范和标准，推进我国全球胜任力人才培养体系的发展。

① 张海滨，刘莲莲．服务国家战略，积极推进中国国际组织人才培养——2019 年北京大学国际组织人才培养论坛综述．国际政治研究，2019, 40(6):123-137.

国际组织和全球行业胜任力人才培养工作实践[①]

一、引 言

北京理工大学（简称“北理工”）重视办学国际化工作，制定了国际化办学战略，并在其指导下不断完善全球性国际合作网络和区域合作平台建设。学校已与75个国家和地区的346所高校建立了校际合作伙伴关系，与85所高校实现了学生交换，在欧洲、北美洲、大洋洲、亚洲等地区建立起合作交流平台。学校还与尼日利亚拉各斯大学和加拿大萨斯喀彻温大学合作成立了两所孔子学院；与深圳市政府、俄罗斯莫斯科大学合作设立了独立法人中外合作办学机构——深圳北理莫斯科大学，成立了中俄学院，联合培养项目运行良好。

培养全球治理人才，推动优秀学生到国际组织实习任职，是北理工建设中国特色、世界一流大学、服务国家战略需求的重要使命。北理工高度重视国际组织和全球行业胜任力人才培养，并通过与不同国际组织合作探索具有国际组织和全球行业胜任力的人才培养模式，培养高素质的国际化复合型行业领军人才。为深入贯彻落实全国教育大会、全国教育外事工作会议精神，北理工进行了机制保障、政策宣导、平台建设、人才培养体系建设和人才培养理念论证等工作，具体工作进展如下。

① 作者：邢清清，原任北京理工大学国际交流合作处副处长，现为香港科技大学语言中心高级讲师。

二、重点举措

（一）机制保障

2017年，北理工学校党委发布《关于成立北京理工大学毕业生到国际组织实习任职工作领导小组的通知》，确定了以学校校长为组长，负责人才培养、国际合作和就业的副校长为副组长，学校办公室、研究生院、教务处、科学技术研究院、人事处、招生就业工作处、国际交流合作处、留学生中心和校友会办公室多部门联动的国际组织人才推送保障机制。

（二）政策宣导

北理工定期在全校范围内进行国际组织实习任职宣导活动，国际交流合作处、教务处、研究生院、就业指导处等多部门联动、协同合作，从点到面开展工作。2019年10月，学校举办了首届联合国机构宣讲咨询专场，国际生物多样性中心、联合国工业发展组织和国家留学基金委代表莅临，全国20多所高校近300名学生参加。2020年10月30日，学校举办了第二届联合国机构宣讲咨询视频专场，分别在中关村和良乡校区组织学生统一观看相关培训课程，近200名北理工学生参加了本次活动。

2019年12月，学校代表团访问日内瓦联合国总部训练研究所，双方签署了人才培养合作协议，就开办北理工—联合国总部训练研究所联合讲习班、共同建设国际关系和多边外交专业硕士点等议题进行了磋商。

（三）平台建设

2020年7月，北理工申报教育部中外人文交流中心“国际组织人才培养创新实践项目”，2020年9月获批通过，成为“国际组织人才培养创新实践项目”首批基地建设高校。未来计划以基地为平台统筹全校国际组织人才培养工作，通过校企协同育人、中外联合培养等方式汇聚国内国外优质教育资源，重点围绕课程建设、师资培训和实习实训推送3个关键环节完善国际组织人才培养体制机制，提高国际组织人才培养和推送能力。

（四）构建了“时—空—域”三位一体的国际化创新人才培养体系

北理工以“国际竞争力人才培养计划”为牵引，通过国际化师资队伍、国际化教育项目、国际化教学实践、国际化创新大赛等4个支撑平台开展国际竞争力人才培养。以国际化师资队伍建设为基础，以国际联合实验室等平台为依托，整合中外师资和科研资源，通过推动长短期国际交流项目提升学生出国（境）接触全球教育资源的机会，提升学生的国际沟通能力和创新能力。构建了“时—空—域”三位一体的国际化人才培养体系，解决目前人才培养体系不适应新时代国际化人才所需的国际视野、跨文化交流能力、国际竞争力要求的问题。时间维度上，根据人才培养过程，从大一到大四依次开展国际化通识课程、基于项目的专业课程、基于行业需求和创新思维的课题实践，逐年、逐层、逐级递进培养学生的全球行业胜任力；空间维度上，将国际工程教育理念融入教学全过程，突破地域限制，引入世界一流大学的课程、师资和研究资源，开展海外学习、国际企业和国际组织实习实践，培养学生跨文化学习与交流能力；领域维度上，围绕“高精尖缺”行业，构建智能制造、自动化、航空航天等跨领域多学科交叉融合课程。

（五）提出了以国际行业、国家需求为导向的“国际行业胜任力”的人才培养理念

北理工发扬学校学科行业优势，以创新包容的态度开展国际化团队合作，培养具有“时代担当”和能担当民族复兴大任的时代新人和国际化人才。学校以培养制造业、自动化、航空航天等国际行业和国家需求为导向，努力培养具备对行业高度认同度和适应性，在行业实践中体现科技创新能力的“高精尖缺”人才，即能够有效执行现有的行业产业技术路线，了解相关行业国际技术标准规范，开发、管理和质量标准，能运用国际行业技术标准开展项目设计和产品开发工作的人才。

三、工作成效

（一）推动师生赴国际组织实习或任职

2018—2019 年，北理工先后派遣 6 名学生赴国际组织实习或任职。2018 年，学校赴联合国开发计划署实习 1 人，担任项目助理工作；赴中国国际扶贫中心实习 1 人，担任项目助理工作；赴联合国志愿人员组织 1 人，担任运营实习生工作。2019 年，学校赴联合国志愿人员组织 1 人，担任中国办公室助理；赴北京市联合国教科文组织协会实习 2 人，担任中小学生非物质文化遗产学习课程研发工作。

截至2021年，北理工已有32名教师在重要国际学术组织任职。其中，福田敏男担任电气和电子工程师协会主席，方岱宁担任亚太材料力学学会主席，李寿平和邓玉林担任国际宇航科学院院士。

（二）构建国际组织人才培养课程体系

北理工依托高层次国际化人才培养创新实践基地，为在校学生提供系统的课程培养方案，打造国际组织人才培养课程体系。2020年10月秋季学期，学校开展了“国际组织人才培养创新实践基地”的学生线上面试选拔工作，邀请学院和相关专家为评审，共64名学生参加选拔，最终25名优秀学生入选。学校对接相关培训机构为入选学生量身打造专业全球治理课程。25名学生全部顺利完成课程，其中11名学生顺利进入下一阶段培养。

2021年春季学期，学校又开展了新一轮的全球治理课程学生选拔。该次课程共计134人报名，经过笔试，最终共计73人入选。学校依托理工类优势学科，鼓励理工科专业的学生报名参加，在73人中，理工科的学生占比达48%，其中包括车辆工程和智能制造与车辆专业、电子信息工程和电子科学与技术（全英文教学专业）、数学与统计学类专业等学校王牌专业的学生。73名学生都顺利结束了该学期的课程，原计划选拔1名学生赴国际组织参加短期实训课程，但因为疫情原因最终改为选拔2名学生参加线上实训课程。根据课程跟踪及学生反馈，学生对相关课程质量和满意度较高，许多学生表示会继续参加之后的课程。

（三）立足专业特色，深化国际组织合作

1. 与国际民用航空组织（简称“国际民航组织”）重点合作

北理工管理与经济学院通过了EQUIS、AMBA和AACSB国际认证，是全球不超过1%同时持有三大认证的管理学院之一。管理与经济学院重点开展与国际民航组织的合作，与国际民航组织共同创建全球航空发展研究机构，面向航空产业的新发展，集聚多学科专业人才，在航空无人化、数字化、智慧化领域开展研究、咨询，推动航空新技术与新运行模式发展。2018年12月，国际民航组织行政局副局长詹姆斯·万博士受聘为学校管理与经济学院兼职教授。

2. 与亚太空间合作组织重点合作

北理工法学院依托学校学科优势，坚持法学特色学科带动主流学科整体

发展的思路，近年来重点建设空天政策与法律研究院、国际争端预防和解决研究院等研究平台，积极开展国际交流与合作，设立国际法全英文专业，申报并获批成为国家留学基金委第一批“创新人才培养国际合作项目”承担单位之一。法学院重点开展与亚太空间合作组织的合作，培养在国际争端预防和解决组织等国际组织的具备国际视野、精通国际规则和国际法律的高层次专业外交人才。法学院还多次举办“亚太空间合作组织空间法律与政策论坛”，多次在联合国外空委参与中国代表团进行外空国际规则制定谈判，先后举办2019年北理工第二届国际进口博览会法治论坛、第22届国际空间法模拟法庭世界总决赛等。2018年，法学院院长李寿平教授当选国际宇航科学院院士。

（三）“全球行业胜任力”的人才培养工作

培养具有“国际行业胜任力”的人才理念已在北理工形成共识，并引领着学校各项国际化活动。基于该理念，学校在2019年获批第二批新工科研究与实践项目并在智能制造等新工科领域开展了国际化项目实践。2021年1月，项目申请团队组织召开“新工科国际化人才培养：形势与机遇”研讨会，推广了“国际行业胜任力”人才培养理念，受到了与会的清华大学、天津大学、哈尔滨工业大学等一流工科高校专家的认可。

2017年，北理工基于国际化创新人才培养机制前期积累的经验，在E9联盟高校和英国6所一流工科高校中首创了“未来工程师领导力与创新学院”，以中英工科博士生实地共同参与工程实践课题和创业课题并完成报告和路演的形式进行了两周的教学实践，该模式之后在中英大学工程教育与研究联盟中推广，并得到了中英高校的高度认可。2020年12月，中英大学工程教育与研究联盟2020高端论坛召开，学校副校长王博向E9联盟高校和伯明翰大学、剑桥大学、伦敦大学学院等6所英国一流工科高校介绍了北理工高层次国际化创新人才培养的特色实践。

北理工国际化创新人才培养机制卓有成效。以智能车、电动车为代表的智能制造行业和以机器人、无人机为代表的自动化行业特色国际化产品形成了北理工品牌，产生了重要国际影响。学生在国际创新大赛屡获大奖：北理工“飞鹰”队在2017年和2020年国际顶级无人机大赛——本扎耶德国际机器人挑战赛中，击败卡内基梅隆大学、宾夕法尼亚大学、佐治亚理工学院、苏黎世联邦理工学院、东京大学等国际顶级院校和研究机构的参赛队伍，连续两次获得冠军。2018 年，北理工航模队获英国国际大学生飞行器设计大赛载重飞行组冠军。2019 年 5 月，北理工 Dream Chaser 机器人队同加州大学伯克利分校、约翰斯·霍普金斯大学等来自 10 个国家的 68 支代表队同台竞技，斩获 ICRA 2019 RoboMaster 人工智能国际挑战赛总冠军；同年 10 月，北理工学子在合成生物学领域的国际顶级科技赛事——国际遗传机器工程竞赛中蝉联金奖。2020 年 5 月，北理工本科生团队获美国大学生数学建模竞赛最高奖项——特等奖。

北理工培养了一批就职世界一流企业的创新型工程人才。QS2019①、QS2020② 年度毕业生就业竞争力（QS Graduate Employability Rankings）排名中的全球学生与雇主关系（Employer-Student Connections）排名中，学校连续两年位居全国第 10 位。2019 年，学校 65% 以上的毕业生前往国家重点单位、世界 500 强企业就业。2019 年，学校毕业生在两大航天集团（中国航天科技和中国航天科工集团）中的就业人数位居全国各高校在这两大航天集团中的就业人数排名中的第二名。此外，华为、百度等著名科技企业接收的学校毕业生占学校总就业人数的 1/3。

四、工作展望

北理工已将国际组织人才培养工作纳入国际交流合作规划，全链条开展国际组织人才培养和推送。以 7 个优势学科为基础，培养具备理工科专业背景、全球治理意识和坚实语言功底的专业复合型国际组织人才。扩大国际组织后备人才队伍，赴国际组织实习的目标人数为 2023 年 5 人、2024 年 8 人、2025 年 8 人。以学院为组织机制，依托 7 个优势学科，与国际民航组织和亚太空间合作组织等专业性国际组织密切合作，全链条培养和输送国际组织人才。计划每年外派教师赴联合国总部（纽约、维也纳）、国际民航组织、亚太空间合作组织、联合国外层空间事务厅交流不少于 3 人；每年邀请国际组织专家（国际司法机构法官或检察官）进课堂不少于 20 人次，每年外派法学学科学生到国际组织观摩学习比例不低于 30%，为学生到国际民航组织、国际航

① QS Graduate Employability Rankings 2019. (2018-09-01) [2022-05-01]. https://www.qschina.cn/en/university-rankings/employability-rankings/2019.

② QS Graduate Employability Rankings 2020. (2019-09-01) [2022-05-01]. https://www.qschina.cn/en/university-rankings/employability-rankings/2020.

空运输协会、亚太空间合作组织等实习搭建平台。建立国际民航组织—北理工（ICAO-BIT）和亚太空间合作组织—北理工（APSCO-BIT）两大国际组织人才培养创新基地。

ICAO-BIT 人才培养创新基地的主要建设任务包括全球航空发展研究院和全球航空管理 MBA 专业建设。其中，全球航空发展研究院旨在面向航空产业的新发展，集聚多学科专业人才，在航空无人化、数字化、智慧化领域开展研究、咨询，推动航空新技术与新运行模式发展。计划开展活动如下：航空领域国际组织和智库分析，全球航空智库建设目标、组织和运行方案设计，青年航空专业管理人才需求和能力培养缺口分析等。建立跨学科人才培养和评价体系，从理工科、管理、法学等多学科视角培养人才。全球航空 MBA 专业建设旨在培养具有全球化视野，富有社会责任感、团队精神，能够胜任国际组织、跨国企业工作，或者在各国监管、运行、制造、机场、空管等领域担任高级管理职位的专业型人才。设置包括管理模块、经济模块、航空模块、定制模块（大数据、人工智能、碳减排和绿色发展）等在内的核心课程。

APSCO-BIT 人才培养创新基地旨在培养具有国际视野、国际规则，精通国际法律，能够在联合国、亚太空间合作组织、国际争端预防和解决组织等国际组织工作的高层次专业外交人才。课程体系包括国际法律版块、国际关系与外交版块、国际谈判实务版块全英文课程，以及西班牙语辅修课程。其中，模拟法庭板块包括国际空间法模拟法庭亚太地区竞赛，旨在培养熟悉国际空间法律政策和外空国际组织事务的交叉复合型专业人才。该基地计划与亚太空间合作组织开展实习实践活动，共建亚太空间法律政策研究中心；每年向亚太空间合作组织及其他外空国际组织输送 1—2 名实习生，形成“课程培养—模拟法庭—实习实践—求职任职”四位一体的培养体系。

“使命在肩，奋斗有我，敢为人先，勇于探索”——积极做好国际体育组织人才培养工作[①]

一、引　言

习近平总书记强调，体育承载着国家强盛、民族振兴的梦想。体育是提高人民健康水平的重要手段，也是实现中国梦的重要内容，能为中华民族伟大复兴提供凝心聚气的强大精神力量。[②]体育强则中国强，国运兴则体育兴。在以习近平同志为核心的党中央的坚强领导下，中国正向着体育强国梦、民族复兴梦奋力迈进。

北京体育大学（简称“北体”）始终秉承使命在肩，奋斗有我的精神，带头拼、加油干，努力为建设体育强国多做贡献，为社会传递更多正能量。学校始终牢固树立人才培养的中心地位，坚持世界眼光、国际标准、中国特色、高点定位，坚持教育、训练、科研“三结合”的办学模式和办学特色，坚持高端化、贯通化、国际化和协同化的“四化”人才培养方法，加强体育与教育、科技、文化深度融合，为体育强国、教育强国和健康中国建设培养输送高素

① 作者：袁哲，北京体育大学国际体育组织学院（外国语学院）英语系副主任；田青，北京体育大学国际体育组织学院（外国语学院）院长；尹小光，北京体育大学国际体育组织学院（外国语学院）党总支副书记；郑辉，北京体育大学国际体育组织学院（外国语学院）副院长。

② 一起向未来——习近平总书记关于奥林匹克重要论述的中国实践 . (2022-02-02) [2022-05-01]. http://www.gov.cn/xinwen/2022-02/02/content_5671763.htm.

质新型体育人才。学校依托国际化办学平台，统筹优质国际教育资源，建立了从本科生到研究生的全方位国际合作培养机制，人才培养的国际化水平不断提升。

近年来，我国竞技体育的水平有了极大的提升，但在国际体育组织中发出的“中国声音”仍十分有限。有意识地培养和输送国际体育组织人才，是新时期体育类院校直接服务国家战略的新支点。北体坚持面向国家重大战略需求和学科发展前沿，主动服务国家战略，出台系列改革措施，加大体育领域国际化专业人才培养力度，积极开辟拓展渠道，支持学生到国际体育组织实习任职，培养输送具有全球治理能力的高素质人才。

北体坚持以人为本、开放平等、尊重包容、交流互鉴、合作共赢、秉持正确义利观、实现可持续发展的人文交流理念，大力推动国际体育组织人才培养，通过搭建平台、引入优质资源、创新体制机制，助力学校夯实人才培养基础，加快培养具有全球视野的高层次国际化人才，为我国参与全球体育治理和推动构建人类命运共同体提供人才支撑。

二、主要成效

（一）凝心聚力，夯实综合能力培养

2022 年北京冬奥会是我国重要历史节点的重大标志性活动，是展现国家形象、促进国家发展、振奋民族精神的重要契机。① 北京冬奥会是中国日益走近世界舞台中央的历史必然，寄托着奥林匹克运动的圣洁理想②，也寄托着中华民族伟大复兴的梦想。北体充分发挥自身学科优势，全面投身冬奥筹办和备战工作中。

2018 年以来，北体主动对接体育强国、教育强国、健康中国三大国家战略，深化以夏季、冬季项目全面发展转型为核心，以科技型、国际化转型为双轮驱动的“三个转型”综合改革，全力投入冬奥服务备战，培养冬奥急需人才，成立了中国奥林匹克高等研究院，建设高端体育智库；成立了首批冰上舞蹈队，组建了中国冰球跨界跨项集训队，13 名新生通过前期选拔测试顺利入

---

① 习近平会见全国体育先进单位和先进个人代表等 . (2017-08-27) [2021-11-12]. http://www.gov.cn/xinwen/2017-08/27/content_5220823.htm.

② 马培华 . 深刻认识办好北京冬奥的重大历史意义 . 人民论坛，2020(35): 20-21.

选“滑雪战队”；开展科技助奥研究与实践，加快建设国家冰雪运动训练科研基地、气膜冰场；学校举办了第6届中外大学校长体育论坛、第3届冰雪运动“一带一路”科学训练国际论坛、中芬冰雪运动合作论坛、冬奥志愿服务国际研讨会；在平昌冬奥会上，组织83名志愿者参与“北京八分钟”表演及志愿服务；成立冬奥宣讲团，由陈中、谭玉娇、刘金莉等多名奥运冠军担任主讲；组织冬奥文化传播与志愿服务中心志愿者前往北京高校、中小学、公园、社区、工厂等地宣讲冬奥文化知识，普及冬季运动项目。

在积极筹办2022年北京冬奥会的大背景下，北体以责无旁贷的担当精神和只争朝夕的紧迫意识，积极发挥教学、训练和科研优势，勇立助力冬奥的时代潮头，在冬奥人才培养培训、科技助奥、智库建设、理论政策研究、志愿服务等方面改革创新，全面参与北京冬奥会参赛备战服务工作，积极践行作为全国高等体育教育战线排头兵的使命与担当。学校以培训基地为依托，深耕冰雪项目，培养冬奥人才，为北京冬奥会、冬残奥会的举办贡献了北体力量。

（二）双管齐下，蓄力国际体育组织人才培养

自2017年起，为满足日益增长的国际高端多语种体育人才的需求，学校成立国际体育组织学院，不断建设完善多语种教学平台，现有英语（国际体育方向）、俄语、德语、法语等11个语种本科专业，自2018年起招收中外体育人文交流专业硕士研究生。多语种教学平台为将来进一步培养多语种复合型人才提供了可能。

以北体“十四五”规划编制工作为契机，学校进一步汇聚各方智慧，高标准、高质量推进国际体育组织人才培养工作：规划紧密围绕党和国家要求、学校使命传承与发展需要、师生期盼与社会期待，以“强校—强体—强国”为导向，提出学校2035远景目标和“十四五”战略目标，明确了“四梁八柱”的战略重点，将打造“一流”优势、强化体育特色引领、保障战略任务落实作为贯穿规划的重点。

（三）立足国际视野，大力推进国际交流工作

北体坚持把国际化作为建设世界一流体育大学的必由之路，不断提升国际化办学水平。积极开展多层次、高端化、实质性的国际合作与交流项目，

与国际体育组织、世界知名大学和体育研究机构保持紧密联系，全方位助力"双一流"建设及"三个转型"，推进学校国际化进程实现跨越式发展。基于国家体育总局平台，学校国际合作规模和层次不断提高。截至2021年3月，学校已经与52个国家和地区共157所院校建立了正式合作关系。

近几年，北体充分发挥中国奥林匹克引智中心和"111"引智基地功效，不断引进高端外国专家。2017年学校聘请的医学教授——原克罗地亚副总理司马安先生获中国政府友谊奖。2018—2021年，共有来自34个国家和地区的长期外籍教师、教练近百人和短期外国专家300人次来校从事教学、训练、科研工作。

北体逐步探索打造人才培养国际化品牌项目。如运动与健康中国2030国际高峰论坛、"一带一路"国际冠军班、中外大学校长体育论坛、"一带一路"体育教育论坛、法国夏斗湖法语实验班等。学校积极参加国内外体育交流活动，对外交流窗口作用更加凸显，逐渐成为体育领域对外交流的主力军。

三、国际体育组织人才培养路径

（一）加强党组织建设和组织领导，高瞻远瞩做好整体发展设计

党的十九大以来，北体深入学习贯彻习近平新时代中国特色社会主义思想和党的十九大精神，增强"四个意识"，坚定"四个自信"，做到"两个维护"，认真贯彻落实党的理论和路线方针政策以及中央和上级党委重大决策部署，坚持党要管党，落实全面从严治党主体责任和新时代党的组织路线基本要求，为学校事业发展提供坚强的政治保证。

（二）以服务国家战略为根本，完善工作推进机制

北体研究制定关于加强国际组织人才培养推送工作的意见，成立由学校党委书记担任组长的国际体育组织人才培养和长期发展工作领导小组，建立校院两级领导体制；建立招生、教学、就业、国际合作、财务等有关部门联动的工作机制，定期召开工作例会，在培养、推送、资金支持等方面形成合力，推动工作快速稳步发展；设立国际化人才培养专项基金，出台《北京体育大学本科生国际化培养工作管理办法》及《北京体育大学研究生国际化培养工作管理办法》，鼓励在校生参与国际交流的实习实践。

（三）创新培养模式，拓展高端实践平台，增强师生参与全球治理的能力

北体逐步探索形成“体育 + 外语 + 国际体育组织”复合型人才培养模式，多年来聘请多位资深外交官、国际体育组织前高级官员、国家体育总局外联司等机构的工作人员，从北京大学、国际关系学院、外交学院、中国人民大学等院校邀请国际关系、外交学方面的研究专家，通过课程设计咨询、举办讲座、参观走访、实践锻炼等形式，加强针对性培养和学校师生引导。

推进建设多门本科生、研究生全英文课程，拟设立针对英语专业本科生的“国际体育组织与国际体育发展”方向班，加大与国际体育组织人才培养相关的研究、课程和项目的建设力度。

北体充分利用国家体育总局体育人文交流优质平台，大批量对接国家队和国家青训体系建设等需求，通过举办“模拟奥委会”，鼓励学生参与各种“国际组织相关大学生冬 / 夏令营”，组织志愿者服务北京 2022 年冬奥会筹办等各项活动形式，拓展国际视野，提升学生到国际体育组织实习任职的竞争力。

（四）优化国际化交流渠道，构建学术联盟，提升跨学科、跨地域的高等教育综合管理水平

立足北体现实情况，学校在多年人才培养的基础上整合科研和国家间体育人文交流平台的优势，开展跨领域、跨部门、跨学科的培养、推送和研究。精选海外合作院校、国际体育组织以及科研机构，从顶层设计层面支持国际化的国际体育组织人才培养；积极构建国际体育组织智库和学术联盟，重点在培养理念、管理机制、培养模式、队伍建设等方面持续创新，逐步探索出具有北体特色、示范效应的国际体育组织人才培养新模式；同时，加强与国际体育组织、兄弟院校、行业企业的合作，积极搭建与国际体育组织合作的平台，持续推进国际体育组织人才培养全过程，为体育领域培养、输送一批国际体育组织急需的实习、任职人员，发布一批有影响力的学术著作和深度研究报告，联合开发一批国际体育组织线上、线下相结合的课程，为中国国际体育组织人才培养提供全方位支持。

四、问题及对策

（一）以政策制度设计为保障，解除学生后顾之忧

为健全校院两级国际体育组织人才培养推送工作机制，北体出台了促进毕业生服务国家战略工作的实施意见和关于鼓励支持学生赴国际体育组织实习的工作细则，对在校生赴国际体育组织实习给予保留学籍、计算学分、保留户档、就业升学等配套政策支持。推进教学培养管理机制改革，从修业时间和空间等制度安排上支持学生赴国际体育组织实习或研习。

（二）加强渠道建设，加大实习任职推送力度

在加强与国际奥林匹克委员会、国际单项体育联合会总会、国际各单项体育联合会，以及各洲体育运动联合会和各洲各单项体育联合会等国际体育组织的交流的同时，北体积极拓展与国内各个体育协会的交流互通，争取签订一系列联合培养协议，加强科研合作，推动与国际体育组织联合建立实习和培训基地。

北体还举办了“做国际体育人，投身全球体育治理”等系列讲座，为学生到国际体育组织实习任职提供咨询、指导和培训，以提升学生在国际体育领域的任职能力。此外，学校还开设了国际体育组织实习任职信息服务平台，建立国际体育组织实习就业网，及时收集并发布国际体育组织招聘信息，引导学生积极参与国际体育组织工作。

（三）发挥担当精神，有效提升应急处理能力

针对新冠疫情等突发情况，北体按照上级部署，积极应对，提前做好预案并设计好一系列线上内容，通过线上线下相结合的专家报告、专题讲座和生涯沙龙等形式，宣传国际体育组织职业发展与动态前沿，采取“云系列提升计划”，包括云宣讲、云课程、云培训、云沙龙、云咨询等不同板块，助推学校学生圆梦国际舞台。

五、未来展望与思路

（一）构筑全球体育治理人才培养的战略高地

习近平总书记的讲话对高校培养国家急需的国际组织人才提出了具体的

要求："参与全球治理需要一大批熟悉党和国家方针政策、了解我国国情、具有全球视野、熟练运用外语、通晓国际规则、精通国际谈判的专业人才。"① 国际组织不仅是维护国家利益、塑造国家形象的有力渠道，也是贡献大国智慧、体现大国担当的重要平台。②

北体作为体育院校的领头兵，一定要高举国际体育组织人才培养工作大旗，顺应国家发展大势、响应国家发展战略，站在国家需求的战略高地，加强理论研究，为国际体育发展合作夯实基础；加强学科建设，为国际体育发展合作理论构建基本框架；加强人才输送，为国际体育发展合作贡献中国力量。

（二）优化全球体育治理人才培养的路径机制

北体将进一步顺应当代国际体育组织的人才需求，聚焦国际组织职员需具备的核心价值观、核心胜任力和管理胜任力等素质的培养，优化培养方案，探索相关学科、学位的交叉培养方式。例如：拟推出学制六年或者七年的"国际体育组织"后备人才培养项目，在培养模式上实现"三个贯通"，即本、硕培养贯通，国内、国际贯通，学习、实习贯通。

（三）多方协同搭建海外实习平台，构建全球体育治理人才培养的智库或学术联盟

北体充分利用国家体育总局对外体育交流平台，尤其是国家队资源，协同国际体育组织、政府部门和企业，积极开展合作，搭建成培养国际体育组织专业人才所需的国际实习平台。在探索国际组织人才培养的过程中，打造"北体方案"的特色品牌，探索成立国际体育组织人才培养智库或学术联盟，共同推进有中国特色的高等教育国际体育组织人才培养体系的确立。

---

① 中共中央政治局进行第三十五次集体学习 . (2016-09-28) [2022-05-04]. http://www.gov.cn/xinwen/2016-09/28/content_5113091.htm.

② 张毅博 . 构筑全球治理人才培养高地 . 中国教育报 . 2021-05-31(5).

从国际组织人才培养项目到学院化实践

——北京外国语大学国际组织人才培养机制的探索与发展[①]

一、引　言

北京外国语大学（简称“北外”）于2010年启动了国际组织后备人才培养的试点项目，是我国最早探索国际组织后备人才培养工作的高校。从2010年到2021年，北外国际组织人才培养工作走过了从以国家教育体制改革试点项目的形式进行探索到实体化学院建设与发展的过程，其间学校也获得了对国际组织后备人才培养机制的建设的有益经验和认识。

二、“探索国际组织需要的复合型人才培养模式”项目的时代意义

2010年6月，《国家中长期人才发展规划纲要（2010—2020年）》颁布，其中述及实施更加开放的人才政策，提到“积极支持和推荐优秀人才到国际组织任职”[②]。

2010年7月，《国家中长期教育改革和发展规划纲要（2010—2020年）》颁布，围绕扩大教育对外开放这个工作重点，要求“适应国家经济社会对外开放的要求，培养大批具有国际视野、通晓国际规则、能够参与国际事务和国

---

① 作者：贾文键，北京外国语大学党委副书记、副校长。

② 国家中长期人才发展规划纲要（2010—2020年）. 人民日报，2010-06-07(14).

际竞争的国际化人才”；在参与全球教育治理方面，提出“加强与联合国教科文组织等国际组织的合作，积极参与双边、多边和全球性、区域性教育合作。积极参与和推动国际组织教育政策、规则、标准的研究和制定”。①

在此背景下，我国在国际组织中代表性不足，能够胜任国际组织工作岗位的人才短缺等问题成为摆在我国教育界面前亟待解决的一项具有战略性意义的任务。

作为中国共产党创办的第一所外语教育高等学府，北外自觉服务国家战略，发挥外语语种齐全、国际交流密切、外交官校友资源丰富的优势，依托北外外国语言文学学科，整合英语语言文学、法语语言文学、国际法学、国际关系、国际经济与管理等学科资源，建设跨学科国际组织理论与实务硕士研究生培养体系，大胆探索、精心设计了国家教育体制改革试点项目“探索国际组织需要的复合型人才培养模式”，并提出了 3 个阶段性目标：

（1）探索外语类人才培养与我国多边外交、国际经济合作与治理领域人才培养有机结合的新模式；

（2）形成体系开放、机制灵活、渠道互通、选择多样的人才培养体制；

（3）培养具有国际视野与中国情怀、通晓国际组织理论与规则、掌握丰富的国际经济与金融知识、具有出色的跨文化沟通和实践能力、在全球化竞争中善于把握机遇和富有创新合作精神的复合型、复语型、应用型高层次专门人才。

该项目于 2010 年年底获批，2011 年启动，2012 年开始招收硕士研究生，截至 2017 年 4 月，该项目已顺利运行 6 年。

三、国际组织人才培养项目化运作的特点及成效

国际组织人才培养项目一般具有目标性、一次性、临时性、整体性、开放性、不确定性与风险性等特征。② 具体到“探索国际组织需要的复合型人才培养模式”项目，项目化运作的特点在北外探索国际组织人才培养路径的过程中发挥了重要作用，主要体现在以下几个方面。

第一，项目鲜明的目标性有助于最大限度地凝聚校内共识。

① 国家中长期教育改革和发展规划纲要（2010—2020 年）. 人民日报，2010-07-30(13).

② 池仁勇 . 项目管理 . 3 版 . 北京：清华大学出版社，2015；刘珂 . 项目管理 . 北京：清华大学出版社，2010；戚安邦 . 项目管理学 . 3 版 . 北京：科学出版社，2019.

“探索国际组织需要的复合型人才培养模式”旨在为增强我国在多边国际机制中的行为能力和话语权提供人才储备，更好地服务国家外交大局和经济社会发展。这一为党育人、为国育才的目标定位超越了北外校内的部门利益和学科利益，最大限度地激发了学校师生支持项目的积极性和自觉性。

第二，项目的时间有限性和临时性减少了对项目风险的疑虑。

在项目初期，由于尚缺乏对国际组织工作岗位特点以及所需能力素质的系统认识，培养方案的制定并未建立在国际组织胜任力模型的科学基础之上，而是更多地依赖源于经验而形成的判断，项目的发展具有不确定性。但是，明确的项目起止时间以及“试点项目”的定位，使大家知道项目风险是可控的，这一共识减少了人、财、物等资源投入以及设计具有创新性的招生和人才培养方案时遇到的阻力，从而使项目的开展和运行得到了充分的保障。

第三，项目由学校主要领导和研究生院直接管理，保证了工作的全局性。

项目依托北外外国语言文学学科，旨在培养学生高水平英法双语能力，使其熟练掌握国际组织使用最多的语言。项目还开设了国际政治、国际经济、国际法 3 个研究方向，学生可以在精通双语的基础上获得政治学、经济学或法学硕士学位，从而打造符合外语类院校特色和今后就业方向的跨学科知识结构。项目注重在跨文化实践中培养学生的跨文化沟通能力，3 年学习期间，学生会赴海外名校学习半年至 1 年，在国际组织至少实习 3 个月，并在教师指导下把跨文化经历转化为跨文化能力。以上这些工作，需要校内各个学院和职能部门的全面参与支持，绝非任何一个学院和部门所能独立完成。

北外成立了由校长担任组长的项目领导小组，研究生院为牵头部门，以英语学院、国际关系学院、法学院、国际商学院、法语系等相关院系的院长、系主任作为第一责任人，牵头组建了子项目小组，成立了专家指导委员会，设立了日常管理机构，这一管理机制使国际组织人才培养成为学校具有全局性的工作。

第四，项目的开放性为校内外资源的全方位投入创造了有利条件。

项目具有灵活开放的特点，不受人员编制的限制，按需设岗、因岗聘人，组建了由语言文化导师、专业导师以及实践导师组成的跨学科导师组和教学团队，其中语言文化导师由外语学科教师担任，专业导师由外交学 / 经济学与管理学 / 法学专业教师担任，实践导师由具有国际组织实务经验的人员担任。项目既打破了学科专业壁垒，又充分发挥了外交官校友资源的重大作用。

总之，从2011年到2017年4月，北外以项目形式推动国际组织后备人才培养，充分发挥了项目化运行的特点和优势，圆满完成了项目的既定目标，其创新意义集中体现在两个方面。

一是形成了基于北外学科特色和优势的、成熟的“1+1+1”国际组织后备人才培养模式。这一模式具体体现在4个方面：在语言能力上，具备三门联合国语言工作能力，即英语＋法语＋汉语；在课程体系上，由三大内容板块组成，即英语＋法语＋国际政治 / 国际经济 / 国际法；在教师团队组成上，组建了跨学科、跨行业的联合导师组，即语言文化导师、专业导师、国际组织实务导师；在三年基本学制的时间分配上，学生第一年在北外精练语言、学习专业课程，第二年赴国外一流大学留学，第三年在国际组织实习，撰写毕业论文。

二是建立了行之有效的夏令营招生选拔机制。项目以夏令营为依托，参照国际组织胜任力标准，将国际组织人才核心素养纳入考核范围，邀请具有国际组织任职经验，特别是具有国际组织人力资源管理经验的国际专家，共同制定了符合国际组织需要的外语学科拔尖创新人才选拔方案，在语言技能、专业技能、核心素养、价值取向、社会责任、跨文化沟通能力和赴国际组织任职为职业理想等多维度全方位进行了考察。项目通过跨文化团队，透过跨文化视角，选拔了具有跨文化沟通能力和培养潜力的国际组织后备人才生源。

四、国际组织人才培养实体化学院建设的思路与发展

2017年4月，北外在国家教育体制改革试点项目“探索国际组织需要的复合型人才培养模式”取得成功的基础上正式成立国际组织学院，这是我国高校成立的第一所国际组织学院，引起了广泛关注。

从项目执行到实体化学院建设，意味着国际组织后备人才的培养由临时性探索转变为长期性日常工作。进行这一重大调整是出于以下四方面的考虑。

第一，项目在执行过程中形成了成熟的招生和人才培养模式。

项目本身虽然具有一次性、临时性特点，但其成果具有长期性。“大多数项目的实施是为了创造一个具有延续性的成果。”① 具体到“探索国际组织需要的复合型人才培养模式”项目，经过数年实践检验的夏令营招生选拔形式和“1+1+1”培养模式被证明是行之有效的，是可复制、可推广的成果。临时性、

① 范黎波．项目管理．北京：对外经济贸易大学出版社，2005.

探索性的项目行为转变为重复性、持续性的工作，需要有一个稳定的平台来支撑，实体化学院是水到渠成的选择。

第二，国际组织后备人才培养是一个长期性工作。

从《国家中长期人才发展规划纲要（2010—2020年）》提及“积极支持和推荐优秀人才到国际组织任职”[①]，到现在国家配套措施成体系出台，此间10年，我国在国际组织中代表性不足的困境虽得到一定程度的改善，但该问题并没有获得根本性解决。特别是考虑到近年我国参与全球治理，在国际组织中普遍获得应有的地位和话语权，将是一项长期的任务。所以，国际组织后备人才的培养要真正落实落细，需从长计议、久久为功，成立实体化学院是立足长期发展的强有力的保障。

第三，国际组织后备人才培养工作需处理好6个“学”字：学院、学科、学者、学生、学会、学刊。

项目的临时性特点影响着参与者的心态。“在大多数项目组织中，成员抱有临时观点，很少有人视项目组织为自己的长久归宿。”[②] 数年下来，“探索国际组织需要的复合型人才培养模式”项目的授课教师和管理人员仍分属各自学院和部门。在项目的初期及第一个周期，可用目标的崇高感凝聚团队，形成合力。但长此以往，若不能围绕新的目标形成新的身份认同和单位归属就不易维持稳定的向心力、聚合力，国际组织人才培养这项重要工作就会逐渐演变为一项兼职性质的工作，大家在工作量已经十分饱满的情况下还需要为此付出额外的时间和精力。

实体化学院成立后，由一名校领导班子成员担任院长，设常务副院长、总支书记和专职辅导员各一名，建立了专、兼结合的师资队伍，保证了工作和人员的稳定性，学生工作的开展也更加有序、有效。随着实体化学院的成立，教师、学生和管理人员的身份意识、归属感和荣誉感被激发出来，最直观的体现就是学院网站和微信公众号迅速建立，制作了具有学院特色的信纸、纪念品和带有学院标识的院旗和院衫，成立了院学生会，将同学们在国际组织实习与工作的经历和感悟结集发表，正式出版了《走进国际组织——心路与历程》一书。目前，学院的学者和管理者正在进一步思考全球治理与国际组织人才培养的学科构建问题，思路更加明确，新的学术共同体的轮廓已经清晰呈现，有关出版

---

① 国家中长期人才发展规划纲要（2010—2020年）. 人民日报，2010-06-07(14).

② 池仁勇. 项目管理. 3版. 北京：清华大学出版社，2015.

机构正在酝酿推出相关集刊或期刊，为学术交流打造新的平台。

第四，实体化学院建设是全面开展国内外交流合作的需要。

国际组织人才培养不能闭门造车，必须在国内外学术交流的基础上展开。但是，以往项目依托各学院和部门进行，组织协调工作环节多，运转慢，且人员配备具有不确定性，因此很难在项目的基础上进一步打造国内国际合作平台。换言之，在虚体之上构建新的虚体，是很难做实的一件事。而依托实体化学院则可将国内国际合作建立在相对坚实的基础上。

2020年9月，北外国际组织胜任力发展中心成立，旨在与国际组织、兄弟院校、行业企业加强合作，积极搭建与国际组织合作的平台，以服务学生国际组织胜任力发展为使命，持续推进国际组织胜任力融入人才培养全过程，为国家培养输送一批国际组织急需的实习、任职人员，发布一批有影响力的学术著作和深度的研究报告，开发一批国际组织胜任力的线上课程，为中国国际组织人才培养提供全方位的支持。成立以来，国际组织胜任力发展中心为中国科协举办了2次、为人力保障和社会资源部和中国民航各举办了1次国际组织胜任力培训，积极参加了中国教育发展战略学会国际组织人才专业委员会的筹建。

五、总　结

北外国际组织后备人才的培养从2010年国家教育体制改革试点项目“探索国际组织需要的复合型人才培养模式”获批立项，到2017年4月我国高校中第一所聚焦国际组织人才培养的实体化学院在北外成立，从项目到实体化学院的发展体现了学校主动服务国家战略、积极构建人类命运共同体的政治自觉，反映了学校对国际组织后备人才培养的高度重视和矢志不移、打持久战的学术定力。

从魏公村到地球村，从西三环北路到“一带一路”，伴随着“人民需要我们到哪里，我们就到哪里”的校歌，北外国际组织后备人才培养将铭记党和人民重托，不忘初心、砥砺前行，进一步优化创新国际组织后备人才选拔、培养、储备、输送机制，为国家和社会做出无愧于伟大新时代的贡献！

利用体制、学科资源探索外交学院特色国际胜任力人才培养模式[①]

一、引　言

外交学院一直高度重视国际胜任力人才培养，通过自身突出的体制资源和学科资源优势，不断探索国际胜任力人才培养模式，在国际组织战略性人才培养方面积累了比较丰富的经验，实现了一定突破。

二、外交学院特色国际胜任力人才培养的背景与必要性

党的十八大以来，国家对国际胜任力人才培养重要性的认识不断深化，进一步强调“参与全球治理需要一大批熟悉党和国家方针政策、了解我国国情、具有全球视野、熟练运用外语、通晓国际规则、精通国际谈判的专业人才。要加强全球治理人才队伍建设，突破人才瓶颈，做好人才储备，为我国参与全球治理提供有力人才支撑”[②]。

外交学院“外”字当头，一直致力于培养一批具有全球视野和人类命运共同体情怀、理论扎实、业务精通、外语娴熟的全球治理与国际胜任力的高端

---

① 作者：王雨蒙，外交学院外事办公室副主任。

② 中共中央政治局进行第三十五次集体学习 . (2016-09-28) [2022-05-04]. http://www.gov.cn/xinwen/2016-09/28/content_5113091.htm.

复合型人才，赴全球性重要国际组织实习任职，为全球治理贡献中国方案和中国智慧。此人才培养目标与国家对国际组织战略性人才的定位契合。

在体制、学科资源上的突出优势为探索实践外交学院特色国际胜任力人才培养模式奠定了充分基础，主要包括以下三方面。

（一）外交部唯一直属高校

外交学院是外交部唯一直属高校，也是外交部和教育部两部共建高校，在周恩来总理倡议下，1955年经党中央、毛主席批准成立。周总理为学院亲笔题写校名，时任国务院副总理兼外交部部长陈毅元帅任首任院长。外交部在教学、科研、实践等方面都给予了有力支持。建校以来，一直有高级外交官来学院任职任教，学校还聘有20余名大使为兼职教授。通过"旋转门"机制，鼓励教师到外交一线、驻外使领馆从事外交实际工作，教研人员中超过20%有在外常驻经历。每年有多名教研人员随外交部调研团赴外调研。

（二）"中国外交官的摇篮"

2012年，国务院总理温家宝为学院亲笔题写了"中国外交官的摇篮"。建校60多年来，学院培养了约500位大使和几千名参赞以上高级外交官。当前活跃在外交一线的6000多名外交官中，有1000多人毕业于外交学院，相当于每6名中就有1名是外交学院毕业生，每4名高级外交官中就有1名来自外交学院。多名师生在国际组织任要职：前副院长曲星现担任联合国教科文组织副总干事；校友耿爽现任中华人民共和国常驻联合国副代表、特命全权大使；更有多位国家领导人的高级翻译毕业于外交学院。

（三）一流学科——政治学

政治学为外交学院一流学科，本科设国际事务与国际关系专业、国际组织与全球治理专业，研究生设"全球治理"研究方向，均以国际胜任力人才培养为目标。外交学院在国际胜任力与全球治理方面具有深厚的学理基础，每年就"全球治理""联合国"等议题举办多次研讨会，从学术、时政、人才培养等多角度进行探讨研究。

三、利用体制、学科资源探索实践外交学院特色国际胜任力人才培养模式

外交学院成立了“国际胜任力人才工作领导小组”，在院党委领导下，加强政策保障，统筹协调、规划和指导国际胜任力人才培养工作，通过以下5个维度，探索实践外交学院特色国际胜任力人才培养模式。

（一）多学科交叉融合的跨学科型国际胜任力人才培养

以“外交翻译专训班”“复语国际人才班”“国际组织和全球治理实验班”“涉外卓越法律人才实验班”“全球经济治理人才实验班”等5个本科实验班为抓手，探索多学科交叉融合的跨学科型国际胜任力人才培养模式。

建立从生源选拔到培养定位，从培养计划到就业导向的高质量人才培养模式。其中，“国际组织和全球治理实验班”旨在通过储备外交学、国际政治、国际关系、国际法、国际经济等相关知识以及学习英语、法语语言，培养具备政治、专业、语言、交流和信息技术五大基本功以及调研、办案、礼宾、谈判及创新五大能力的优秀国际胜任力人才。

（二）课堂学习与实训实操相互支撑的立体型国际胜任力人才培养

以外交部、教育部、校友资源为推力，形成课堂学习与实训实操相互支撑的立体型国际胜任力人才培养模式。

邀请外交部领导、大使和国际组织专家来院做专题报告，如外交部前党委书记张业遂、陈明明大使、吕友清大使、姚培生大使和宋允孚先生等。邀请联合国副秘书长中满泉女士、国际货币基金组织秘书长林建海博士、世界自然基金会总干事马可·兰博蒂尼先生、联合国难民事务高级专员格兰蒂、联合国前秘书长潘基文等国际组织高层官员来院围绕国际组织开设讲座，让学生了解国际组织一线工作。

外交学院为国际组织青年人才培训项目高校，通过此项目遴选有志向、有意愿、有潜力到国际组织实习任职的大学生并开展专项培训，促进更多学生到国际组织实习任职，做大国际组织人才“蓄水池”。

打造五大赛事校园品牌实践活动：北京国际模拟联合国大会、全国大学生模拟政协提案大赛、全国大学生外交外事礼仪大赛、全国高校模拟新闻发言人大赛、全国高校模拟外交谈判大赛，这些活动均为全国性乃至国际性活

动，具有较大影响力。

组织学生参加校外外交外事领域社会实践活动，如到外交部新闻司、翻译司观摩实习，旁听外交部新闻发布会，或到中非合作论坛、APEC 峰会等重要国际会议中担任志愿者。组织学生观摩红十字国际委员会、石油输出国组织、国际原子能机构等重要国际组织，直观了解国际组织工作机制，积累一手实践经验。

（三）少而优的精英型国际胜任力人才培养

以"小规模、高层次、特色鲜明"为宗旨，践行少而优的精英型国际胜任力人才培养模式。

最大化利用现有教学资源与政策便利。外交学院外交特色鲜明、外语优势突出，坚持20人小班教学，师生比为1 ：10。学生招录分数高，培养定位高，就业率高，就业去向好，毕业生中有超过10%的学生赴驻外使领馆、国际组织等机构任职。国际师资团队卓越，由国际政治领袖、国际组织政要、国际知名教授、行业精英组成的海外讲座师资队伍，包括国际关系理论家罗伯特·基欧汉、彼得·卡赞斯坦、巴里·布赞，著名东亚问题专家王赓武，欧盟注册译员、巴斯大学翻译专家等。

设立"外交学院翔宇奖学金"和"外交学院国际交流学习奖学金"等专项奖学金，鼓励学生赴海外重要国际组织实习。

（四）"学以致用、用以促学、学用相长"的实践型国际胜任力人才培养

以"海外学习＋海外实习"为核心，推行"学以致用、用以促学、学用相长"的实践型国际胜任力人才培养模式。

外交学院超过四成的本科生于在校期间赴英国伦敦政治经济学院、英国布里斯托大学、美国加利福尼亚大学伯克利分校、美国加利福尼亚大学洛杉矶分校、美国宾夕法尼亚大学等90余所海外合作院校交流学习3个月以上，实现知识、格局、视野、对外交流素养的再升级，为学生最终赴海外国际组织实习做好准备工作。

外交学院以国家留学基金委（简称"留基委"）国际组织实习项目和国际组织后备人才培养项目为依托，推动国际胜任力人才培养及海外实习机制建

设。外交学院与日内瓦高级国际关系及发展学院国际组织后备人才培养项目、与奥地利维也纳外交学院国际组织后备人才培养项目均获留基委资助，项目采用“海外学习 + 海外实习”模式，包括硕士联合培养、本硕连读等学习形式，连续 3 年（2019—2021 年），每年资助 7 人。此外，外交学院多名在校生和应届毕业生受留基委国际组织实习类项目资助，赴海外重要国际组织实习 3 个月以上。

（五）以推送为导向的输出型国际胜任力人才培养

以与国际组织、国家部委机制化合作为平台，落实以推送为导向的输出型国际胜任力人才培养模式。

推送学生在国内外重要国际组织实习是外交学院国际胜任力人才培养的重要环节，是人才输出的关键点。外交学院与国际货币基金组织、世界银行、世界粮食计划署、红十字国际委员会东亚地区代表处等达成合作协议，定期选派在读学生、应届毕业生赴上述国际组织进行长短期实习；每年向博鳌亚洲论坛输送实习生，部分学生毕业后就职于博鳌亚洲论坛；通过与中国联合国协会的合作，向联合国开发计划署等国际组织驻华办公室输送实习生。

2016—2021 年，外交学院在校学生赴国际组织实习 91 人次，其中 29 人次赴海外国际组织实习，实习所在国际组织包括联合国总部、联合国教科文组织、联合国儿童基金会、联合国移民署、联合国开发计划署、联合国国际贸易中心、联合国粮食及农业组织、联合国毒品和犯罪问题办公室、联合国难民署、国际货币基金组织、国际劳工组织、国际海事组织、世界银行、海牙国际私法会议等 18 个海外国际组织总部、地区办事处。

外交学院与国家知识产权局、国家体育总局、工业和信息化部、自然资源部、国家移民局等国家部委开展机制化国际组织后备人才联合培训，截至 2021 年，已培训学员 465 人。其中，已经或即将派往国际组织或驻外使馆工作的有 22 人。

四、外交学院特色国际胜任力人才培养模式的困难与规划

外交学院一直致力于结合国家战略需求，以实践型高端国际胜任力复合人才为目标导向，通过利用学校本身具有的体制与学科资源，积极探索实践外交学院特色国际胜任力人才培养模式。在此过程中，外交学院也面临了一

些困难，主要有以下两点。

第一，由学校自行搭建与学校优势学科专业对口的国际组织合作渠道和机制化国际组织人才推送平台，形成持续性推送学生到国际组织实习任职的机制的难度较大。国际组织实习生招聘多为全球公开招聘模式，学校可自行开拓的合作资源非常少且竞争相当激烈，从单一院校进行定向定点定量实习生选拔的形式难以在短期内推进，偶有成功搭建的国际胜任力人才推送平台也较难实现机制化和持续性运行。仅仅凭借学校力量无法成建制地大批量推送国际胜任力人才到国际组织实习任职。

第二，与对口国际组织的合作多为口头协定，与部分合作机构尚未签订正式合作协议或人才输送合作备忘录，与全球重要国际组织的总部大多难以建立对等的合作关系。多数情况下为国际组织向学校单向提供培训、实习、讲座等各类资源，大部分学校特别是外交学院这类体量较小的学校很难与其建立平等互利的合作模式。在此种情况下，外交学院与国际组织无法以签署书面协议或备忘录的形式建立正式合作关系，基本以口头合作协定为主，导致合作的不稳定性、不确定性增加，特别是双方达成口头合作协定的主要负责人工作岗位或职责的变化，极易导致双方合作中止。

为克服外交学院特色国际胜任力人才培养模式探索实践中的困难，实现在国际胜任力人才培养上的创新突破，外交学院将切实提高政治站位，以服务大国外交和国家人才战略需求为目标，继续利用好作为“中国外交官的摇篮”的特色与优势，把国际胜任力人才培养与推送作为学院工作的重中之重，加大国际胜任力人才梯队式培养力度。通过定期有目的地组织筛选与学校优势学科专业对口的国际组织名单，以及对照国际组织对实习任职人员的素质能力要求，与时俱进，推陈出新，科学制订更新外交学院国际胜任力人才培养方案，精准定向培养并输送国际胜任力人才。

结合外交学院自身国际胜任力人才培养机制，合理充分利用外交部、教育部、国家留学基金委、兄弟院校、校友等优质资源，不断寻求与各类高水平项目的契合点，进一步提高外交学院国际胜任力人才培养模式含金量。特别是通过定向合作，联合培养跨学科复合型国际胜任力人才。例如，外交学院与北京协和医学院签订战略合作协议，以北京协和医学院医学及公共卫生学院师资为基础，结合外交学院外交学与国际关系特色学科体系和外交政策研究的优势，共同培养“全球公共卫生人才”，向全球及区域公共卫生领域的国际组织输送更多优秀人才。

外交学院致力于深化与国际组织的交往，在与中国联合国协会、国际货币基金组织、世界银行、世界粮食计划署、联合国训练研究所、红十字国际委员会等重要国际组织现有合作的基础上，举全校之力拓宽合作渠道与平台，努力建成国际胜任力人才实习持续性输出机制。

五、结　语

外交学院目前处在国际胜任力人才培养与输出的探索实践阶段，作为一个高端特色小规模院校，将在“十四五”期间继续践行“立德树人、服务外交”中心目标，依靠教育部、外交部、国家留学基金委、校友等各方支持，加强顶层设计、总结经验、笃定前行，拓展国际胜任力人才输出渠道，培养更多优秀国际胜任力人才。

科教融合理念下的国际胜任力培养[①]

一、引　言

国际组织是达成全球共识、实现全球治理的重要平台，在国际科技交流与合作中的重要性日益凸显。近几年来，中国科学院（简称“中科院”）立足“一带一路”倡议，充分发挥自身在国际科技界的影响力，在与相关国家和地区科技合作的基础上，加大了国际交流合作力度，在一批国际和区域科技组织中发挥着越来越重要的作用。

中国科学院大学（简称“国科大”）始建于1978年，前身为中国科学院研究生院。国科大是一所以科教融合为办学模式、研究生教育为办学主体、精英化本科教育为办学特色的创新型大学，与中科院研究机构在管理体制、师资队伍、培养体系、科研工作等方面高度融合。作为中科院“率先建成国家创新人才高地”任务的重要承担者，国科大的核心使命是依托科教融合平台，提炼中科院最优质的教育教学资源，开展研究生和本科生教育，旨在为国家培养德才兼备的科技创新创业人才，为创新驱动发展提供智力支撑，为推动人类文明进步做出贡献。

在建设世界一流大学的征程中，国科大秉承科教融合的理念，不断探索利用科技优势资源开展国际胜任力培养工作的有效模式，培养出了一批具有

① 作者：谢勇，中国科学院大学国际合作与交流处处长；王艳芬，中国科学院大学常务副校长。

爱国情怀、国际视野、交叉学科知识、优秀人文素养和科技创新能力的复合型专业人才。自2016年以来，国科大已有近400名师生、校友在各类政府间国际组织实习任职，甚至担任领导职务，如国际干细胞组织主席、国际原子质量数据中心主任、国际能源署交通先进材料委员会主席、亚洲地理学会主席、国际山地综合开发中心主席及独立董事等。

二、抓住历史机遇，参与建立国际组织

2018年11月4日，由中科院发起的“一带一路”国际科学组织联盟成立。在当天的成立仪式上，习近平主席发来贺信，国务院副总理刘鹤出席大会并宣读贺信。[①] 国际科学组织联盟是首个由37家“一带一路”沿线国家科研机构、大学与国际组织共同发起成立的综合性、实质性国际科技组织。国际科学组织联盟是在我国民政部注册的非政府间、非营利性国际性社团法人。截至2020年年底，成员机构已发展至59家，遍布全球40多个国家。

国科大积极参与国际科学组织联盟筹建工作，承办“一带一路”国际科学组织联盟成立暨第二届“一带一路”科技创新国际研讨会“科学与教育”分会。国科大承担着国际科学组织联盟国际人才培养工作，正在计划发起成立国际科学组织联盟框架下的“一带一路”国际科学组织联盟高校分会。国际科学组织联盟每年为国科大学生提供实习机会，现已有多名国科大毕业生在国际科学组织联盟秘书处工作。

三、依托国际合作平台，培养具有国际视野的创新型人才

自2013年起，中科院就开始实施“发展中国家科教合作拓展工程”，在“一带一路”沿线重点国家（地区）创建中科院海外联合科教中心。截至2022年，已建成运行的10个海外联合科教中心包括中–非联合研究中心、中亚药物研发中心、中亚生态与环境研究中心、南美天文研究中心、南美空间天气实验室、中–斯海上丝绸之路科教中心、加德满都科教中心、东南亚生物多样性研究中心、曼谷创新合作中心、中–巴地球科学研究中心等。

国科大结合自身教育优势，投入中科院海外联合科教中心的建设工作，

---

① 倪思洁 .“一带一路”共赢路上的科技担当 . (2019-04-22) [2020-10-05]. http://www.qstheory.cn/science/2019-04/22/c_1124397134.htm.

培养高层次科技人才和知华、友华使者。2015 年，国科大启动“博士生赴发展中国家考察学习计划”，支持中国学生赴海外科教中心开展科研工作。入选学生通过海外科研实践，获得了不同文化背景下的工作和生活经历，提高了专业应用技能和在异域文化背景中处理问题、解决问题的能力。目前，已有学生得到赴国际组织实习的机会，如国际应用生物科学中心、世界气象组织、联合国教科文组织等。

中丹学院是经教育部批准的国科大中外合作办学机构，以“1 对 8”（即国科大对 8 所丹麦公立大学——哥本哈根大学、奥胡斯大学、南丹麦大学、奥尔堡大学、洛斯基勒大学、丹麦科技大学、哥本哈根商学院和哥本哈根信息技术大学）形式，成建制、成规模地引进国外优势教育资源。中丹学院的中外学生同堂上课，中外双导师共同辅导，学生毕业时获得中外双学位。建院 10 年来，已有 1000 多名硕士研究生和博士研究生从中丹学院毕业，为中丹两国和世界输送了各行各业的人才。基于学院学生卓越的跨文化交流能力、专业知识和国际视野，已有多名毕业生获得在国际组织实习或工作的机会。

四、整合科教资源，培养核心竞争力

中科院与国际组织开展合作始自 20 世纪 70 年代末，联合国教科文组织是最早与中科院建立联系和合作的国际组织之一。50 多年来，随着参与国际科技组织的活动日益频繁，中科院在国际组织中的地位日渐加强，成为国际合作不可或缺的组成部分。参加国际组织的工作，已经成为中科院各研究单位和科学家们吸收国际先进理念、交流前沿成果、展现我国立场、催生合作项目、锻炼人才队伍的重要渠道。

借助中科院广泛的国际合作平台和丰富的学术交流项目，国科大与相关国际组织、大学和科研机构建立了实质性合作关系，为学生的国际化培养提供了更多的发展空间和宝贵的资源。例如，国科大与联合国教科文组织和国际理论物理中心合作，建立了联合国教科文组织二类机构——国际理论物理中心（亚太地区），这是联合国教科文组织在我国设立的第一个基础科学领域的中心，有效提升了学校的国际学术交流水准和影响力。

国科大整合师资、课程资源，在一些基础学科如数学、物理、地球科学形成群体优势。同时，学校加强学科之间的交叉、渗透、融合与创新，组建了国内第一家未来技术学院、人工智能学院，为培养专门性国际组织职员所需要掌握的专业领域的知识结构构建了基础。其中，在培养单位的帮助下，计算机网络中心的一名学生成功应聘至环太平洋网格应用与中间件联盟，成为在该国际组织工作的为数不多的中国籍职员之一。

学校还组织实施人文社会科学学科建设工程，开设通识类课程，促进文理交叉融合；探索设置专业课以外的以提升语言能力、开展跨文化交际、加强思辨逻辑为主要内容的多维度课程体系；举办“雁栖湖名家大讲堂”系列讲座，主讲人包括戴秉国、金一南等著名外交家。

另外，学校与中科院国际合作局合作，举办国际组织后备青年人才能力建设培训班，聘请在国际科技战略、科技外交、国际关系、国际组织事务管理等方面具有丰富实战经验的国内外专家，讲解国际组织工作方法、任职要求、考核及录用标准，以及国际项目策划、国际组织管理、国际竞争与竞选等内容，为学员们参与国际组织工作打下一定的理论和实践基础。

五、立德树人，注重思想引领，培养爱国主义情操

在国际胜任力培养过程中，国科大坚持以德为先，注重培养学生的民族情怀、政治敏锐力和家国情怀，引导学生立志肩负起民族复兴的时代重任。具体做法如下：

（1）强化思想引领，牢牢把握意识形态工作领导权。构建马克思主义中国化研究和教学平台，加强马克思主义学院建设；通过育人课程、时事讲座、党团组织主题活动等，提升思政工作针对性、实效性。

（2）弘扬“两弹一星”精神和科学家精神。“两弹一星”精神是国科大文化的历史根基和精神脉络。学校不仅注重培养学生勤学善思、严谨求真、勇于创新的科学素养，更将科学家精神和家国情怀植根大学文化的传承，培育学生胸怀天下、服务国家的使命意识和责任担当。组织学生参观“中国科学院与‘两弹一星’纪念馆”和“攻坚克难·爱国奋斗”主题教育基地，经常性地开展学习教育和主题党团日活动，坚定学生的理想信念，厚植爱国情怀。

（3）兼顾国际国内两方面需求，既对接联合国拟定的全球可持续发展目标，又服务于中国参与全球治理的特殊性战略。梳理国际组织人才应该具备的能力素质，即国科大校训“博学笃志，格物明德”所蕴含的精神理念：培育博学笃志的价值追求，涵养格物明德的人格气质。

六、搭乘政策东风，不断开拓培养渠道

学校注重信息服务工作，通过各种渠道收集整理国际组织就业、实习实训等相关信息并及时向学生推送。推进国际胜任力培养信息平台建设，为学生提供相关信息和咨询服务。

积极参加中国教育发展战略学会国际胜任力人才培养专委会筹建工作，申请成为创始成员单位。

在多年来顺利实施国家留学基金委公派留学生项目的基础上，自 2018 年起，国科大成为国家留学基金委国际组织实习项目的受理单位，自此可受理国际组织实习岗位的申请，并在同年首次向国家留学基金委推荐评审专家。

七、问题与挑战

当然，与其他知名兄弟高校相比，学校在国际胜任力培养工作等方面仍有一定不足：

（1）缺乏相关工作的顶层设计和更高层次的战略布局。作为一所以理工科见长的研究型高等院校，国科大的国际胜任力培养工作刚刚起步，工作机制有待进一步健全，常规化的相关教学培养、支撑保障和管理服务等有待进一步加强。

（2）总体规模偏小。以 5 万余名学生的规模计，国科大国际胜任力培养产出体量和人数偏小，科教融合资源和体制优势有待充分发挥。

（3）科教融合教育体制面临的新课题。国科大以中科院 110 个左右研究所为依托，服务对象包括分布在全国各地各相关研究所的 5 万余名学子。国科大研究生教育基本上实施两段式培养模式，即大多数的硕士研究生在北京校区进行一年的集中教学，之后返回各自研究所，在导师指导下进行科研活动。因此，通过校部对遍布全国各地的研究生培养单位开展全面、长期、规范化的国际胜任力培养工作，需进一步突破空间障碍，克服管理组织难点。

八、对策与展望

大学是建构大学国际胜任力培养机制的重要平台，需要充分利用现有的学科建设和学科交叉优势，设定该项工作的人才培养目标体系，不断完善其现存课程体系，培养符合国际组织任职要求的复合型专业人才。推动国际胜

任力培养工作发展的具体措施如下。

（1）提高工作认识，明确发展目标。主动服务国家发展战略，有意识地加快培养和输送高素质的国际组织人才，从“一带一路”倡议的实施、我国整体外交大局及中科院科教拓展工程的高度看待国际组织人才教育培养工作，努力将该项工作纳入学校常态化教育培养业务。

（2）建立完善的国际组织实习实践和人才培养机制。充分利用国家、地方政府相关政策鼓励学生到国际组织实习；与已有紧密合作的国际组织如国际科学组织联盟、联合国教科文组织等加强联系，争取多渠道、多层级的实习实践活动机会。

（3）打造国际化教育和科研环境，促进能力建设。继续办好示范性的中外合作办学机构——中丹学院，办好联合国教科文组织二类机构——国际理论物理中心（亚太地区）。

（4）加强人事和管理制度建设，建立相关工作评价和考核激励机制。制定并完善国际胜任力培养工作人员培训制度。关怀国际组织任职和实习人员的后续事业发展，保障其实习或任职结束回国后的任职及发展路径。

国际组织是中国参与全球治理的重要载体，积极参与国际组织建设和发展是维护我国国家权益、展示国家形象、提升国家软实力的重要渠道，亟须我们主动服务国家发展需求，推动各项工作向前发展。

国科大将始终牢记习近平总书记“率先建成国家创新人才高地”① 的殷切嘱托，传承“两弹一星”精神血脉，坚持科教融合发展道路，致力于培养出更多的优秀科技人才，在世界科技交流的大舞台上发挥更大作用，为中华民族的伟大复兴做出更多的贡献。

① 明确“定位”、准确“定标”、科学“定事”. (2022-05-11) [2022-06-11]. http://www.qstheory.cn/laigao/ycjx/2022-05/11/c_1128640068.htm.

涉外法治人才培养与实践①

一、引言

习近平总书记指出："中国走向世界，以负责任大国参与国际事务，必须善于运用法治。"②"全球治理体系正处于调整变革的关键时期，我们要积极参与国际规则制定，做全球治理变革进程的参与者、推动者、引领者。"③习近平总书记2017年视察中国政法大学时强调："法治人才培养上不去，法治领域不能人才辈出，全面依法治国就不可能做好。"④总书记的这些指示，对涉外法治人才培养提出了新命题和新任务。

近年来，我国在涉外法治人才培养方面取得了较大的成绩，但是面对纷繁复杂的国际局势和百年未有之大变局的挑战，涉外法治人才培养依旧存有

---

① 作者：李秀云，中国政法大学副校长；吕勇，中国政法大学国际合作与交流处副处长；唐雁，中国政法大学国际合作与交流处科长。

② 习近平．加强党对全面依法治国的领导．(2019-02-15) [2020-03-05]. http://www.gov.cn/govweb/xinwen/2019-02/15/content_5365984.htm.

③ 习近平．加强党对全面依法治国的领导．(2019-02-15) [2020-03-05]. http://www.gov.cn/govweb/xinwen/2019-02/15/content_5365984.htm.

④ 习近平在中国政法大学考察时强调　立德树人德法兼修抓好法治人才培养　励志勤学刻苦磨炼促进青年成长进步．(2017-05-03) [2020-02-05]. https://news.12371.cn/2017/05/03/VIDE1493813701569253.shtml.

明显的短板。“涉外法律服务人才队伍存在总量偏小、质量不高、经验不足等问题，不能适应高水平对外开放格局和日益多元化的涉外法律服务需求”[①]，人才培养不连贯、知识结构和课程设置不合理、实践实训不充分等问题亦十分突出。对此，近年来中国政法大学开展了积极的探索与实践。

二、实施国际化办学战略

中国政法大学以法学学科为特色和优势，是我国法治人才培养的第一方阵。学校积极实施国际化办学战略，坚持“请进来”与“走出去”双驱动发展，始终把涉外法治人才培养放在突出位置，通过“战略伙伴工程”“高端平台工程”“留学海外工程”“海外提升工程”“汇聚法大工程”五大工程，着力打造具有自身特色的国际化办学格局。截至 2021 年，学校已与 55 个国家和地区的 288 所高校和国际组织建立了合作关系，每年通过 300 多个境外项目选派学生赴境外交流学习。

基于国家对涉外法治人才的迫切需求，21 世纪之初，学校与德国慕尼黑大学、科隆大学等 5 所高校合作，创办了国内首家中德法学院，培养了精通大陆法系的人才，连续选派了 200 多人赴德国交流学习并攻读硕士学位；同时，引进多名从美国哈佛大学、耶鲁大学法学院留学回国的优秀人才，创办了国内首家中美法学院，专门培养精通英美法系的人才。

2008 年，学校与德国汉堡大学等 16 所知名大学共建中欧法学院，这也成为中国政府和欧盟在法学教育领域最大的合作项目。10 多年来，学院学生赴欧访学 800 余人，占学生总数的 80% 以上。2019 年，学校新增了与美国圣路易斯华盛顿大学的国际法双硕士中外合作办学项目，使学校在培养学贯中西的法律人才上又多了一个重要支撑。

在国际组织人才培养方面，学校先后与世界银行国际金融公司、海牙国际私法会议、亚非法律协商组织等合作，建立了稳固的境外实习实践基地，定期派遣法学等专业学生赴国际组织和机构实习。

---

① 赵俊 . 构建人类命运共同体与国际法治变革 . (2019-05-10) [2021-12-23]. https://epaper.gmw.cn/gmrb/html/2019-05/10/nw.D110000gmrb_20190510_3-11.htm.

三、创新人才培养模式

在人才培养模式的改革上，学校积极探索新规划、新路径，通过“法学+”、跨学校、本硕贯通等举措，不断提升涉外法治人才培养的实效。

学校于2012年入选首批涉外法律人才教育培养基地，随后设立“涉外法律人才培养模式实验班”“法学西班牙语特色人才培养实验班”，培养厚基础、宽口径、高素质、强能力、国际化的全球治理法律人才和能够参与国别化和区域化法律事务的高级法律人才。

2020年，学校与北京外国语大学充分发挥各自学科和资源优势，开展“法学A+”和“外国语言文学A+”的强强联合，共同培养涉外法治人才。双方采取“法学+外语”、本科生和研究生跨校贯通培养模式，招收北外英语等7个语种毕业生免试攻读学校法学硕士学位。2021年5月，北京市批准了学校与北京外国语大学的“法学+英语联合学士学位项目”。项目采取本科阶段共同培养的方式，学生分别在两校完成主要的法学和英语课程，毕业后可获得两校联合学位。同时，经考核合格，项目学生可免试攻读学校国际法硕士学位。这是学校培养“外语法律双精通”的高端涉外法治人才，创新本科生和研究生跨校贯通培养模式的新探索。

四、优化课程体系建设

课程体系建设是人才培养的重要抓手，在夯实法科学生法学基本理论的基础上，学校建立了跨学科人才培养模式，培养复合型、应用型、创新型、国际型法治人才，不仅增设了国际法相关课程，而且加强了外国语言、国际政治、国际关系、国际经贸、世界历史、跨文化交流等课程教学。同时，法学专业增开法语等5个语种的语言课作为通识必修课，培养学生“一精多会，一专多能”的外语能力。

为加强国际课程建设，2013年起，学校实施国际小学期制度，邀请世界知名专家学者和实务界人士走入学校课堂。2016年，学校实行春夏秋三学期制度改革，并统一修订学生培养方案，将国际学分纳入学生培养环节。国际课程建设呈现制度化、稳定化和规模化发展。2019 年，学校聘请了来自美国、英国、德国等国家和地区的 178 名短期外国专家。

五、整合实践实训资源

学以致用方能学有所成，人才培养过程应注重理论与实践的紧密结合。为此，中国政法大学与国际组织、涉外政府部门、涉外审判机构、涉外仲裁机构、国外大学、国内外著名法律事务所、涉外企业等单位开展合作，巧用“外脑外力”，让学生更多地参与涉外法律事务的实践。

日常工作中，学校行政部门和学院多方联动，及时推送和宣传国际组织相关资讯、学习资料及岗位信息，鼓励青年学子关注并投身国际组织工作；同时，不定期邀请国内外相关领域专家学者来校讲座。先后邀请了联合国副秘书长、69 位我国驻外前大使等来校，分享国际公务员职业生涯规划、涉外领域公务员就业经验。2019 年和 2020 年，学校先后承办了由国家留学基金委主办的第一届和第二届“联合国机构宣讲咨询活动”，邀请国际移民组织、国际电信联盟、国际劳工组织和世界知识产权组织等联合国专门机构的人力资源发展部官员介绍就业和实习流程。

为减轻学生的经济负担，学校充分利用国家现有各项政策，对于赴国际组织实习 3 个月及以上的学生，积极协助申请国家公派资助。对于未获国家公派资助，或实习期少于 3 个月的学生，学校出台了专项政策，通过内部资金给予部分资助。

六、国际组织人才培养成效

在涉外人才培养过程中，学校积极开展国际组织人才协同培养，并取得了初步成效。在国际组织任职方面，截至 2021 年，学校已有 11 位毕业生在联合国纽约总部、国际经济合作组织、联合国国际海洋法法庭、世界银行国际金融公司、亚洲基础设施投资开发银行等就职。在后备人才培养方面，2017—2021 年，学校共派出 473 人到联合国教科文组织、世界银行国际金融公司等国际组织实践实训。2016—2020 年，赴国际组织实习 3 个月以上的学生共 113 人次；其中，国家公派资助人数占总数的 72%，就国家公派录取人数而言，近 5 年学校始终保持国内高校前 4 名。

此外，2019年，国家留学基金委设立“国际组织后备人才培养项目”，学校与加拿大蒙特利尔大学利用各自优势，采取“法学 + 法语 + 英语”的跨学科、多语种人才培养方案，通过“学分 + 学位”的灵活形式，积极筹划国际组织法学后备人才培养项目，并入围全国首批国家公派“国际组织后备人才培养项目”。

人才培养是系统性、长期性的工程，需要着眼全局、统筹规划。中国政法大学将继续发挥学科优势，不断改革创新，积极为我国涉外法治工作做好战略性人才储备。

财经类高校国际组织人才培养的实践探索[①]

一、引　言

中国特色社会主义进入新时代以来，中国在经济社会建设各方面取得了举世瞩目的伟大成就，脱贫攻坚战取得了全面胜利，全面建成小康社会，成为国际上举足轻重的经济政治力量，在国际舞台上发挥的作用也越来越重要。与此同时，全球治理体系面临新的挑战，传统发达国家在国家治理、经济建设、社会变革等方面出现了一系列新变化和新问题，逆全球化思潮涌现，并对以世界贸易组织为基础的国际贸易治理架构产生了不满，对世界贸易组织等国际组织提出了改革诉求，希望在新的国际政治经济形势和力量对比中重塑全球治理体系。[②]新冠疫情在全球范围内的暴发对国家协调合作能力提出了更高的要求，也暴露出现有全球治理体系存在的问题，凸显了国际组织在解决全球性问题中的重要地位和作用。世界各国高等学校和研究机构为国际组织参与全球治理提供了智力资源，中央财经大学等财经类高校在国际组织人才培养方面也开展了积极的实践探索，并取得了一定的成绩。

---

① 作者：郭枫、宋红美，中央财经大学国际合作处。

② 任琳．后疫情时代的全球治理秩序与中国应对．国际问题研究，2021(1): 112-123.

二、国际组织人才培养需求分析

作为一个发展中大国，中国承担了重要的国际责任和义务，亟须通过国际组织平台更多地参与到全球治理改革进程之中，讲好中国故事，发出中国声音，增强国际影响力，同联合国广大成员国、国际组织和机构一道，共同推进构建人类命运共同体的伟大进程。各国高校都十分重视国际组织人才培养工作，以期维护国家核心利益①。然而，相较于其他国家的高校，中国高校的国际组织人才培养工作起步较晚，高层次国际组织人才培养的长期性和全球治理对于人才需求的紧迫性之间的矛盾开始显现②。面对新的挑战与机遇，中央财经大学基于财经类高校的学科资源和专业优势，针对财经类高校特色学科优势明显、学生需求集中、社会资源丰富等特点，积极开展具有学科特色的国际组织人才培养项目，对国际组织人才培养工作进行了有益的实践探索。

三、国际组织人才培养机制构建

中央财经大学作为中华人民共和国成立后中央政府直接创办的第一所财经类高校，始终与国家的发展同向同行，积极响应国家战略，高度重视国际组织人才培养工作，积极推进高校毕业生赴国际组织就业推送工作，将国际组织人才培养作为牵引学校人才培养国际化建设工作的重要着力点，建立了校党委领导、职能部门协同联动、重点学院精准发力、师生广泛参与、学科特色鲜明的国际组织人才培养机制。

校党委高度重视，以服务中华民族伟大复兴的使命感推进工作。

为国家输送具有全球胜任力的国际组织人才是广大高校长期肩负的重要使命。在中央财经大学党委的高度重视和统一领导下，学校进一步加快培养具有国际竞争力的全球治理人才，坚持把立德树人根本任务与服务于中华民族伟大复兴的教育使命相结合，坚持把“双一流”建设任务和扩大教育对外开放战略相结合，坚持把培养具有国际竞争力的全球治理人才的目标和爱国主义思政教育相结合，为推动我国全面参与全球治理、积极构建人类命运共同

---

① 闫温乐，张民选. 美国高校国际组织人才培养经验及启示——以美国 10 所大学国际关系专业硕士课程为例. 比较教育研究，2016, 38(10): 46-52.

② 段子忠. 中国籍国际组织官员职业发展路径及其对高校国际组织人才培养的启示. 世界教育信息，2021, 34(4): 44-48.

体贡献力量。

立足“双一流”建设目标，构建上下联动、横向协同的全校联动机制。

中央财经大学秉承“求真求是，追求卓越”的办学理念，立足“双一流”建设的优势办学资源，明确组织领导和责任分工，建立上下联动、横向协同的全校联动机制；落实各部门和重点学院在国际组织人才培养工作中的任务；定期召开国际组织人才培养工作推进会，将国际组织人才培养纳入“双一流”建设专项任务，从人财物等方面提供了有力的资源保障。

充分发挥财经类高校特色，增强师生的参与度，提升师生的获得感。

财经类高校的人才培养具有学科布局相对集中、专业特色鲜明、行业资源丰富等优势。财经类专业是经世济民的实用之学，理论与实践的高度结合是人才培养的重要特点[①]。中央财经大学充分发挥财经类高校特色，挖掘校友资源和教师社会资源，调研师生真实需求，依托社会组织和专业机构的力量，凝智聚力，多措并举，有的放矢，为学生提供课程资源和实训、实习机会，为教师提供国际化能力提升培训。

四、国际组织人才培养特色实践

国际组织人才培养工作的可持续建设，应当以学生的主体性为核心，以意识培育为引导，以课程体系为载体，以实践实验为原则，以师资能力的提升为支撑[②]。在国际组织人才培养机制的支持下，中央财经大学坚持学生的主体性，从意识培育、课程建设、实习实训、师资培训等方面全方位开展国际组织人才培养工作，参与学生专业覆盖金融、经济、国际经济与贸易、国际商务、工商管理、统计与数学等各学院各类专业。

（一）意识培育

中央财经大学注重校园的国际化氛围建设，不断培育师生关注国际组织与全球发展的土壤。

在教师国际化意识培育方面，学校通过建设引智项目、支持教师参与国际会议、支持教师发表国际论文、举办各类国际学术会议、举办国际化能力

① 张家瑞，闫文静，叶作亮，等. 基于虚拟实验班的财经类高校国际组织人才培养探索. 外语学刊，2021(5): 116-119.

② 张旺，杜亚丽，丁薇. 人才培养模式的现实反思与当代创新. 教育研究，2015, 36(1): 28-34.

培训项目等方式，鼓励教师提升全球胜任力。

在学生国际化意识培育方面，中央财经大学通过举办课程、讲座、竞赛等方式，充分发挥媒体和学生社团的宣传作用，提高学生对国际组织与全球治理的认知度和参与感，提升学生的全球使命感。2020—2021年，学校国际合作处依托高层次国际化人才培养创新实践基地项目，累计举办了7期线上“国际公务员职业生涯规划讲座”，讲座报名400余人；学生社团学生国际交流协会主办了第一届国际组织知识线上竞赛、“我眼中的国际组织与全球治理”主题征文等活动，参与学生1500余人；政府管理学院2021年5月主办的京津冀模拟联合国大会吸引了全国31所高校的140余名代表共聚中财大校园探讨全球议题。此外，国际合作处、教务处、研究生院等微信公众平台和官方网站定期发布国际组织课程和实习项目申报通知、国际组织实习信息、国际组织实习学生经验分享等专栏信息，极大地增强了学生关注国际组织与全球治理的校园氛围。

（二）课程建设

1. 学期课程

2020年，中央财经大学成功申报教育部人文交流中心“高层次国际化人才培养创新实践项目”，成为国家首批高层次国际化人才培养创新实践基地单位。2020年9月开始，学校整合现有资源，国际合作处、教务处、研究生院、学生处等联合向全校学生推出项目建设方案，共引进9门“全球治理线上课程”。课程主要围绕联合国可持续发展目标中的经济、社会、教育等主题开展。2021年，学校继续引进21门“全球治理线上课程”，除以往的课程外，新增关于联合国公文阅读与写作、跨文化沟通与公共演讲、国际礼仪与商务谈判等多门实战类课程，同时实现了本科生、硕士研究生和博士研究生全覆盖，参与学生对课程反馈和评价情况良好。

2. 暑期课程

2017年，学校筹划“国际组织人才培养计划”和“国际组织实习项目人才推选计划”，并于2018—2019年暑期开设“国际组织治理与全球经贸政策”暑期课程，共有300余名学生参与学习。课程采用面授形式，内容主要包括经贸类国际组织及其全球治理议题介绍，授课师资主要为国际组织前任及现任官员，参与学生为各年级本科生和研究生，课程学分纳入学生学分体系。2021 年，学校在暑期开设“全球经济治理与实践”“WTO 改革与实践专题”“国际组织与全球治理基础”三门国际组织人才培养课程，共有 1300 余名学生参与学习。课程采用线上授课形式，课程内容主要包括世界银行、亚洲基础设施投资银行、联合国工业发展组织等经贸类国际组织及其全球治理议题介绍、全球胜任力人才培养要求、全球经济治理等，并且首次引进 WTO 专题讲座与实战模拟形式；授课师资主要为国际组织前任、现任官员及学校优秀教师，参与学生为各年级本科生和研究生，课程学分纳入学生暑期学期学分体系，参与课程的优秀学生成为国际组织实习推送的优先后备人选。

（三）实习实训

1. 实习推送

中央财经大学通过多种渠道积极推送在校学生和毕业生赴国际组织国内外总部或办事处实习任职。一方面，依托国家留学基金委国际组织人才资助项目，推送和资助学生赴国际组织实习；另一方面，学校国际合作处自 2017 年起开始设置“中央财经大学国际组织实习推荐项目”，在全校遴选优秀在校生并定向推荐至各国际组织实习。经过不断完善，该项目已经形成了项目宣讲、学生遴选、定点推送、笔试面试指导、学生实习经验反馈与分享等管理与服务闭环，并逐步与参与国际组织相关课程的后备人才储备有效结合，越来越多的学生和校友参与到项目的申报和长期实施中来，有效扩大了学校国际组织实习学生储备队伍，延伸了国际组织实习和任职推送周期和链条。

2. 实训实践

中央财经大学着力从就业终端环节开展实习训练营及相关培训，提升学生的全球视野和全球胜任力。一是引入专家资源，培育学生的家国情怀和国际视野。开设国际组织人才培养大讲堂、专题沙龙、实地参访等系列活动，邀请曾在国际组织任职的专家、国际问题研究专家等为师生做专业指导和经验分享，深化学生对国际组织工作重要性的认识；二是组织专项培训，培养和储备国际组织人才。举办国际组织人才训练营，选派学生参加由中国联合国协会主办的中国国际公务员能力建设项目，组织学生参加联合国机构宣讲咨询活动等，提升学生的国际胜任能力；三是完善就业指导和服务，加强实习任职推送和支持。在生涯规划与职业发展指导课程中增设国际组织实习任职专题，编印《国际组织求职指南》，在学校就业网站、就业微信公众号设立国际组织实习任职信息平台，发布实习和任职岗位信息，并设立“Cufers in IO”“IO 微观察”等线上宣传专栏等，持续为学生推送国际组织就业信息。

（四）师资培训

中央财经大学于 2021 年 6 月组织开展了“汇智全球”教师国际化能力提升——2021 年度中央财经大学高层次国际化教师发展培训项目。培训共设置教师国际化能力提升、PBL 教学模式理论与实践、跨文化沟通与国际科研合作、联合国初级专业人员、大数据与人文社会科学 5 个专题，以联合国可持续发展目标、国际组织等内容为载体，注重提升教师的国际化视野和国际化能力，引导教师关注全球治理议题。

五、总结与展望

在“双一流”建设工作中，中央财经大学高度重视人才培养国际化工作，在各类国际化人才培养项目开展过程中，学校在各层面逐步加深对国际组织人才培养工作重要性的认识。回顾过往工作历程，国际组织人才培养取得成绩要把握一个关键：在校党委领导下的协同联动机制。做好一个引导：积极参与全球治理、“强国有我”的理念培育。建好一个金库：实习推送后备人才储备库。打造一个链条：从课程、实训、实习到任职再到经验分享。注重一个补充：优质可靠社会资源的引入。

2017—2021 年，中央财经大学通过引进优质课程项目、聘请专家学者来校指导和讲座、加强与亚投行等对口国际组织的联系、积极参与各界主办的国际组织人才培养工作研讨会等多种方式，不断吸收和借鉴国际组织人才培养的经验，拓展国际组织人才实习推送的途径，探索形成了具有中央财经大学特色的国际组织人才培养模式，为提高学校人才培养质量和服务国家重大战略发挥作用。

在未来的工作中，中央财经大学将继续依托学校优势学科，完善具有中央财经大学特色的国际组织人才培养方案，支持学校经济、管理、法律、国际政治等学科交叉融合发展；寻求海外高校、科研机构、国际组织等合作伙伴；依托特色专业，以全球治理与中国经验道路的融合为重点方向，引进世界一流师资；开展国际科研合作，培养全球治理和国际组织后备人才，为中华民族伟大复兴贡献自己的力量。

基于BEACON模型的行业型高校国际组织人才培养路径[①]

一、引　言

习近平总书记曾在多个重要场合指出，参与全球治理需要一大批熟悉党和国家方针政策、了解我国国情、具有全球视野、熟练运用外语、通晓国际规则、精通国际谈判的专业人才。[②]高等院校要切实贯彻“为党育人，为国育才”的理念，立足学科优势，汇聚培养资源，加强全球治理人才队伍建设，为国家参与全球治理提供有力人才支撑。北京邮电大学是一所以信息科技为特色、工学门类为主体、工管文理协调发展的多科性、研究型大学，是我国信息科技人才的重要培养基地。2017年，学校“信息网络科学与技术”“计算机科学与网络安全”学科进入国家一流学科建设行列，信息与通信工程学科在教育部学科评估中取得“A+”的优异成绩。学校重视国际化人才培养，建设教育部中外人文交流中心高层次国际化人才培养创新实践基地，积极总结国际组织人才培养经验，构建具有可复制性、可迁移性的国际组织人才培养模型，供同类高校参考。

---

① 作者：陈岩，北京邮电大学国际合作与交流处处长、经济管理学院教授、蔡远濛，北京邮电大学国际合作与交流处主任科员。

② 习近平．深入推进“一带一路”建设．(2016-09-26) [2022-05-01]. http://fec.mofcom.gov.cn/article/fwydyl/zgzx/201609/20160901403540.shtml.

二、高校国际组织人才培养的基本原则

在全球化时代，跨国界、跨文化合作交流日趋频繁，环境、能源、安全卫生等挑战需要全球协作共同应对，国际组织人才应具备从全球性、全局性视角考虑问题的能力。高校作为人才培养的主要阵地，肩负着培养具有国际视野、世界眼光、复合能力、家国情怀的高层次国际化人才，服务国家国际组织人才培养与输送的重大使命与任务。面对百年未有之大变局，在后疫情时代，高校应当遵循“跨境国际化和在地国际化相结合”“全球治理与学科建设相结合”“学生培养和教师发展相结合”的三条基本原则，立足学校实际情况和优势学科，应用系统性思维，探究提出适合本校学生的全球治理核心素养和培养路径，着力提高国际组织人才培养的针对性与实效性。

国际组织人才培养是一项系统性工程，不能简单追求统一模式、简单确定统一量化指标，而是要面向不同学科专业、不同类型课程，以系统化、渐进化、动态化的基本原则，持续深入抓典型、树标杆、推经验，形成规模、形成体系、形成辐射效应。

三、基于 BEACON 模型的国际组织人才培养

基于高校国际组织人才培养的三条基本原则，北京邮电大学从合作网络拓展、优势资源聚合、培育平台建构、可持续机制探索等切入点着手，立足自身情况，提出以拓展（Broaden）、挖掘（Excavate）、关联（Associate）、架构（Construct）、优化（Optimize）、培育（Nourish）为核心环节的行业型高校国际组织人才培养“BEACON”模型，如图 1 所示。

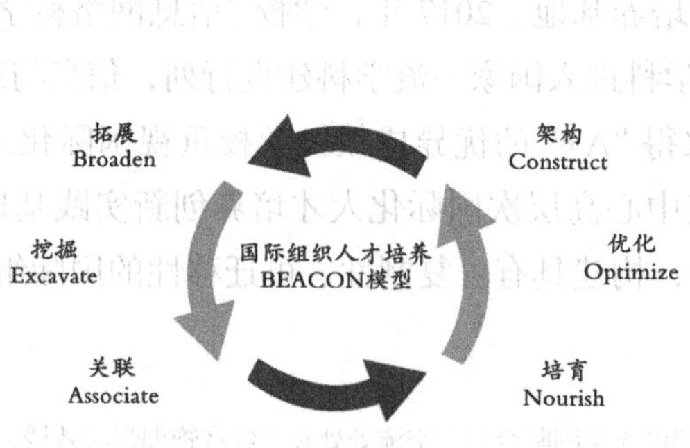

图 1　国际组织人才培养 BEACON 模型

1. 拓展（Broaden）

在拓展环节，北京邮电大学作为“信息黄埔”，一是立足“信息网络科学与技术”“计算机科学与网络安全”两个一流学科群，瞄准与学校优势专业对口的行业型国际组织，如国际电信联盟、万国邮政联盟、亚太电信组织等，与其签署合作备忘录，建立合作交流机制，并设立实习实训基地，引进专家学者，服务人才培养。

二是充分利用国家及社会组织层面的国际组织人才培养资源与机制，包括人力资源和社会保障部与中国联合国协会联合主办、面向社会及高校群体的中国国际公务员能力建设培训班，教育部推送高校毕业生到国际组织实习任职工作培训班，国家留学基金委会国际组织后备人才培养项目等，充分利用联合国相关机构的初级专业人员派遣制度和实习项目，让校内师生与国际组织建立联系。

三是积极申报成为联合国相关机构和委员会的成员高校，主办或承办相关国际组织的高水平国际会议，派遣国际组织专家团成员，创造条件让青年人才在国际组织中崭露头角，不断拓展和深化与国际组织的联系与合作。

2. 挖掘（Excavate）

在挖掘环节，在与相关国际组织建立初步联络机制的基础上，深挖校友或相关行业关键人员资源，借助重要岗位、重要人士提升影响力。2007—2016 年，以潘基文当选联合国秘书长为契机，韩国政府整合优化国际组织人才选拔培养方式，通过各种方式及渠道，稳步、有效地将韩国籍职员输送到联合国在内的各类国际组织。目前，随着综合国力的提升，我国在国际组织中担任高级职务的人员逐年增加，如国际民航组织秘书长柳芳、国际电信联盟秘书长赵厚麟、世界贸易组织大法官张皎月、国际货币基金组织副总裁李波等。各高校应充分挖掘此类人脉资源，建立与相关国际组织的深度合作关系。

目前，学校作为国际电信联盟 Academia 计划的成员，在赵厚麟秘书长的大力支持下，积极参加国际电信联盟 ITU-T 标准化工作，充分发挥学科优势，牵头完成和参与数十项国际标准，涉及网络管理、光通信、多媒体、无线通信等领域。学校共为 ITU-T 输送标准化专家、研究组副主席、工作组主席、报告人、一致性和互操作性测试专家等 10 余人。学校将充分利用相关专家资源，与国际电信联盟持续推进务实合作，反哺学生联合培养和师资队伍建设。

此外，依托互联网治理与法律研究中心，北京邮电大学面向国家重大需求，积极开展网络空间国际治理研究，努力提升我国对网络空间的国际话语权和规则制定权。2018 年，该中心成为中央网信办、教育部首批网络空间国际治理研究基地的支撑机构之一。中心研究人员积极参加联合国互联网治理论坛、互联网名称与数字地址分配机构年会等国际互联网会议，积极参加中欧互联网圆桌会议、中美互联网圆桌会议、中美数字经济智库会议、中日韩网络安全会议等双边或多边会议，持续深耕相关行业领域国际合作，挖掘优质资源并引进学校。

3. 关联（Associate）

北京邮电大学立足自身学科优势和育人特色，依托教育部中外人文交流中心高层次国际化人才培养创新实践项目，与联合国训练研究所合作举办学生全球胜任力线上线下菁英实训营，以叶培大创新创业学院和校团委雁翔团校为抓手，集聚叶培大创业创新学院专业拔尖、创新思维突出、有国际视野的学生和雁翔团校有学生干部经历、政治素质过硬、有家国情怀的学生，给予项目课程和实训等资源倾斜，着力培养一批有爱国情怀、国际视野、时代担当的高层次国际化人才。未来，北京邮电大学将持续引进国际组织优质资源，系统规划专业学习、全球胜任力培养和国际组织实习实践相结合的培养模式，建设服务于国际组织人才培养的交叉专业。

4. 架构（Construct）

北京邮电大学将依托“双一流”学科群建设，以现代邮政学院（自动化学院）、国际学院等特色学院为试点，探索开设国际组织菁英人才培养实验班，设计实施“ICT 专业 + 经管 / 法律 / 语言等复合能力”国际组织人才精准培养模式。未来，北京邮电大学将进一步辐射经验，与国际电信联盟等行业型国际组织开展深度合作，成立高层次国际化人才培养二级学院，合作制定融合专业学习、全球胜任力培养和国际组织实习实训等模块的培养方案，构建支持国际组织人才培养输送的校—院两级架构。

5. 优化（Optimize）

在优化环节，北京邮电大学着力加强专项师资队伍建设，建立健全各项激励机制，鼓励教职工与国际组织建立联系，激发学生赴国际组织实习任职的积极性。

为鼓励校内教师利用出国访问、科研合作等交流机会积极联系国际组织，北京邮电大学拟将全球治理、国际组织概况等课程列入学生课程建设资助项目，将全球治理人才系统培养与研究纳入校级教改项目，给予专项支持。

为激发学生赴国际组织实习任职的积极性，北京邮电大学正着力建设灵活的学习制度，给参与国际组织人才培养课程及实训项目的学生提供学分政策支持；支持升学深造，将学生到国际组织实习情况纳入推免生遴选指标体系和学校优秀毕业生评选体系；优化就业服务，对于赴国际组织实习的应届毕业生，保留其应届生身份并将其户口档案在学校保留两年；加强引导宣传，对在校期间积极参加国际组织实习实践项目的学生予以表彰宣传，举办国际组织实习任职沙龙，邀请赴国际组织实习任职的优秀学生回校分享经验。

6. 培育（Nourish）

强化价值引领，培育学生赴国际组织实习任职意识。一是在新生入学教育、过程教育和就业教育全流程中增加国际组织实习任职相关内容介绍和引导。二是深入开展家国情怀、国际视野、时代责任主题教育，鼓励学生在校期间积极参与国际交流，到国际组织及其分支机构实习实践。三是邀请国际组织官员、专家学者等到校开办国际组织实习任职讲座，集聚有志于赴国际组织实习任职的学生，针对不同专业和需求，送政策、送信息、送指导；创建就业指导“国际组织专栏”，及时转发推送国际组织实习任职项目及岗位需求，登记学生意向岗位，建立国际组织人才输送“蓄水池”。多措并举，营造支持、鼓励学生赴国际组织实习任职的校园氛围。

四、BEACON 模型的效用分析

基于 BEACON 模型的高校国际组织人才培养路径立足高校学科优势和办学特色，以服务于学校学科交叉融合、提升学校国际影响力为最终目标，以全面提高人才培养质量为关键，将国际组织人才核心素养培育贯穿于学生培养全过程，实现全球治理教育与知识体系教育的有机统一，具备可迁移性和可复制性。

实施 BEACON 模型，高等院校能够科学梳理已有的国际合作网络和校友资源，让优质资源有效服务于自身科学研究、产学研合作和交叉学科发展，再让科研成果和学科发展成效反哺国际组织人才培养与输送，形成国际合作、科学研究、师资建设、人才培养互促互补的良性体系。

运用 BEACON 模型，学校可推进示范引领与全面推广相结合、统一规范与创新激励相结合、实践探索与理论研究相结合，“上下一盘棋”全面统筹设计构建的国际组织人才培养体系，营造能激发学生赴国际组织实习任职积极性的校园氛围，应用多维创新举措、实施多元化人才培养模块，充分释放全球治理能力培养效能，加快培养有国际视野、世界眼光、复合能力、家国情怀的高层次国际化人才。

实施人才培养专项，加强共享平台建设，创新学生国际胜任力培养①

一、引　言

复旦大学注重学生的全面发展，长久以来始终将“国家意识、人文情怀、科学精神、国际视野、专业素养”作为人才培养目标，把“国际视野”作为人才培养的重要一环。学校凭借丰富的学术研究平台、强大的学科背景和良好的国际知名度，积极推动全球治理人才培养推送工作。自 2018 年以来，学校根据全球治理人才培养的工作要求，结合上海市高校毕业生就业创业工作示范基地建设，通过抓好“土壤”机制建设、合作渠道拓展、培养体系建设等，加强学生全球治理能力培养，积极推进跨校联动多方协同合作共享。

二、抓“土壤”机制建设，实施“荣昶学者”等全球治理人才培养专项

为提升学生的国际胜任力，加快高校全球治理人才培养，建设全球治理人才“蓄水池”，2018 年，复旦大学与上海荣昶公益基金会联合设立了“荣昶学者”全球治理人才培养项目，通过提供奖学金、实习补贴、入职奖励等方

① 作者：王子雄，复旦大学学生职业发展教育服务中心。

式，面向上海市高校优秀大学生，提供以培养国际公务员为核心的全球治理人才建设专项支持，激励优秀学生参与全球治理。项目搭建了包括“荣昶学者”“荣昶高级学者”“荣昶优秀学者”在内的进阶体系，提供能力培训、资助补贴和平台机会引导学生加强国际胜任力建设，并积极参与全球治理实践，形成全球治理专业人才“蓄水池”。其中，“荣昶学者”项目择优选拔有志于全球治理的学生，为他们提供长期跟踪关怀和培训，“荣昶高级学者”项目和“荣昶优秀学者”激励和支持优秀学生到全球治理平台参与短期实习或中长期任职。目前，该项目已完成一期项目实施，二期项目已于2021年起面向上海市高校和长三角地区“双一流”建设高校实施并实现“满负荷”运转。“荣昶学者”项目现今已成为复旦大学全球治理人才培养的品牌项目，为相关领域的人才培养探索实践开拓了新模式。

三、抓合作渠道拓展，对接全球治理需求

一是借高端论坛等为契机，组织师生与国际组织对话，探讨全球治理前沿议题。自2018年“上海论坛”召开起，复旦大学多次邀请国际组织官员来访，以论坛为平台组织“发展性国际组织改革与新型国际关系建设”“可持续发展目标：成果、挑战与展望”“可持续智慧城市论坛”等学术研讨和对话交流活动。其间，联合国原副秘书长、复旦大学校友陈健大使，时任世界知识产权组织总干事弗朗西斯·高锐博士等还受聘为复旦大学相关研究中心名誉主任或名誉教授等。二是积极联系走访国际组织。结合优势学科资源，校领导多次带领工作团队走访国际组织及学术机构，开展座谈交流，开拓学术研究和项目合作。此外，学校还积极与驻华及在华、在沪国际组织保持联络，加强学校与这些国际组织在全球治理领域的合作。三是积极承办国际组织宣介活动。如首届联合国机构宣讲咨询活动（UN Job Fair）等。2021年5月，复旦大学还承办了联合国全球传播部主办的首场“联合国总部职业宣介活动（中文场）”，超过100名复旦大学学生到现场参会，并有千余位全球青年在线上参与了活动。

四、抓培养体系建设，搭建全过程培养链

一是完善外语课程体系建设。复旦大学充分发挥学校多语种学科综合优

势，深化公共外语教学改革，以现有全英语课程为基础，大力推进多语种课程建设，探索建立“多语种教学部”，实施“多语优才计划”，着力培养外语能力“一精多会”、专业能力“一专多能”的高素质全球化复合型人才。二是打造“项目渠道、人员遴选、项目管理、危机预案和资金支持”五位一体的全球治理人才输送工作体系；探索完善过程管理体系，设计学习成效评估、实习成绩评定、生涯规划辅导等机制，通过各渠道筹措专项经费，建立全校统一的补贴申请流程和审核标准。

同时，依托荣昶学者俱乐部，学校成立了国际组织学生协会，举办了“FDG^2IO Forum 共话全球治理”“FDG^2IO Lecture 倾听世界之音”“FDG^2IO Salon 对话跨国人才”“FDG^2IO Visit 走进国际组织”“FDG^2IO Course 赋能青年人才”等系列活动，有效覆盖 50 余所高校的 2 万余名学生，实现了第一第二课堂有效贯通。2021 年，协会线上平台“复旦国协 FDG^2IO”通过“FDG^2IO Internship”“FDG^2IO Character”“FDG^2IO Guide”等栏目服务人次超过 65 万。

五、推进跨校联动多方协同合作共享，打造全球治理人才培养的高校合作模式

在上海市教委的指导支持和上海兄弟高校的大力支持下，复旦大学于 2019 年牵头成立关于全球治理人才培养的上海高校联盟，联盟结合成员高校自身特色和资源优势，发挥集聚辐射效应，强化信息沟通机制，深化人才培养联动改革。一方面，联盟各高校学生在经过报名考核后，均可参与其他高校举办的相关学生活动、实践和培训项目。另一方面，复旦大学牵头编写《国际组织职业发展指南》及其附录 1—3（全英文）并向联盟高校学生发放，为学生参与全球治理和职业生涯发展提供路径参考。此外，联盟秘书处择机举办全球治理人才培养输送工作研讨会，邀请各高校专家学者针对高校全球治理人才培养工作成效与挑战进行交流讨论

近年来，复旦大学全球治理人才培养输送工作整体态势向好。学校整合教学、外事、学工等部门和各院系力量加强培养和推送工作，一批优秀学生获得了包括国家留学基金委、上海市教委和“荣昶学者”项目提供的资助并参与了全球治理实践。

国际化人才培养工作的实践与思考[①]

一、引 言

多年来，上海交通大学（简称“上海交大”）以学生为中心，坚持价值引领、知识探究、能力建设、人格养成“四位一体”的有机统一的育人理念，致力于培养具有社会责任感、创新精神、实践能力、人文情怀和国际视野且德智体美劳全面发展的拔尖创新人才。

在人才培养的过程中，国际化发挥着至关重要的作用。国际化是上海交大与生俱来的特质，是流淌在上海交大人血液中的品格和特性。学校“因图强而生”，在1896年建校之初即学习借鉴西方先进经验。改革开放初期，学校组建了新中国首个高校访美代表团，开辟了国际交流与合作的渠道。2004年，学校确立了以“综合性、研究型、国际化”为内涵的建设九字方针，其后推进了一系列国际化人才培养相关的重大合作项目和重要举措。学校充分利用国内、国际两种资源，点面结合，为培养学生多样化、个性化的全球胜任力、全球领导力的“教育增值”需求提供了优质的教育资源和成长锻炼平台。

① 作者：曹伟，上海交通大学国际合作与交流处；韦明，上海交通大学学生就业服务和职业发展中心就业指导部主任。

二、以“国际化办学特区”促进提升国际化人才培养能力

上海交大积极引入资源创办具有代表性、示范性的国际化办学特区，参照国际一流大学的标准，引进课程体系、专业教师、管理团队；在办学机制、管理制度、拔尖人才培养、一流师资队伍建设等方面赋予学院更大的自主权，促使其进行积极的创新和大胆的尝试，取得了丰硕的成果；并将成功经验逐步在全校范围内推广，取得了良好的溢出效应，有效提升了全校各院系的国际化人才培养能力。

1994 年，中国政府与欧盟依托上海交大和欧洲管理发展基金会合作创办中欧国际工商学院，致力于培养具有全球视野、积极承担社会责任的商业领袖。

2006 年，上海交大与美国密西根大学合作成立上海交大密西根学院，期望在中国的土壤上建设一所具有世界一流教学研究水平的工学院，培养具有国际竞争力的创新型、领袖型工程人才。2012 年，上海交大密西根学院获评首届上海市中外合作办学示范性机构，2014 年获得国际教育最高荣誉奖之一的海斯克尔国际教育革新奖。

2012 年，上海交大与巴黎高科集团旗下的法国四所一流理工院校合作成立上海交大 - 巴黎高科卓越工程师学院（现已改名为上海交通大学巴黎卓越工程师学院）。学院贯通融合中、法工程人才教育体系，旨在培养具有国际交流能力，精通中、英、法三种语言的精英工程人才。2013 年 4 月，时任法国总统奥朗德来校为学院成立揭牌并做演讲。学院于 2016 年 6 月获得中法政府评选的“中法大学合作优秀奖”。

近年来，上海交大为了更好地服务于国家重要领域的人才培养，又分别在医学、新兴文化传媒、绿色智慧能源、航空航天、新经济等领域进行了一系列合作办学探索，加快引进国外优质教育资源，培养具有国际竞争力和全球视野的人才。2014 年，学校与加拿大渥太华大学合作成立上海交通大学上海—渥太华联合医学院；2014 年，数学科学学院入选首批高校国际化示范学院推进计划；2015 年，与美国南加州大学合作成立上海交大–南加州大学文化创意产业学院；2017 年，与英国爱丁堡大学合作成立上海交通大学中英国际低碳学院；2017 年，在“一带一路”、中俄宽体客机项目合作背景下，联合中国商飞、中国航发等企业，与莫斯科航空学院共建中俄联合研究院和上海交

通大学—莫斯科航空学院国际班，探索人才培养校企深度融合、国际化新模式，推动高等教育、科学研究、人才培养等方面的协同发展；2018年，与法国数所著名院校合作成立上海交通大学医学院中法联合医学院，为进一步发扬中法交流的历史传承、提高医学院医学法语教学质量、深化医学院中法合作办学内涵辛勤耕耘，硕果累累；2019年，在新加坡注册挂牌成立新的上海交通大学新加坡研究生院，集全校优质资源和社会力量努力打造海外精品校区；2021年，与上海市签约推进共建“上海交通大学国际农业与生态学院”。

与此同时，学校鼓励各院系根据学科发展阶段、特点和学院自身的条件开展特色国际合作办学。在院为实体的原则指引下，各院系层面的国际化办学也十分活跃，成果丰硕，成功培育了一批中外合作办学项目和国际化交叉学科平台。

多样的“国际化办学特区”有效地提升了全校国际化人才培养的能力。

三、以海外深度访学为重点提升学生的全球胜任力

为了进一步提升人才培养的国际化水平，培养具有国际视野和国际竞争力的高素质人才，上海交大以海外深度访学为重点，设立了“本科生海外深度访学专项资金”和“本硕生学术能力提升计划”，资助优秀的本科生、硕士生赴海外学习，通过多样化的海外学习经历促进提升学生的全球胜任力和全球领导力。

2016—2019年，全校本科生海外学习人数稳步增长，从42%提升至56%，其中3个月以上的深度访学比例从14%提升至19%。为了保障本科生海外深度访学顺利推进，学校制定了一系列鼓励政策，比如鼓励理工科学生参加海外毕业设计项目，保研优先考虑有海外深度访学经历的学生等，并将本科生海外深度访学比例纳入院系年度考核目标中。

与此同时，鉴于海外高校多采用派出与接收相平衡的原则，为了尽可能地接收海外高校的学生来校访学，以便为派出学生创造更多的机会，学校自2015年起开始积极推进开设国际暑期学校和国际暑期科研见习项目，主要用于与合作伙伴高校折抵交换学生名额。项目在疫情前达到了每年暑期接收400人的规模，为派出学生至海外学习奠定了良好的基础。

自2020年以来，为了应对学生因疫情无法跨境交流交换的困境，学校积极探索国际交流与合作的新模式，推动与合作伙伴高校开展线上教学合作。

前期，依托大学联盟平台，重点推进了“课程共享”——“环太平洋大学联盟学生线上交换项目”和“课程共建”——“U21大学联盟全球课堂”，并于2021年秋季学期推出虚拟交换“交通全球课堂”计划。该计划致力于搭建“中国特色·交大理念”的全英文优质国际课程平台，使之可以与全球高水平战略合作伙伴高校共享优质教学资源，实现学生虚拟交换、线上课程学分互认，让不同地域和文化背景的学生在同一课堂上学习交流、相互启发，让彼此享有不出国门就有修读世界一流大学课程的学习机会，零距离实现思想的碰撞和多元文化的交融。目前，学校教育技术中心正在进一步升级学校已有的“智慧教室”，引入线上线下融合式“全球课堂”新理念，打造新一代的“智慧教室”。国际合作与交流处正与校内相关部处紧密协作，通过设立专项资金及加强与国际伙伴高校和大学联盟的教学合作，持续推进建设“交通全球课堂”计划。

四、以培养国际组织人才为突破点引导学生参与全球治理

上海交大注重培养具有国际视野、通晓国际规则、有能力参与国际事务的人才，重引导、强能力、优服务，积极引导学生参与全球治理。

学校成立了由校领导担任组长的学生赴国际组织实习任职的工作领导小组，定期召开工作会议研究、部署、推进工作，并聘请国际组织高级官员、专家学者组成国际组织实习任职顾问委员会，明确职责、精准对接，实现多方联动和资源共享；建立了教学、学工、国际合作等有关部门联动的工作机制，从学籍管理、学分转换、档案管理等方面出台配套政策，支持学生赴国际组织实习和工作；划拨专项资金，资助学生赴国际组织实习实践，并加大社会筹资力度，扩大资助范围，为相应学生提供全方位的支持。

学校积极推动外语教学改革，通过第二专业学位、各类学生骨干人才计划等，引导学生加强外语学习，并开设了国际组织人才训练营，组建高层次师资团队，精心设计培训课程，统筹开展理论与实践相结合的各类培训和指导；开设了“国际组织第二专业课程”与“专业硕士国际项目”，统筹规划海外游学、实习、深造与国际组织实习任职相结合的培养方案，提升学生国际组织实习任职的能力；建立了国际组织实习任职学生档案库、国际组织实习任职意向学生资源库等数据库，安排专职教师负责指导，并根据学生成长规律和国际组织用人要求探索学生从入职到成长再到晋升的成长路径，助力学生职

业生涯发展。

学校通过系列项目为同学们提供了丰富的选择。比如，开展“交大人世界声”专项引领计划，举办“世界与你有约”国际组织系列讲座，邀请相关国际组织官员、在国际组织实习任职的专家学者等到校与学生交流分享等。学校充分利用学校资源，与国际货币基金组织、联合国教科文组织等主要国际组织合作成立实践基地，组织安排学生开展参观、参加座谈及实习实践活动，参与学生近4000人次；充分利用网络渠道，打造宣传平台，开设“交大人世界声”微信公众号，定期推送国际组织相关知识和国际时事新闻。学校还成立了学生国际组织发展协会，以“立足交大、面向世界、服务学生、沟通全球”为宗旨，集聚一批有志于赴国际组织实习任职的优秀学子，建立国际组织人才输送“蓄水池”，不断输送参与全球治理的人才。学校在以培养领袖人才为目标的“荣昶储才计划”中，特别安排了丰富的国际化元素，比如赴美国开展“储梦全球·才汇知行”主题社会实践，走访麻省理工、哈佛、耶鲁等知名学府，谷歌、苹果等知名企业，让3年一期的储才计划从精准扶贫发展到双创经济再到国际视野，不断探索实践，促进学生全面发展。

五、以活动为舞台，为学生搭建锻炼国际化能力的平台

上海交大较具特色的活动包括自2018年起开展的“全球挑战计划”，该计划聚焦于思考和解决人类社会面临的共性问题，通过活动培养学生关于“人类命运共同体”的责任意识和家国担当。在多元文化背景下，同学们通过实地考察与现场实践，认识人类文明的成果，激发创新思维与潜力，思考并尝试解决人类发展面临的共同问题，贡献青年学子的智慧。通过有难度、有压力、有挑战的实践活动，培养、锻炼学生的国际化能力。活动推出的第一年，首届“拯救传统村落工作营”项目即取得了优异的成绩。该工作营由学校联合香港大学、意大利都灵理工大学共同举办，以浙江省云和县沙铺村为研究案例，由3校师生为消失中的传统村落创作切实可行的乡村复兴方案。项目团队成员历时12天，先后考察了3座各有特色却日趋空心化的古村落，为村落复兴出谋划策，形成了4个涉及建筑保护、产业振兴、旅游业、医疗保障等方面的建议方案。活动获得了当年上海市大学生社会实践的最高奖——知行杯社会实践特等奖，在2018年全国大学生百强暑期实践团队评选中获评“优秀实践团队”。

为确保项目顺利落地实施，上海交大国际合作与交流处每年年初面向全校各学院统一征集项目，采取学校统一组织管理、各学院项目负责人具体实施的方式，鼓励跨专业、跨年级、跨院系的中外学生共同参加。2019 年，共有 13 支国际化项目团队、200 余名上海交大学子 40 余名中外教师围绕东南亚、非洲和中东欧等“一带一路”沿线国家和中国部分地区发展面临的问题开展实践研究。上海交大师生的脚步遍布全球 10 余个国家和地区，项目团队先后分赴保加利亚、罗马尼亚、匈牙利、意大利、巴基斯坦、埃塞俄比亚、肯尼亚、泰国、新加坡、马来西亚等 10 余个国家和地区，以及国内部分乡村地区，围绕乡村振兴、公共健康、环境保护、城市治理等重大问题进行实地调研和探究，并结合当地实际需求，为解决社会问题贡献自己的智慧和方案。

依托全球城市论坛，上海交大国际与公共事务学院和中国城市治理研究院已经联合承办了 6 届全国大学生城市治理案例挑战大赛，该大赛是“提升社区和城市品质”的主题活动之一。大赛通过剖析城市治理的典型案例透视城市治理背后的逻辑，为全国高校青年学子参与城市治理提供集学、问、思、辩于一体的交流学习平台。活动现已成为上海市世界城市日之“全球城市论坛”系列活动中的重要组成部分，社会影响力不断提升。大赛激发了当代青年学子投身城市治理的热情与探索精神，为培养具有宽阔国际视野、较高专业知识水平及强烈社会责任感的一流公共管理人才提供了锻炼的平台。

六、未来展望

上海交大已提出了全球领导力培育计划，该计划以引导学生正确认识中国和世界为核心，以拓展国际视野、培养全球意识、提升跨文化沟通与合作能力为重点，助推从知识、技能、价值观、态度、情商等维度培育全球领导力。接下来，学校计划推出国际组织人才培养相关的辅修课程，并采取多种举措进一步推进学生到国际组织实习任职。

上海交大将持续通过精细化管理、科学评价等系列举措不断完善国际化人才培养，助力建设更加完善的“德智体美劳”五育并举的创新人才培养体系，巩固以价值引领为核心的“四位一体”育人理念，培养出更多扎根中国、面向世界的卓越创新人才。

同济大学国际组织人才培养体系的创新与实践探索①

一、引 言

经济全球化、文化多元化、全球共存与竞争，以及合作与发展是当今的时代特征。习近平总书记指出，中国秉持共商共建共享的全球治理观，积极参与全球治理体系改革和建设。② 同时，高校融入全球化浪潮的深度和广度日益增加。同济大学坚持“中国特色、世界一流”，响应《教育部等八部门关于加快和扩大新时代教育对外开放的意见》，实施“聚焦重点、做强主场、布局全球”国际合作战略，着力推动以“国际办学有品质，国际平台有特色，国际师生有规模，国际科研有影响，国际组织有任职，国际会议有声音，国际期刊有文章，国际奖励有位置”为主要内涵的国际学术影响力提升工作，深化教育教学改革，提高人才培养质量，依托国际交流链和全球协作网，高度聚焦跨文化交际能力、全球思维、批判反思能力等综合能力的塑造，力求培养大批具有国际视野、通晓国际规则、能够参与国际事务和国际竞争、多层次

---

① 作者：谭晓赟，同济大学外国语学院讲师；李静，同济大学外事办公室副主任。

② 习近平：决胜全面建成小康社会 夺取新时代中国特色社会主义伟大胜利——在中国共产党第十九次全国代表大会上的报告 . (2017-10-27) [2022-05-01]. https://www.12371.cn/2017/10/27/ARTI1509103656574313.shtml.

多类型、具有全球胜任力、引领未来的社会栋梁与专业精英，更好地服务于“创新驱动发展”“互联网＋”等国家重大发展战略，更好地推动我国全面参与全球治理，推动构建人类命运共同体，提升我国国际话语权。

二、同济大学国际组织人才培养的主要举措

（一）加强校内协同，为国际组织人才培养提供有力的组织保障

服务立德树人，立足办学实际，同济大学成立“卓越多语能力国际组织人才”培养项目工作小组，形成了由分管校领导牵头，本科生院院长负责，外国语学院具体实施，各相关专业学院、平台学院、智库、研究机构共同参与的多个工作小组，配齐人员、落实到位，在工作机制上为培养“一精多会”“一专多能”的复合型、具有全球胜任力的国际化专业人才提供有力保障。

（二）与国际组织深度合作，构建国际组织实习平台

同济大学坚持“走出去”与“请进来”相结合的策略，充分利用国内外的多层次国际组织及分支机构等实践渠道，精准对接，构建符合全球胜任力培养的国际组织实习平台，确保高层次国际人才培养具有扎实的实践能力。

近年来，同济大学与联合国环境规划署、教科文组织、世界知识产权组织、人居署、工业发展组织等联合国机构开展了卓有成效的合作，为学校的国际组织人才培养工作提供了重要支撑，同时为学校学生赴国际组织实习、参访或参加其组织的各类活动铺设了稳定的渠道。

依托与联合国环境规划署、教科文组织和世界知识产权组织的合作，同济大学建立了3个国际合作平台，即联合国环境规划署—同济大学环境与可持续发展学院、联合国教科文组织亚太地区世界遗产培训与研究中心（上海中心）、上海国际知识产权学院，将国际组织一线工作者“请进来”。联合国教科文组织总干事、联合国副秘书长兼环境规划署执行主任、联合国副秘书长兼人居署执行主任、世界知识产权组织总干事等曾先后来访，为进一步加强学校与联合国机构的合作不断夯实基础。

联合国环境规划署—同济大学环境与可持续发展学院每年派出师生赴联合国环境规划署实习（以联合国环境规划署总部肯尼亚及其位于泰国的亚太区办公室为主），带领学生赴联合国机构实地参访交流，并带队学生参加联合

国环境大会等各类国际会议。联合国教科文组织亚太地区世界遗产培训与研究中心（上海中心）是在全世界发展中国家建立的第一个遗产保护领域的机构，长期接收包括同济大学学生在内的全球优秀学子实习，已成为在学校落户的国际组织学生实习基地。

（三）持续推进教育教学改革，不断完善国际组织人才培养相关专业和配套课程体系

推进提升大学英语教学质量，着重培养学生的通用英语能力、跨文化英语交际能力及审辨思维能力，同时有效实现公共英语教学与各学院开设的全英语专业课程的无缝衔接，确保学生在国际交流与全球治理中熟练运用英语汲取知识、表达观点，切实提升国际组织人才使用英语这一国际通用语种的综合能力。

完善进阶式人才培养模式，建成多语教学的多层次、多维度培养体系。同济大学在全校范围内实施德语辅修专业（卓越德英双语国际组织人才培养）、意大利语微专业（卓越意英双语国际组织人才培养）两个子项目。在微专业体系设计中，整合学校相关资源，联系校外师资，通过外国语学院、联合国环境署—同济大学环境与可持续发展学院、国政学院等协调教师资源，梳理全校已开设课程中与全球治理、国际政治、国际组织及国际视野相关的各类课程，向上述参与德语、意大利语子项目的所有学生提供就职国际组织所必需的知识类及技能型课程。同时，邀请资深外交官、国际组织任职人员等开设全球治理与国际组织工作的讲座，内容涵盖国际关系、中国历史与文化、外交实务、国际组织文书、项目管理等职场技能，培养熟悉全球治理与国际组织相关知识、具备良好的国际素质任职素养的高层次国际人才。

（四）出台若干激励政策，激发和提高学生赴国际组织实习的积极性

依托“同济大学学生就业信息网”“同济就业”“同济大学国际合作与交流”微信公众号、国际组织实习交流微信群等网络与新媒体平台推送国际组织、国际组织招聘相关的信息，原创策划并公开发布《一条视频带你“走近”国际组织》知识普及视频，形象生动地为有意向的同学提供指引信息，帮助学生提高对国际组织的认知。

出台赴国际组织实习资助政策。赴国际组织实习的在校生经申报评审，可获得学校给予的3—12个月的资助。学校建立了灵活的学习制度，给予计算相应学分等政策支持，并结合具体情况，将学生到国际组织的实习经历纳入研究生入学推免生遴选指标体系。学校还构建了国际化网络和实习生输送平台，通过课内课外、校内校外、线上线下的各类活动，激发学生“能去”国际组织实现理想的，培养学生“想去”国际组织工作的兴趣，鼓励学生“敢去”国际组织实习或工作。

（五）依托学校智库建设，不断丰富区域国别教学与研究资源

同济大学依托同济大学德国研究中心（智库）和意大利研究中心（智库）建设、外国语言文学一级学科下区域与国别研究师资招聘等渠道，不断加强区域国别教学与研究资源建设。2019年起，外国语言文学一级学科下专设区域与国别研究的硕士与博士招生。这些举措加强了学校国际组织人才对区域国别文化、社会、政治、历史的认识，在培养全球胜任力的高层次国际化人才的过程中为加强国际组织与国际关系的教学与研究奠定了基础。

三、同济大学国际组织人才培养主要建设成果

（一）具有全球胜任力的国际化人才培养体系进一步完善

同济大学整合办学资源配置，改革人才培养模式，凝聚学校国际化平台力量和多语种资源，加快培养多层次、多类型、具有参与全球治理能力和素质的各类人才；完善和改进外语教学模式，推动开展英语、法语等复合语种人才培养，建立多语种、跨学科的人才培养平台；针对性加强双学位、辅修、微专业等培养项目建设，鼓励非外语类专业学生辅修外语类学位或课程。截至2021年，全校范围内实施德语（卓越德英双语国际组织人才培养）辅修专业、意大利语（卓越意英双语国际组织人才培养）微专业两个子项目，选修人数分别达到了248和563人。

学校积极促进跨学科交叉融合，以多语能力以及国际组织任职必备的知识与素养为核心，通过“主修专业＋微专业＋辅修专业／辅修学位”进阶式培养模式，培养符合“一精多会”“一专多能”，具有坚定的中国立场、宽广的国际视野，通晓国际规则，能够在专业领域参与国际事务合作与竞争的国际组织后备人才。

（二）国际组织实习渠道不断稳固，赴国际组织实习人数稳中有升

学校依托联合国环境署—同济大学环境与可持续发展学院，推进与联合国环境署及相关机构在国际教学、科研方面的合作与交流。截至 2021 年，培养硕士研究生和博士研究生的国际教育学位项目共招收来自 89 个国家的 525 名学生；该学院围绕“可持续发展”，在来自 26 个学院的本科生与研究生中开展大量创新实践，约有超过 4000 名学生选修了全校通识课和可持续发展辅修专业。自 2002 年学院成立以来，同济大学依托该学院派出 70 多名优秀学生到联合国环境规划署总部、亚太办公室、非洲办公室，以及联合国人居署总部等实习；为 40 多个发展中国家培养了 3000 多名政府、企事业单位青年干部。学院与联合国环境规划署在世界环境日联合举办国际学生环境与可持续发展大会，每年吸引来自全世界 40 多个国家的 300 多名学生参加。

联合国教科文组织亚太地区世界遗产培训与研究中心（上海）自 2008 年成立以来，围绕四大中期战略目标进行了多样化实践与有益尝试，为该中心在中国、亚太地区乃至全球的良好国际声誉与社会影响力做出了重要贡献。该中心以联合国教科文组织优先项目及培养世界遗产紧缺人才为原则，结合同济大学学科优势和资源，开展“世界遗产专题定期培训”“亚太地区机构合作培训”“基于研究的应用型培训”，形成了上海中心四大培训品牌——“文化遗产管理规划”“遗产影响评估”“历史性城镇景观”和“世界遗产与可持续旅游”。截至 2021 年，联合国教科文组织亚太地区世界遗产培训与研究中心（上海）共举办 26 次培训，其中，国际培训 18 次，惠及 58 个缔约国，包括 33 个亚太地区国家；培养 421 名专业人士，其中亚太地区 363 名，占比 84%；共编制培训手册及报告 9 册，其中英文 5 册，中文 4 册。

上海市政府依托同济大学成立的“上海国际知识产权学院”旨在培养国际高端知识产权人才，以世界知识产权组织—同济大学联合培养知识产权硕士项目（WIPO 项目，全国唯一），教育部、国家知识产权局联合委托同济大学承办的中国政府知识产权硕士奖学金项目和知识产权（交叉学科）博士项目为基础，采用专业化、国际化和交叉学科的课程体系、贴近实务的国际化课程师资（实行“三三三制”，即国际师资 1/3，同济校外师资 1/3，同济师资 1/3；学院每学年均邀请 40 余名国内外专家学者为学院中外学生授课），常态化选派中国学生赴国际组织实习。2017—2021 年，学院共派出 8 位同学赴世

界知识产权组织日内瓦总部进行为期6个月的实习；两个项目共培养研究生178人，其中国际学生91人，来自38个国家，占比52%。

（三）形成了一批具有同济特色的国际组织人才培养实践项目

2018年、2019年，联合国环境署—同济大学环境与可持续发展学院和联合国训练研究所在联合国日内瓦总部共同承办了两届国际组织预备人才训练营。在为期一周的时间内，学校20余名本科生与研究生聆听了来自联合国日内瓦总部、世界贸易组织、国际红十字会、世界气象组织、联合国欧洲经济委员会、联合国环境署等国际组织的联合国官员的学术讲座，同时作为学生观察员观摩正在举行的联合国会议及辩论。联合国中国青年专业代表，中国外交部代表和德国、英国等青年专业人员与学生们分享了如何进入联合国实习和工作的经验。

2019年，同济大学受邀参加第四届联合国环境大会。学校选派5名学生作为观察员全程参会。大会期间，同济代表团围绕“寻求创新解决办法，应对环境挑战并实现可持续消费与生产”的主题，介绍了绿色校园和环境教育研究工作，讨论了海洋塑料污染和微塑料、一次性塑料产品、化学品和废物无害化管理等全球环境政策和治理进程，充分展示了同济大学在环保方面的贡献和影响力。

四、国际组织人才培养实践中存在的问题

（一）与国际组织联系有待突破，推送渠道有待进一步开发

目前，同济大学与若干国际组织已有一定联系，但仍待进一步深化拓展。与国际组织有效联系的渠道将有助于进一步落实“一精多会、一专多能”的学生能力培养宗旨，并稳定高端国际组织人才的实习乃至就业渠道。

（二）教学培养模式有待进一步创新，以匹配国际组织人才要求

国际组织人才培养具有明确的目标指向性和针对性，国际组织名目繁多、分类繁杂，业务范围几乎覆盖所有行业领域，而且不同国际组织对人才的能力素质要求也不尽相同。学校传统的人才培养模式尚无法满足国际组织人才培养的现实需要，需要进一步创新人才培养模式，以应对国际组织人才培养

的多元化需求和多学科属性给学校培养带来的新挑战。

（三）校内顶层政策设计与统筹协调需进一步完善，以增强体制机制间的契合度

目前与国际组织青年人才培养相关的项目由校内数个部门多头推进，需要建立并不断完善相互间协调机制、信息共享机制，从而产生更大的协作效应，推动国际组织人才培养各项工作。

五、工作展望

同济大学服务国家战略，深化教育教学改革，提高人才培养质量，积极推动与国际组织的合作与交流，先后与联合国教科文组织亚太地区世界遗产培训与研究中心、联合国教科文组织亚太遗产中心、联合国环境规划署、联合国人居署、联合国开发计划署、联合国环境署亚太办公室、联合国亚洲及太平洋经济与社会理事会、联合国防治荒漠化公约、世界知识产权组织、国际商会厦门分会等10个国际组织签订了合作协议。2021年，同济大学成功入选教育部中外人文交流中心高层次国际化人才培养创新实践项目、高校和教育部国际组织青年人才培训项目试点高校。这对学校加快培养并推送高校毕业生到国际组织实习任职、不断扩大到国际组织实习或任职的后备人才队伍、持续提升学校高层次国际化人才培养质量具有十分重要的意义。

未来，学校将进一步依托优势学科，加强与联合国粮食与农业组织、联合国难民署、世界贸易组织、世界卫生组织、国际劳工组织等的交流合作，建立学校与国际组织、政府部门、非政府组织和企事业单位的国际组织人才培养联动机制，选派优秀学生到这些组织、部门、单位实习、见习、工作，定期邀请相关组织、单位来学校开展宣讲推介。同时，推动与兄弟高校及相关机构的工作交流和分享机制，在国际组织人才培养领域搭建平台，加强合作与共享，共同探索高层次国际化人才培养模式，为扩大我国在国际组织的人员规模，更好地统筹国内国际两个大局，增强我国在国际规则制定中的话语权做出更大贡献。

整合校内外资源加强国际胜任人才培养[①]

一、引　言

习近平总书记强调，要提高我国参与全球治理的能力，加强全球治理人才队伍建设，推进全球治理体系变革，为推动构建人类命运共同体作出更多实践探索。[②]当今国际形势正处于深刻调整时期，多边性质的国际组织已逐渐成为制定国际规则、协调多边事务、分配国际资源的重要平台。构建人类命运共同体，推动国际治理体系变革，需要培养一大批既熟悉中国国情，又熟悉国际规则的综合型、复合型国际治理人才；推动完善全球经济治理，构建公正高效的全球金融治理格局，需要高等学校适应党和国家事业发展需要，培养造就大批德才兼备的国际组织高层次人才，为我国参与全球治理尤其是全球经济治理提供有力人才支撑。

上海财经大学（简称“上财”）主动响应“加强国际组织人才培养”的国家战略需要，整合校内校外、国内国外资源，于 2015 年设立国际组织人才培

① 姚玲珍，上海财经大学副校长；李劲松：上海财经大学研究生院副院长。

② 习近平：加强合作推动全球治理体系变革 共同促进人类和平与发展崇高事业 . (2016-09-29) [2022-05-01]. http://cpc.people.com.cn/n1/2016/0929/c64094-28748259.html；习近平 . 为推动构建人类命运共同体作出更多实践探索——习近平主席在上海合作组织成员国元首理事会 第二十次会议上的重要讲话引发国际社会热烈反响 . (2020-11-12) [2022-05-01]. http://politics.people.com.cn/n1/2020/1112/c1001-31927715.html.

养项目。项目顶层设计与重点突破相结合，通过构建一体化课程体系、搭建三大培养平台、实施“三导师”制、夯实全程质量保障机制等措施，践行依托优势学科、多方协同、成建制培养理念，打造了具备示范效应和推广价值的成建制的财经类国际组织人才培养的上财模式，取得了良好成效。

二、工作成效

（一）探索并形成了国际组织后备人才培养“1234”上财模式

该模式以“1 个聚焦、2 个协同、3 个贯通和 4 个引领”为特色。

1 个聚焦：聚焦成建制培养“知识、能力、素养”全面发展，拥有出色外语能力和复合学科基础，熟悉国际组织运作，能胜任国际组织工作的高端财经人才。2 个协同：通过校内外协同和海内外协同拓展优秀教学资源，构建国内外学习及海外实习就业网络。3 个贯通：本硕培养贯通，国内国际贯通，学习实习贯通。学校面向全校各专业，选拔优秀学生于本科四年级直接进入项目。培养过程实现了国内高校、国外合作大学以及国际组织机构的贯通，打通了国际组织人才培养的专业学习和实习通道，培养了知识、能力和素养全面发展的国际化高端专业人才。4 个引领：坚持目标导向，引领金融、商务、会计、法律国际组织高端专业人才的成建制培养；坚持国际协同，引领国际组织人才培养的机制体制建设；坚持立德树人，引领扎根中国、对接国际标准的国际组织人才培养实践；坚持锐意创新，引领国际化高端专业人才培养模式改革。

“1234”上财模式通过整合多维资源，建立了国际胜任人才的成建制、立体化的培养体系，一定程度上引领了校内国际化人才培养模式革新，其选拔管理考核机制等为金融、会计、经济等学科的人才培养提供了理念指导，“定制课程”，优质教学资源共享的形式也被推广至校内其他研究生项目。

（二）国际组织后备人才培养成效初显

2015—2021 年，上财国际组织人才培养项目已选拔并培养 8 期近 200 名学生，前 4 期 119 名学生经中外联合选拔，在国家留学基金委“国际组织后备人才培养项目 / 创新型人才国际合作培养项目”等资助下，赴海外合作大学学习，全部获得国外高校硕士学位，67 人次在联合国机构、世界银行、美洲开发银行等国际组织完成实习历练，10 人入选国家国际组织后备人才库。其中，武艺、郭辰等同学不忘初心，多次赴联合国亚太经社会、联合国开发计划署驻菲律宾办事处、联合国项目事务厅仰光办事处等国际组织实习，并以优异的实习表现留任联合国开发计划署、联合国项目事务厅。

（三）项目辐射示范效应显著

上财国际组织人才培养项目入选了国家留学基金委“创新型人才国际合作培养项目”以及“国际组织后备人才培养项目”，并得到联合国贸发组织等国际组织的大力支持。项目团队还多次受邀在部委专题会议交流经验，西安交通大学、山东大学等兄弟院校也前来学校调研。教育部学位管理与研究生教育司网站对上财国际组织人才培养项目进行了报道，同时该项目也作为研究生教育改革实践案例在中国学位与研究生教育信息网进行展示；国家留学基金委“神州学人”公众号全文转载了项目学生方曦东在联合国国际贸易中心的实习心得短文;《中国教育报》《文汇报》《中国青年报》《新民晚报》《扬子晚报》，以及中国新闻网、人民网、上海教育新闻网等知名媒体也对该项目进行了系列专题报道，反响强烈。

三、方法措施

（一）整合校内管理资源，打造全流程培养链条

上财通过顶层设计，整合校内管理资源，扎实人才培养保障，打造全流程培养链条。为加强组织领导，上财成立了国际组织人才培养领导小组，校长任组长，副校长任执行组长，同时设立工作小组、项目办公室和项目主管，形成“四位一体”管理架构。工作小组由教务处、研究生院、国际处、学生处、就业指导中心、合作发展处及商学院、金融学院、经济学院、会计学院、法学院等部门和学院领导组成。学校还设立了国际组织人才培养咨询委员会、教学指导委员会、联合选拔委员会执行联合管理，成员由国内外合作大学、国际组织及协同机构的中外专家学者组成，分别负责为项目发展提供咨询建议、教学质量保障及实施联合选拔。

为加强人才培养过程管理，学校建立了“投入、选拔、派出、管理、回国”五大工作机制，涵盖人才培养全过程，协同国内外合作高校进行课程开发和导师安排，推进实践实习平台建设。

为全面保障培养质量，学校实施两阶段“9+3”环节选拔与分流，第一阶

段为“2+7”校内选拔，通过中文、英文2轮笔试和7轮“背靠背”面试选拔学生进入项目。选拔的学生均达到校内免试直升硕士研究生的条件。第二阶段为“2+1”联合选拔，根据海外合作大学培养要求，通过考察学习成绩、外语成绩和面试成绩，考核并派遣学生赴海外合作大学学习。

（二）整合跨学科校内外教学资源，构建一体化课程体系

上财依托优势学科，整合多学科教学资源，构建了契合国际组织需要的课程体系；多方协同，建立了交叉复合、国内国外相结合的教学平台，形成了“国内学习＋海外学习＋海外实习”的一体化课程体系，实现了成建制的国际组织人才培养的教学新模式。

学校通过完善培养方案及课程体系模块化设计，形成了跨学科平台的学习模式。研究生院牵头相关学院，建立契合国际组织需要的模块化、定制化课程体系，打造英、法、西三种语言强化平台及国际金融、商务、法律、会计四类专业知识复合平台，强化语言能力、复合型专业素养和国际组织实务能力；通过教学实习求职培养平台的搭建，建立完整的职业发展指导体系；通过信息渠道的疏通，探索海外国际组织实习任职多层次推送机制，做实国际组织海外实习第二课堂；通过思政课堂的开设及爱国主义基地现场教育，强化学生思想品德建设，培养扎根祖国大地的家国情怀。

自2019年开始，学校连续3年面向全国高校举办上财国际组织人才培养项目夏令营，辐射全国高校本科学生，招生约140人，吸引了来自复旦大学、浙江大学、中国人民大学等近50所世界一流大学建设高校，以及对外经贸大学等140余所世界一流学科建设高校的优秀本科生。

（三）整合海内外人才资源，打造多元化师资队伍

上财对标知识、能力、素养结合的国际组织人才培养规格，着力打造高层次人才领衔的国内外师资，打造多元化师资队伍。将外语类与非外语类一流师资相结合、专业教师与国际组织实务专家师资相结合、中国教师与国外一流学者相结合，实现国内学业导师、国外学业导师、实习导师的“三导师”联合培养。

一是校内外协同。校内整合经济、管理、法学、外语、政治等学科资源，实现学科协同，专业复合；多层次、多样化地引进海外人才，通过“高端引

领，批量跟进”方式成规模地引进了一大批毕业于海外著名高校的优秀博士，打造了一支高层次人才国内师资队伍。校外协同复旦大学、上海国际问题研究院等，进一步拓展优秀教学资源。

二是国内外协同。上财协同新加坡管理大学、美国乔治·华盛顿大学等海外高校进行联合选拔和合作培养；协同联合国、世界银行、美洲开发银行、金砖国家新开发银行等国际组织，国际组织驻中国机构、政府部门及行业机构，以及国际组织实务资深专家参与培养全过程，通过开设讲座、担任实践导师、协助联络国际组织实习单位等方式，衔接课程学习，搭建海外实习与国内涉外实习相结合的实习平台。

上财国际组织人才培养项目完善了国际组织师资人才组织管理架构，也极大地提升了学校人才培养知名度和学科核心竞争力。建设期间，项目所依托的主干学科入选上海市高峰II类和IV类学科，金融学、会计学等3个创新引智基地陆续入选国家“111计划”，金融学院入选教育部第二批“三全育人”综合改革试点学院，法学获得一级学科博士授予权等。

（四）整合多渠道职业发展资源，搭建国际实习实践平台

学校整合多渠道职业发展资源，深化国际合作，搭建国际组织或海外机构学习实践平台，与联合国、世界银行、亚投行、金砖国家新开发银行等国际组织签订海外实习合作协议；利用海内外校友资源和合作网络，推进中国银行海外分支机构等海外实习基地建设，搭建世界银行、美洲开发银行、亚投行等国际组织或海外机构实习平台。学生的专业素养和学习能力获得海外合作大学和实习单位的高度认可。

（五）整合多层次社会资源，构筑智库科研创新平台

上财切实推动产学研深度融合，构筑智库科研创新平台，构筑高校与智库协同科研创新与社会服务体系，服务国家战略和上海区域发展。学校与上海国际问题研究院合作成立“上海国际组织与全球治理研究院”，搭建科研和高端人才培养合作高层次研究平台，加强在人才培养、学科建设、决策咨询方面的战略合作，服务社会主义新型智库建设，提供国际组织人才培养与输送方案。一方面致力于双方人才培养，共享课程资源，建立兼职导师聘任制度，开设国际组织相关课程及系列讲座，打造精品课程；另一方面基于已设立

的上海国际组织与全球治理研究院，推动高校与智库协同创新，服务国家战略和上海市区域发展。

四、经验分享

（一）培养理念创新，造就具有全球竞争力的高层次人才

上财以国家需求为导向，以立德树人为使命，扎根中国大地，中外融通，依托优势学科力量，多方协同，聚焦全球治理特别是全球经济治理，成建制培养具有中国情怀、民族精神和全球视野，通晓国际规则，能胜任在国际组织从事金融、商务、会计和法律工作的复合高端财经人才。项目特别将责任感和道德感的培养融入国际组织人才的培养体系，让受教育者从中国的崛起中理解自身担负的使命，为推动 21 世纪的国际秩序朝着更加公正合理的方向发展做出更大的贡献。

（二）课程体系创新，优化国际组织人才培养方案

上财强调贯通培养，优化国际组织人才培养课程体系。强化协同方式创新，注重理论与实践的结合。建立一体化课程体系，设置衔接本硕、复合并重的课程方案，将海外实习作为必修课列入培养计划。课程体系采用模块化设计，由复合“英语＋法语／西班牙语”强化模块、国际组织实务模块、国际金融商务会计法律专业基础模块三部分构成。在国内学习阶段，为本科学生强化英、法、西班牙语多语种教学，利用地域优势，协同共享上海市内名校优质课程资源，持续优化课程体系。项目示范效应显著，引领了国内高端国际化专业人才培养模式的改革以及外语、国际组织基础等课程体系革新。

（三）教学模式创新，开拓国际组织人才融合培养新路径

上财积极开拓国际组织人才融合培养新路径，鼓励学生知行合一。设立思政小课堂，培养家国情怀，开展爱国主义基地实地教育，强化思想品德建设，选拔阶段加入思政考核，培养阶段涵养学生政治素养。做实国际组织海外实习第二课堂，打造多元化师资队伍，实施国内外学业导师和实习导师“三导师制”，国际组织实务资深专家参与培养全过程。打造衔接课程学习、海外实习与国内涉外实习相结合的实习平台，建立职业发展指导体系，涵盖高端讲坛、职业课堂、职场沙龙等。

（四）产学研成效创新，以一流顶层设计为引领实施全过程培养

上财切实推动产学研深度融合，深化国际合作，搭建国际组织或海外机构学习实践平台，与联合国、世界银行、亚投行、金砖国家新开发银行等国际组织签订海外实习合作协议。坚持科教融合，与上海国际问题研究院联合成立“上海国际组织与全球治理研究院”，搭建科研和高端人才培养合作研究平台，加强在人才培养、学科建设、决策咨询战略方面的合作，服务社会主义新型智库建设，提供国际组织人才培养与输送方案。

五、未来展望

（一）服务国家战略，培养特色人才

为服务国家战略，健全成体系全流程的国际组织后备人才培养模式，上财将积极探索国际组织博士培养项目，打造国际组织人才培养 2.0 模式；为服务上海 5 个中心建设及长三角一体化发展战略，将开展跨学校、跨系统、跨地区合作，打造“大数据 +”“首席经济学家”等跨学科特色国际胜任人才联合培养项目。

（二）拓展交流合作，搭建对外开放新平台

上财将进一步增加交流与合作的广度和深度，拓展海内外优质教育资源，提升研究生国际课程数量与质量，丰富研究生海外学习与学术交流渠道。校院（所、部）联动，拓展联授学位和双学位等国际合作项目，提升现有项目的海外合作高校层次。结合学校打造“留学中国”品牌项目建设，吸引优秀留学生（尤其是“一带一路”沿线国家学生）加入项目学习，为发展中国家培养“知华友华”国际胜任人才。

（三）推动交叉融合，夯实学科育人平台

上财将构筑开放式跨学科平台建设机制，设立交叉学科建设委员会，整合校内外、国内外资源，打造多学科相互渗透、互为支撑的优势学科群；设立数据科学与大数据技术、金融科技、商业智能等交叉学科方向，探索从项目制到学位授权点设置的交叉学科建设路径。

全球胜任力人才培养的探索和实践[①]

一、引　言

华东师范大学（简称“华东师大”）坚持学习贯彻中央外事工作会议和全国教育大会精神，进一步学习领会《教育部等八部门关于加快和扩大新时代教育对外开放的意见》的内涵，始终把国际化作为学校发展战略之一，以扎根中国大地，建设世界一流大学为目标。围绕“育人”“文明”“发展”三大核心使命，立足中国、放眼全球，以服务国家使命，服务学术创新，服务人才培养为出发点，华东师范大学大力推进标志性、高水平、实质性的国际合作交流。通过与世界一流大学的战略合作，提高教学质量、科研水平和管理能力，培养了大批具备全球胜任力的创新人才，有效服务国家战略，形成了效果显著的具备全球胜任力的国际化人才培养之路。

二、培养全球胜任力人才：华东师范大学的探索和实践之路

（一）构建实质性、高层次全球合作网络，完善全方位的全球胜任力人才培养格局

一个具有全球胜任力的创新型人才应该具有全球眼光、社会责任、创新

① 作者：严非易，华东师范大学国际合作与交流处项目主管；葛蓓，华东师范大学教务处本科生跨校交流专员；刘晓玲，华东师范大学研究生院项目主管。

勇气以及人类命运共同体情怀。全球胜任力不是一种具体的技能或能力，不是知识、技能、态度、价值观的简单组合，不同于某一学科素养，而是具有复杂系统和层次关系的素养结构体系，由多学科知识与能力融合形成的整体综合素养，属于通用素养的范畴。[①] 华东师大以全球视野和开放眼光，大力推动国际化办学由交流向实质性、高层次合作迈进，瞄准世界一流大学和一流学科，与法国高师集团、美国加州大学伯克利分校、威斯康星大学麦迪逊分校等世界 300 余所大学开展合作，设立了近 50 项双学位联合培养项目和近 300 项学生国（境）外交流项目，建立了富有特色的合作培养机制，打造了“国家项目、校级项目、院系项目和学生个人访学项目”多渠道、多层次、多类型的国际交流平台。

借此平台，华东师大学生出国（境）比例大幅增长，国际学生人数保持在每年 6000 人左右的全国前十水平。学生赴世界前 100 名校的机会明显增多，学校国际学生的比例逐年增加，国际学生结构逐步优化。

1. 本科生和研究生出国（境）交流人次增幅提升，资助力度加大

近 5 年来，华东师大本科生出国（境）派出比例由 20% 增长至 30%，其中不乏派往哈佛大学等全球前 50 名高校的本科生。美国、英国、加拿大、新加坡、日本、法国、德国、以色列、意大利等国，以及我国港澳台地区是备受学生关注与钟爱的学习目的地。研究生出国（境）总人次同样显著提升，近 5 年来增幅为 48%。

在参与国际交流的学生数量稳步增加的同时，参与国际交流项目的学生质量与层次也有显著提升。2019 年，为期 3 个月及以上的国（境）外访学项目中，全球排名 200 名以内的高校逐年增加，研究生参加学科内顶级国际会议的比例大幅提高。

2. 国际学生规模稳定、结构优化，坚持“三轮驱动”发展思路

华东师大严格按照“稳定规模、优化结构、保证质量、规范管理”[②] 的来华留学工作方针以及“三轮驱动”——“进修生驱动学位生发展，短期生驱动长期生发展，公费生驱动自费生发展”的发展思路开展国际学生工作。2019 年，有来自近 130 个国家的 6000 多名国际学生在校学习，其中长期生 4800

① 高瑜 . 国际理解教育与全球胜任力辨析 . 四川教育，2021(21): 41-42.

② 中华人民共和国教育部 . 教育部关于印发《留学中国计划》的通知 . (2010-09-21) [2022-05-04]. http://www.moe.gov.cn/srcsite/A20/moe_850/201009/t20100921_108815.html.

多名。近5年来，国际学生规模增长率近55%。

（二）建立中外合作办学品牌，打造示范性全球胜任力人才培养经典范例

第一，上海纽约大学。上海纽约大学是中美高水平大学共建的第一所独立法人中外合作办学机构。依托华东师大与上海纽约大学合作办学平台，学校与纽约大学强强联合，在脑与认知科学、数学、计算化学、社会发展、物理、全球历史/经济/文化领域共建6个联合研究中心，为学校学生提供专业学术支持及高质量的科研实习、社会实践机会。学校每学期都会选派本科生赴上海纽约大学修读优质课程，在全英语、全球化教学环境里，培养独立、严谨、批判性思考的全球胜任力，丰富跨文化学习体验；组织青年教师到上海纽约大学观摩整学期的课堂教学，充分吸收借鉴世界一流大学的课堂教学经验，并将其运用到本科教学实践，提升教学水平。

第二，亚欧商学院。2015年，经华东师大与法国里昂商学院共同决定，在毗邻学校闵行校区的紫竹国际教育园区内成立亚欧商学院，旨在培养"一带一路"的企业家和跨界人才。院内共开设3个项目：工商管理专业（中法创新实验班）双学位本科项目、市场营销专业（精品品牌管理方向）双学位硕士项目及商务专业（全球管理与中国研究方向）双学位专业硕士项目。亚欧商学院为服务国家和区域经济社会发展，输送具有全球视野、跨国工作能力和社会责任感的领导型管理人才。

第三，华东师范大学-海法大学转化科学与技术联合研究院。转化科学与技术联合研究院由华东师大与以色列海法大学、上海市闵行区人民政府及上海紫竹高新区（集团）有限公司四方共建。该研究院旨在引进全球高端青年研究人才开展国际一流研究，扩大华东师大与以色列海法大学的国际声誉，融合双方多个优势学科，打造有示范作用的多学科交叉的转化科学与技术创新基地。

第四，华东师范大学-阿尔伯塔大学先进科学与技术联合研究院。该研究院系华东师大与加拿大阿尔伯塔大学共建，旨在通过在光电信息与先进纳米材料领域汇聚全球顶尖科研机构和科学大师，引进海外顶尖科研领军人物和一流团队，开展世界前沿性重大科学研究，逐步成为上海科创中心的重要标志之一。

（三）探索高水平博士生联合培养的长效机制，提升学生全球胜任力

华东师大与法国高师集团合作十八载，成立了中法联合研究生院和中法社会与科学联合研究院，探索具备全球胜任力的高水平博士生联合培养之道。2016年，中法联合培养项目在“中法高级别人文交流机制第三次会议”系列活动之一的“中法高等教育论坛”上获“中法大学合作优秀项目”奖。该项目被誉为中法教育合作典范。中法联合培养的博士生在*Nature*、*Science*等国际一流期刊上发表文章共计250余篇，多人在美国和欧洲等科研机构继续从事博士后研究或于跨国企业任职。

（四）建立国际教育园区，引进优质教育资源

华东师大在推进国际化进程和搭建全球胜任力培养平台上独辟蹊径，于2006年创建了“国际教育园区”，法国里昂商学院、美国国际教育交流协会、泰中国际教育联盟等10余所海外知名高校和教育机构入驻并建立了其海外校园。每年有多名来自耶鲁大学、弗吉尼亚大学等北美名校的专家、教授在园区各个项目中执教，带动了学校国际化课程建设与改革。每年修读国际教育园区英文课程的中外学生数量超过2000人。学校学生不出国门即可享受优质的国际化教育资源。

（五）加快全英文课程建设，拓宽学生国际化视野

为培养学生的国际竞争意识和能力，同时加快学校教育与国（境）外教育的对接，提升培养学生全球胜任力的水平，满足海外学生的求知需求，华东师大积极加快对本科生和研究生全英文课程的建设。学校先后分5批立项开设39门全英语本科课程，其中5门课程入选国家级双语教学示范性课程、2门课程入选教育部来华留学英语授课品牌课程；在暑期短学期开设海外高水平专家主讲课程，引入优秀教学资源。研究生全英文课程方面，共立项开设数学、统计学、人类学、中国哲学、中国政治、国际商务、教育政策与学校改革、设计学、当代中国研究、比较现代化研究、未来汉学家11个全英文专业。

（六）服务国家教育援外战略，讲好中国故事，培养爱华友华人才

华东师大积极落实教育部“中非高校20+20合作计划”，与坦桑尼亚达累斯萨拉姆大学开展一对一合作。学校利用达累斯萨拉姆大学在非洲历史研究领域的优势，每年派送多名历史系研究生赴坦桑尼亚参与非洲历史研究项目，与该校联合开展海洋、环境、地理、减灾、污染防治等研究并联合培养博士生。此外，学校多年来承办商务部发展中国家教育硕士项目等，面向发展中国家培养了一批教育领军人才和爱华友华人才，杰出校友包括现任埃塞俄比亚教育部副部长穆罕默德·艾哈迈丁·哈森先生。

（七）服务大国外交，培养国际组织人才

积极推广国家留学基金委国际组织实习项目资助渠道，联动学校国际合作与交流处、研究生院、教务处、校团委，以及就业指导中心等，鼓励更多学生赴国际组织实习，利用部门网站和 ECNU Global、ECNU 青年微信公众号，推送"国际组织实习指南"系列，并转载国际组织相关实习机会和短期研习信息，国家留学基金委、上海市教委等实习资助计划，同时配以讲座、宣讲会等多种形式的线下咨询活动。

制订国际组织人才培养相关校内实施方法，系统性完善派出流程与资助方案。例如，制订《华东师范大学研究生赴国际组织实习项目管理办法（试行）》及《华东师范大学优秀本科生赴境外交流学习资助与管理办法》，以鼓励更多优秀本科生和研究生赴国际组织实习交流。

与联合国系统下国际组织签订合作协议，派遣优秀学生赴国际组织实习。学校还与联合国新闻部新闻媒体司签署合作协议，依据协议联合国新闻部定期接收学校符合条件的研究生前往实习。此外，学校与联合国教科文组织终身教育研究所签署了合作备忘录，拟派学校学生前往实习，拓展未来双方在终身教育学术领域的学者互访交流、联合研究、学术资源交换等多方面的合作。

推进"高层次国际化人才培养创新实践基地"建设，多措并举，助力提高学生的国际组织与国际治理意识：学校在教育部中外人文交流中心的支持下，获批"高层次国际化人才培养创新实践基地"首批基地建设高校。通过"国际公务员职业生涯规划讲座""全球治理线上课程"、国际组织实训等系列项目，针对性地培养和推送学校优秀学生赴国际组织实习，扩大国际组织后备人才队伍，为我国参与全球治理和推进构建人类命运共同体提供人才支撑。

三、问题与挑战

（一）全球合作资源及合作项目质量有待提升

目前华东师大与世界前100高校的学生交流交换项目还无法真正满足培养具有全球胜任力的学生需求，特别是优秀学生的需求。已有的3个月以上实质性交流项目无法满足全部学生的需求，存在与学生学业水平、期望值不相符的情况，学生交流结构呈现出明显的重短期、轻中长期的趋势。

（二）全球胜任力培养尚未完全贯穿育人培养全过程

华东师大各本科专业均已将国际视野作为培养目标、毕业要求的重要组成部分，明确了支撑国际化人才培养的课程设置，将提升全球胜任力作为国际视野核心素养养成的重要一环，并在养成教育方案中设立丰富的活动。但是，对标学校的目标和国际化排名，支撑全球胜任力培养的课程体系尚不完善，目前的国际交流项目仍无法满足学生日益增长的需要，全球胜任力的评价指标体系尚未建立，"国际 +"在人才培养方面的特色尚不凸显。

此外，学生的外语语言能力和现有的专业知识基础是全球胜任力人才培养的重要衡量因素。① 在实际操作中，部分学生的英语水平还未达到精通的级别，导致学生对于全英文授课的方式和内容感到迷茫和无所适从，相关课程资源的有效性与持续性不一定能获得保障。

（三）学生赴国际组织实习工作仍有难点

赴国际组织实习工作情况是考量高校学生全球胜任力培养的一个重要因素。由于国际组织实习机会向全世界开放，竞争激烈，难度较大，导致学校稳定的国际组织合作伙伴资源严重不足，不能定向有规律地派出实习生。另外，学生参与国际治理的意识还待提升，学生参与国际治理的意识有待进一步提高，相关能力仍有较大的上升空间，主要体现在外语的写作能力、讲述能力不足，多元文化下的有效沟通能力和组织协调能力薄弱，以及处理国际事务专业能力不足等。

---

① 祝智庭，Boris Wesemann，闫寒冰，等．国际化人才需求下中国高校毕业生就业能力发展研究——基于在华德企对中国高校毕业生的期望及实现情况调研．华东师范大学学报（教育科学版），2021, 39(11): 115-126.

四、工作展望

（一）开拓优质资源，加强“引进来”与“走出去”的深度融合

深耕现有国际合作资源，重点聚焦世界知名高水平大学，拓展中长期学生交流交换项目，为优秀学生提供更优质的国际交流渠道；加强政策指导，鼓励校内实体教学科研单位以学科办学特色为导向，主动对接合作高校优质资源，从学科的角度为学生开拓更多具有专业针对性的海外研修项目；聚焦一流学科，打造新的中外合作办学项目，为学生创造不出国门的国际化教学环境，提供国际化教学资源，提升学校国际化办学实力。

（二）精准对接师生需求，塑造全球胜任力素质培养课程环境

华东师大拟调研掌握校内师生、学部 / 院系对全英文课程与专业建设的需求，通过完善课程师资队伍的建设与稳定发展，打造适应本校学生专业发展需求且与国际教学模式接轨的英文课程与专业。同时，同步提供有针对性的英语语言辅助指导，提升学生整体英语水平，保障全英文课程与专业的教学效果，吸引更多学生参与，优化整体学生结构。

（三）调动国内外资源，加强国际组织人才培养

2020 年，华东师大成功入选教育部中外人文交流中心高层次国际化人才培养创新实践基地，未来可以充分利用基地提供的课程资源，丰富学校学生国际组织相关知识的储备，为学生赴国际组织实习打好基础。此外，国际组织需要具有多方面知识背景、通晓国际规则的复合型人才。学校将开设更多相关必修和选修课程，增强学生积极参与全球治理的意识，培养学生赴国际组织实习所需要的核心素养与能力。

我国正经历着百年未有之大变局，层出不穷的全球问题、日益频繁的国际交往，以及各国对于可持续发展的强烈诉求使得全球胜任力人才培养成为高等教育愈加关注的话题。[①] 全球胜任力是人才素质、教育使命的新维度，华东师大将在培养全球胜任力人才之路上继续探索，努力实现扎根中国大地建设世界一流大学的目标，从而为实现“建教育强国”的光荣事业做出新的更大贡献。

---

① 古晓兰 . 人类命运共同体视域下共同价值的研究 . 广州：华南理工大学，2019.

发挥优势构建国际胜任力人才培养高地[①]

一、引　言

上海外国语大学（简称“上外”）很早就开始了国际组织人才培养工作。早在20世纪80年代，学校就提出了利用外语为外交事业和联合国培养高级翻译人才和国际行政人才。进入21世纪以后，学校较早地探索了从本科阶段开始培养国际组织人才的路径，并于2007年率先在全国设立了国际组织人才培养实验班。2017年，学校在人才培养特区卓越学院设立了“多语种国际组织人才实验班（本科）”。在研究生培养层次上，学校高级翻译学院自2003年建院时就与联合国签订了合作备忘录，并陆续与联合国等国际组织形成紧密的研究生联合培养机制；2018年，学校设立上海全球治理与区域国别研究院；2020年，学校设置“区域与国别研究”硕博点。

本文梳理了上外在国际胜任力人才培养方面的建设情况，提炼了其代表性建设成果，从顶层设计、前期培养、重点平台、兴趣社团、实习实践五大方面总结了建设经验，并就如何解决建设过程中存在的难题（国际组织实习任职输送渠道拓展、国际组织人才跨学科培养体系建设）进行了探讨。

① 佚名：本文由上海外国语大学相关部门整合学校各类资料而成。

二、 建设经验

（一）强化顶层设计，对接国际需求，服务国内发展

2020年，上外党委书记姜锋在《中国高等教育》发表的《培养具有全球视野和世界眼光的高层次国际化人才》一文指出，语言类高校要加快培养会语言、通国家、精领域的卓越“多语种+”和“+多语种”人才，在一流建设过程中要深化语言学科内涵建设，以语言为研究对象，促进语言学科与其他学科交叉；以语言为研究工具，创新国别区域全球知识领域研究；以语言为研究方法，促进全球话语能力提升。

上外以此为目标，致力于培养专业能力过硬，符合行业职业道德规范，具备全球视野和人文情怀，具有责任感和使命感的国际组织后备人才，使学生掌握参与国际组织实习实践，以及日后进入国际组织工作所必备的语言能力、翻译能力、跨文化沟通能力、主题知识能力、全球治理能力、技术能力等。

（二）加强前期培养，夯实知识基础

上外不断细化设计培养方案，使之在符合国家标准的基础上，充分融合国际组织的用人标准，目前已得到联合国、欧盟、国际会议口译员协会、国际大学翻译学院联合会等国际组织和行业协会的认可；同时发挥资源平台优势，长期保障高水平国际化教学资源和教学方法，以中外联合教学和政产经学研联动的方式，保证教学质量，不断创新实习实践新模式。

上外全面对接国家关于“一带一路”高质量发展、加强对外话语体系建设、推进国际传播能力、培养全球治理人才队伍的战略需求，将其作为人才培养的指导目标，从全球话语能力和全球话语实践两个方面，以“讲好中国故事、传播好中国声音，展示真实、立体、全面的中国”为核心任务。

上外已设立“国际公共管理”“国际组织与全球治理”“国际安全事务”“联合国与全球治理”“国际组织专题研究”等课程，高级翻译学院执行院长、原联合国日内瓦办事处口译司司长李正仁教授领衔的课程“国际组织概览与探析”于2019年在中国大学慕课平台发布。

（三）依托重点平台，打造培养高地

上外区域国别研究特色研究生项目，是经上海市教育委员会评定，获得上海一流研究生教育引领计划项目资助的特色项目。该项目是教学与科研并重的研究生教育平台，它聚焦于高层次区域国别研究的人才培养和科学研究，通过跨单位、跨学科、跨语种、跨国界、跨行业的方式进行资源整合与协同创新，凭借上外的多语种优势和学科特色，培养高层次特色人才。该项目涵盖了全球化导向的区域国别研究子项目4个（世界语言政策、全球新闻传播、全球教育比较、欧亚文明研究）和区域化导向的子项目3个（亚非研究、欧洲研究、拉美研究）。

上外高级翻译学院以能胜任国际组织要求为标准，已全部覆盖联合国6种官方语言，成为国际组织中文翻译人才的重要培养基地与国际职员的来源地。学院与联合国纽约总部、联合国日内瓦办事处、联合国内罗毕办事处、欧盟委员会口译总司、欧洲议会口译总司等多个国际组织保持长期合作。自2014年起，上外高级翻译学院就开始引进一批专业领域顶尖人才（来自联合国、欧盟委员会、日内瓦大学、匹兹堡大学、香港中文大学、加拿大《中华导报》、汇丰银行等），构建了一支具有专业实践经验且具备跨学科研究能力的高端外专团队。

上海全球治理与区域国别研究院在“新亚欧区域国别研究学科创新引智基地”（2019年上外入选两个“111”引智基地，分别聚焦新亚欧区域国别研究、语言政策与语言教育研究）框架内推动高水平国际科研合作和中外联合指导、联合授课、全球治理课程体系建设，为欧亚文明研究等特色研究生班培养上合组织等国际组织人才奠定了坚实基础。

上外国际关系与公共事务学院与美国西东大学外交与国际关系学院建立了合作，自2017年起，上外每年派遣10—15名学生赴该校参与暑期联合国项目的学习，学生们将了解联合国实地会议情况，以及联合国总部的相关信息。参与本项目的学生可以亲临联合国会议现场，与联合国官员进行深入交流，与当地同学进行互动。

上外卓越学院每年组织近80名学生暑期赴美国乔治城大学和芝加哥大学、英国伦敦大学亚非学院、荷兰马斯特里赫特大学参加国际课程学习并要求学生完成共6个学分的课程，其间，学生会赴中国驻美大使馆、中央电视台北美分台、世界银行、SMG 北美分台等机构参访。

（四）成立兴趣社团，激发学生热情

上海外国语大学模拟联合国协会（简称“上外模联”）成立于 2006 年，是学校国际关系与公共事务院学生会下属协会之一，也是面向全校的兴趣社团，自成立以来，致力于推动模拟联合国项目在华东地区乃至全国的推广与发展，并于 2009 年成功举办第一届上海模拟联合国大会。上外模联凭借着其高质量的学术水平与会务水平，逐渐成为中国联合国协会指定的华东地区的牵头协会之一，每年 10 月底至 11 月初的上海模拟联合国大会更是模联界的一大盛事，是中国五大模拟联合国大会之一。

（五）重视实习实践，全员参与推进，提供全方位指导

上外于 2018 年成立了推动毕业生赴国际组织实习任职工作领导小组，由校党委书记任组长，成员包括相应职能部门及全体院系负责人，在校内形成了推动毕业生赴国际组织实习任职及前期培养的联动机制。

依托多学科专业优势，上外通过搭平台、做项目、建标准、树品牌等，以活动育人，在活动中实现价值观的交流、文化与精神的交流、专业和技能的交流、发展和治理经验的交流，引导学生理解和认识不同文化的共性和差异，培养平等、尊重、开放、包容的国际视野，增强构建人类命运共同体的使命感。

自 2017 年 4 月起，上外正式推出国际组织网络信息平台，发布国际组织就业实习信息，宣传国际组织和学生参与国际组织的活动，介绍国际组织实习任职校友事迹等，并依托“上外就业”和“上外模联”微信公众号，发布国际组织各类相关推送。

三、建设成果

（一）国际组织签约高校

上外为联合国 6 种工作语言的合作备忘录签约高校之一，也是国内唯一和联合国与欧盟（欧盟委员会、欧洲议会）同时签订合作协议的院校。学校高级翻译学院每年会派 10—20 名口笔译专业研究生，前往合作单位，如联合国纽约总部、日内瓦和维也纳办事处、亚太经社会、国际电信联盟、国际原

子能机构、国际劳工组织和欧盟委员会等大型国际组织参与实习。每一届学生的中期考试和毕业考试，则会邀请联合国资深译员担任考官。

2021 年 6 月 7 日，学校特聘教授、高级翻译学院执行院长李正仁当选联合国语文会议大学联络组联席主席，上海外国语大学成为大学联络组联席主席单位。上海外国语大学于 2008 年 11 月正式成为大学联络组会员单位，是唯一参加这个机制的中国大学，并于 2019 年举办“2019 联合国语文会议大学联络组中国特别会议”，是大学联络组在布鲁塞尔以外举办的首场会议。

（二）首批国家留学基金委国际组织后备人才培养项目

2019 年，上外高级翻译学院领衔的国际组织高端翻译后备人才培养项目和国际关系与公共事务学院领衔的全球治理与国际组织人才硕士双学位项目获国家留学基金委首批国际组织后备人才培养项目立项资助，两所学院每年选派 5 名优秀硕士生赴苏黎世应用科技大学、加拿大渥太华大学留学并到国际组织实习 3 个月，着力开展国际组织人才培养模式的创新探索。

（三）首批教育部中外人文交流中心国际组织人才培养创新实践项目

2020 年，上外积极参与申报教育部中外人文交流中心创新实践项目，8 月获得立项，入选首批基地建设高校，建设周期为 5 年。学校将依托该项目，在师生两个层面组织开展国际公务员职业生涯规划讲座、全球治理相关课程、海外国际组织实训等系列项目。

（四）中国联合国协会“战略合作伙伴关系”

上外与中国联合国协会于 2015 年 2 月签署合作协议，建立“战略合作伙伴关系”。中国联合国协会指导学校主办 2019 年全国模拟亚太经合组织大会和模拟第 43 届联合国教科文组织世界遗产委员会的模拟联合国教科文组织活动（上海模拟联合国大会），并为学生提供赴中国联合国协会暑期实习岗位。2019 年 5 月，学校参与筹备上海“国际组织人才培养推送工作高校联盟”，共同搭建国际组织人才培养推送的“共商、共建、共享”平台，拓展国际组织的实习渠道。

（五）与联合国全球传播部合作

上外高翻联合国全球传播部（DGC）翻译团队与联合国全球传播部密切

合作，翻译了2014版和2017版《联合国概况》（共计超过50万字）、2016年联合国秘书长竞选宣言（3天翻译近4万字）、2014—2021年的《联合国纪事》（共计约60万字）、《联合国周刊》等，内容涵盖可持续发展、和平与安全、能源、冲突与挑战、环境、人权、人道主义等，翻译量共计近220万字，并形成了宝贵的团队资产——风格指南（Style Guide）、术语库（借助YiCAT平台建立，现已积累万余条）和语料库。2020年DGC翻译团队参与了“联合国关于2019冠状病毒病专题问答”等大量疫情相关的联合国官网内容翻译。

在联合国全球传播部与上海外国语大学高翻合作六周年庆典上，联合国全球传播部新闻媒体司司长姜华和联合国中文网站负责人郑雷波就曾对DGC翻译团队的出色表现给予高度肯定。姜司长指出：“DGC团队的成员和老师是合作中真正的参与者和奉献者，无论时间多紧、任务多重都能保证高质量完成任务。”

（六）中国青年志愿者海外服务计划——服务联合国机构项目

上外积极参与中国青年志愿者协会与联合国志愿人员组织合作实施的中国青年志愿者海外服务计划——服务联合国机构项目，该项目首次派遣中国青年志愿者服务联合国机构。这一项目是学习贯彻落实“推动构建人类命运共同体”重要思想和推进“一带一路”建设的实践载体，是“发出中国声音、讲好中国故事、助推中国文化、贡献中国力量”的重要途径，是中国青年志愿者走向国际、承担使命，展现中国青年风采的生动体现。上外是该项目全国7所试点高校之一，截至2021年，已派出3人次在联合国志愿服务人员驻华办公室和联合国移民署驻印度办公室等担任联合国志愿者或项目协调员。上外还承办了首批联合国志愿服务组织在华招募国际志愿者的培训工作，并正在积极申办成为联合国志愿组织在华培训中心。

（七）近3年赴国际组织实习人数

自2018年以来，上外通过国际组织实习协议项目、国家留学基金委实习协议项目以及个人自主申请等途径，成功推送翟雨童、吴倩等68名学生到国际组织实习，相关单位包括联合国教科文组织、联合国总部、国际原子能机构、国际电信联盟、联合国亚洲及太平洋经济社会委员会、世界经济论坛和大自然保护协会。上外学生的专业能力得到了国际组织用人机构的充分认可，多数学生是顶岗实习。

四、问题与展望

上外在国际组织人才培养的实习实践平台建设方面具有鲜明特色、独特优势、丰富经验，并取得了显著成效。但相对于国家要求和学校使命，尚存在一定的问题与不足，主要体现在以下几点。

（一）国际组织实习任职输送渠道拓展难度较大

上外目前国际组织合作渠道主要集中在高翻学院和国际关系与公共事务学院，鉴于国际组织用人对特定专业的需求，其他院系共享度不足。学生通过自行联系渠道申请赴国际组织实习或任职，虽每年都会有成功案例，但总体难度较大。希望借助教育部中外人文交流中心搭建的平台、基地高校间的优势学科与派出渠道的互补互助，选派更多的优秀学生赴国际组织实习。

（二）国际组织人才跨学科培养体系建设待完善

上外对全球治理与国际组织人才培养的学科体系合理布局有待加强，培养模式探索创新有待深化。上海全球治理与区域国别研究院是学校全球治理与国际组织人才培养的重要依托学院，实体化推进有待进一步加强。区域国别研究交叉学科硕、博士点虽已完成首轮招生，但跨学科培养机制体制建设需要进一步完善。此外，学校中外人文交流优势和作用在全球治理与国际组织人才培养中尚未得到最充分的发挥，人才培养与任职推送全方位有机融合尚待加强。后续将依托基地建设，加强全球治理与国际组织人才培养理论研究、师资队伍建设、学科体系建设、课程体系建设，夯实人才培养基础，并充分发挥防疫期间在线教学经历、经验，联合相关院校和国际组织，建设、推送相关慕课，促进资源共建共享，服务兄弟院校，服务国家社会，提升中国培养全球治理与国际组织人才的整体实力。

上外将以国际组织人才培养为牵引，以国际化为基本路径，对标国际，对标一流，以建成国际化的课程体系、教材体系、活动体系、师资队伍、评价体系、管理机制为“十四五”时期目标，实现学校的全球胜任力培养水平的显著提升并惠及社会，促进各专业学生、教师的全球胜任力显著增长并成长成才，培养一批具有全球胜任力的高端专业人才，输送一批优秀学生、教师到外交部等国家部委、联合国等国际组织实习或任职，为推动中国全面参与全球治理提供有力的智力支持和人才支撑。

从研究国际组织到成为国际组织①

一、引 言

2006 年，上海师范大学国际与比较教育研究院核心团队依托上海师范大学创立，自此，该团队开始了对国际组织的研究及与国际组织的合作。同年，上海师范大学国际与比较教育研究中心依托上海市教育委员会重点学科成立，2009 年主持了上海国际学生评估项目，在国内外引起强烈反响，加速了学科发展。该研究中心于 2011 年成为“教育部国际教育研究与咨询中心政策研究室”；2012 年成为“国际教育研究基地”（其他 3 家分别是北京大学、北京师范大学、中国教育科学研究院），以及中国教育学会比较教育分会副理事长单位；2013 年被上海市教委命名为“上海高校智库”和“上海市高校国际与比较教育 E- 研究院”，同年开始主持上海国际教师教学调查项目，吸引了世界对上海教师的关注。2014 年，该研究中心的“中英数学教师交流项目”正式实施，成为中英人文交流高层对话机制旗舰项目；同年，该研究中心被批准为拥有相对独立管理权的“国际与比较教育研究院”。2017 年，联合国教科文组织教师教育中心在上海成立，中心挂靠国际与比较教育研究院，助力讲好中国教育

---

① 作者：闫温乐，上海师范大学国际与比较教育研究院、联合国教科文组织教师教育中心副研究员；张民选，联合国教科文组织教师教育中心主任；王中奎，上海师范大学国际与比较教育研究院、联合国教科文组织教师教育中心。

故事，推动国家参与全球教育治理。

目前，国际与比较教育研究院的发展愿景是建设具有全球影响力的“国际比较教育重镇、教育决策咨询智库、高级人才培养基地、重大成果培育中心”，重点开展教育政策国际比较、教师教育国际比较、中国教育走向世界、大都市教育发展、国际组织与全球教育治理5个方向的研究。[①] 作为教育部国际教育研究基地和上海市高校智库，国际与比较教育研究院在社会服务、公共外交、咨政建言、人才培养等领域取得了系列成果；组织和参与了国际学生评估、教师教学国际调查等多个国际组织的大型教育测评项目；实施了“中英数学教师交流项目”、“一带一路”沿线国家教育行政官员高级研修项目；参与了国家和上海市多项教育战略规划制定，出版了学术期刊。

二、开展课题研究，提炼全球国际组织人才培养与输送经验

上海师范大学国际与比较教育研究中心最早涉及国际组织研究，是基于2006年张民选教授的全国教科规划一般项目“国际组织与教育发展”，项目于2010年顺利结题，并出版了专著《国际组织与教育发展》，包含了丰富的历史资料与个案分析，也有深入的理论探索与组织分类。首先，该书回顾了国际组织形成与发展的历史脉络，并在此基础上提出了国际组织的定义、特性与分类，为全书的论述提供了理论基础，归结了国际教育组织的十大功能与使命。其次，该书通过个案研究对联合国教科文组织、联合国儿基会、世界银行等国际组织做了翔实的描述和深入的剖析。这些个案研究均从历史入手，直观展示了它们不同的组织构建、运作方式和教育贡献。再次，该书专门论述了国际非政府教育组织，通过理论探索分析了此类组织的定义、地位、特性和功能，并通过历史研究，回顾了国际非政府组织与联合国及联合国教科文组织的关系。最后，该书沿着发展沿革轨迹，展现了我国与国际组织的关系变化，探讨了我国对国际教育组织的现行政策，并提出了未来期待。该书开辟了比较教育学科新的研究先河，提出了新时代下教育研究工作者的新起点和新使命，具有理论和实践上的双重意义和宝贵价值。[②]

张民选教授的“国际组织人才培养与选送”、闫温乐博士等的“国际组织

① 上海师范大学国际与比较教育研究院．研究院介绍．[2022-12-21]. http://cice.shnu.edu.cn/18732/list.htm.

② 丁笑炯，闫温乐．国际组织对教育的贡献——《国际组织与教育发展》丛书评介．教育发展研究，2009(17): 80-84, 87.

人才选拔标准及其对我国国际化人才培养的启示”获全国教科规划年度重点项目、教育部人文社科一般项目立项资助。同时，以张民选、闫温乐、孔令帅等团队成员为作者的系列论文成果相继发表，如《面向国际组织培养人才：瑞士经验》《美国高校培养国际组织人才的经验与启示——以美国10所大学国际关系专业硕士为例》《英国高校国际组织人才培养的经验与启示》《如何提高我国博士生培养质量：来自世界银行青年专家项目选拔的启示》《瑞士日本培养区域性国际组织人才的做法》《日本培养选拔国际组织人才的做法》《哥伦比亚大学国际事务专业硕士研究生培养特色及启示》《乔治城大学外事服务专业硕士研究生培养特色和启示》等。2021年，张民选教授的“国际组织人才培养与选送”课题顺利结题。

与此同时，上海师范大学团队不断拓展和深化国际组织相关研究。据不完全统计，2010—2021年，上海师范大学团队发表国际组织人才相关文章14篇，出版专著3部，咨询报告4篇①，国家和省部级课题立项4项，在该领域的研究成果居于全国前列。

2013年开始，张民选教授及其团队陆续出版《世界银行与教育发展》《经合组织与终身学习》《国际组织教师教育政策》等系列专著成果。国际组织相关研究始终是团队的重点方向之一。②

上海师范大学团队对于国际组织人才的前期研究主要集中在国际组织理论部分和国外相关经验研究方面。今后将聚焦全球胜任力相关研究，积极响应习近平总书记2016年提出的“为我国参与全球治理提供有力人才支撑”③。培养国际组织人才只是一个切入点，真正的目标是培养出具备全球胜任力的、卓越的国际化人才。同时，团队将加强案例研究和田野调查，提炼相关实践经验，不断丰富相关理论，构建具有中国特色社会主义内涵的话语体系和分析框架。

三、与国际组织项目深入合作，以实践培养国际组织人才

上海师范大学国际与比较教育研究院充分利用研究优势和上海特色，与

① 上海师范大学国际与比较教育研究院 . 社会服务 . [2021-12-07]. http://cice.shnu.edu.cn/26640/list.htm.

② 上海师范大学国际与比较教育研究院 . 学术科研 . [2021-12-07]. http://cice.shnu.edu.cn/18753/list.htm.

③ 中共中央政治局进行第三十五次集体学习 . (2016-09-28) [2022-05-04]. http://www.gov.cn/xinwen/2016-09/28/content_5113091.htm.

联合国教科文组织、经合组织、世界银行、联合国儿童基金会等重要国际组织建立起密切的合作关系，不仅与它们开展合作研究、委托培训，研究院还有多位专家共10余人次应邀进入国际组织的理事会和常设委员会，担任决策咨询专家（张民选教授先后担任联合国教科文组织国际教育规划研究所顾问、联合国教科文组织终身学习研究理事和联合国教科文组织教师政策委员会常任委员；丁笑炯教授应邀担任联合国终身学习研究所之《国际教育学报》的评审委员；黄兴丰博士应邀担任世界银行与非洲开发银行数学教育顾问。另有4位40岁以下的青年学者：吕杰昕博士应经合组织和海湾国家之邀，担任教育改革咨询专家；孔令帅、徐瑾颉、宁波承担联合国亚太教育局国际合作课题）。国际与比较教育研究院在比较教育界和国际组织中获得了一定的国际地位和重要的影响力。

2017年以来，国际与比较教育研究院每年主办一期"一带一路"沿线国家教育行政人员高级研修班。已经有来自五大洲20余个国家的近百名政府官员和高级研究人员参加为期3周的研修。

2017年以来，受世界银行的委托，国际与比较教育研究院每年会组织两期非洲教育代表团研修班（如博茨瓦纳、肯尼亚、莱索托、坦桑尼亚、赞比亚和非洲大学校长代表团）。

2017年以来，国际与比较教育研究院受联合国儿童基金会委托，主持中国中西部地区教师专业发展项目"创新性教学及教师培训项目"，连续3年为中西部27个县培训了近千名教师。

2018年以来，国际与比较教育研究院受教育部规划司和联合国教科文组织中国全委会委托，参与三区三州"精准扶贫"教师研修项目，3年累计为27个贫困县培训教师近1600人次。

2020年疫情期间，国际与比较教育研究院受联合国教科文组织、世界银行、联合国儿童基金会、国际教育局、经合组织、国际教育局、国际教育信息研究所等国际组织和美国、澳大利亚、巴西、肯尼亚、坦桑尼亚及赞比亚同行邀请，先后开展8次远程教育咨询、网络教学研讨。2020年4月及8月，国际与比较教育研究院智库团队利用教育信息技术，实施教育"精准扶贫"，为26个贫困县近千名教师提供线上培训。2020年9月，智库团队承办教育部-联合国儿童基金会共设的"创新性教学及教师培训项目"，举行2016—2020年成果总结暨乡村教师专业素养与能力提升高级研修班，多家主流媒体给予报道。2020 年 10 月，智库团队携手多个国际组织和近 10 个国家的官员专家，成功举办“纪念联合国教科文组织成立 75 周年——疫情中和疫情后的学校与教师专题论坛”，全球约有 11000 名网络观众（含 3000 多名海外观众）在线观看论坛直播。[①]

2021 年，通过中国与联合国教科文组织的捐款协议，国际与比较教育研究院准备在蒙古国、泰国、南苏丹和塞拉利昂等国逐步设立“联合国教科文组织教师教育中心教师教育创新基地”。

2021 年，国际与比较教育研究院与国际教育局合作，与发展中国家联合研发 STEM 课程。

此外，2021 年 6 月开始，国际与比较教育研究院作为技术支持机构，应世界银行邀请，支持苏丹两所大学开展“教师教育现代化建设”，已开展 5 次网上工作坊，打造了“世行 + 南南”新模式。

以上与国际组织合作的具体实践项目，对参与其中的教师和学生都是很好的锻炼和学习机会，可以让他们与国际组织建立实际联系，在共同完成项目的过程中，提升国际理解、国际合作、跨文化交流和沟通协作能力。

四、成为联合国教科文组织二类机构，推动国际组织人才培养

2015 年 9 月 26—28 日，习近平主席出席了联合国成立 70 周年大会时提到，要携手构建合作共赢新伙伴，同心打造人类命运共同体。[②]10 月 12 日，习近平总书记又主持了以“全球治理”为主题的中央政治局集体学习，再次明确提出加强全球治理，弘扬共商共建共享的全球治理理念，构建人类命运共同体等一系列重要指示。[③]2015 年 10 月，上海师范大学通过决策咨询专报，申办联合国教科文组织教师教育中心，受到上海市和教育部高度重视，并研究确定创建“上海国际教师教育中心”，组织申报联合国二类机构。

2017 年 6 月，联合国教科文组织教师工作处处长艾德姆先生率代表团到上海进行可行性考察，听取上海市政府、上海市教委以及上海师范大学关于

① 王卓芸 . 国内外专家解析疫情中的学校与教师——联合国教科文组织教师教育中心成功举办在线国际论坛 . (2020-10-27) [2021-12-07]. http://cice.shnu.edu.cn/20/04/c18761a729092/page.htm.

② 携手构建合作共赢新伙伴，同心打造人类命运共同体 . (2015-09-28) [2020-01-03]. http://theory.people.com.cn/n1/2018/0104/c416126-29746010.html.

③ 习近平：推动全球治理体制更加公正更加合理 . (2015-10-13) [2021-12-07]. http://www.xinhuanet.com//politics/2015-10/13/c_1116812159.htm.

联合国二类机构教师教育中心建设的情况介绍，并实地考察了上海师范大学。在考察意见反馈中，艾德姆对上海的教师教育以及教师教育中心的筹建工作给予了高度评价。2015—2017年，团队走访近20个国家，参加众多国际会议，对各国政府/专家做了大量工作，赢得了各国的信任。

2017年11月，联合国教科文组织第39届大会各国代表“以无辩论方式”一致批准，在中国上海，依托上海师范大学设立“联合国教科文组织教师教育中心”（二类机构）。① 该中心受到联合国教科文组织的支持，具有“四大使命”和“四大功能”。2020年4月和2020年9月10日，联合国教科文组织总干事奥德蕾·阿祖莱和上海市市长龚正分别签署《中华人民共和国政府与教育、科学及文化组织关于在中国上海市设立教师教育中心作为由教科文组织支持的第二类中心的协定》。2021年2月，联合国教科文组织和中华人民共和国政府共同确认协定生效。

联合国教科文组织教师教育中心编制20人，另外有10多名兼职教师，已形成一支国际化、多语种、功底深、高产出、善协作的人才队伍。专职教师中，有教授研究员4人、副教授6人。团队实施责任分担、人人发展的“分布式”管理。

通过成立联合国教科文组织二类机构，国际与比较教育研究院已成为国际组织的一分子，在充分发挥联合国教科文组织教师教育中心平台作用的基础上，积极提升团队的全球学术影响力、国际公共产品提供力、教师教育标准塑造力和教师教育官员专家亲和力，努力为人类教育事业的发展做出贡献，为共同构建人类命运共同体做出贡献。

五、展望与挑战

联合国教科文组织教师教育中心团队成员王中奎博士等研究发现，对于落驻地而言，联合国教科文组织二类机构的优势可以对当地经济社会发展产生以下积极影响：

第一，提升落驻地城市的国际化水平和国际影响力。国际组织数量，尤其是重要的国际组织总部数量已成为衡量一个城市国际化水平和国际竞争力的重要指标。作为促进国际合作、人文交流的重要平台，国际组织的落驻和

① 联合国教科文组织全会“无辩论”通过在上海设立教师教育中心. (2017-11-04) [2021-12-07]. https://www.thepaper.cn/newsDetail_forward_1850503.

运行势必会促进落驻地国际交往能力和国际知名度的提升，提升其外向型发展水平和国际影响力。因为按照机构角色定位，二类中心要开展全球性、地区或跨区域的信息交换、理论和实践研究、高级培训与国际会议等活动。二类中心在落驻地城市开展以上国际活动，有利于加强落驻地城市与联合国教科文组织及其分布在其他地区的二类中心的合作，也必将促进落驻地城市国际人员、信息技术、思想理念等要素的汇聚和交流，以及对接国际惯例的生产性服务业发展，甚至是市政基础设施的国际化，进而获得国际资本、产业创新技术和高层次人才的青睐，促进当地产业和经济发展。

第二，提升落驻地政府在国际事务或规则制定中的影响力和话语权。越来越多的国家日益重视通过引进国际组织，塑造国家形象、提升本国或地区在国际事务和规则制定中的影响力与话语权。作为联合国教科文组织全球网络的重要组成，二类中心在响应和支持联合国教科文组织发展议程的过程中，不仅能够得到技术援助、信息支持和多边合作网络，学习借鉴世界先进经验，还可向国际社会分享落驻地政府的成功经验和改革方案，进而提升本国或地区在相关国际事务中的影响力，乃至制定规则的话语权。

第三，拓展培养、储备与输送国际组织人才的渠道。国际组织已成为各国政府角力和争夺国际话语权力的竞技台。若想在国际组织舞台上实质性参与国际事务，不仅需要坚强的国家实力，还需要为国家发声和争取合法权益的国际组织人才。近年来，我国在联合国会员国会费分摊比例显著增长，但与此同时，我国在联合国系统任职的国际职员数仍相对较少，尤其是担任高级职务的国际职员严重不足。我国国际组织人才的缺乏已经成为制约我国深度参与全球治理和国际新秩序构建的现实困境。因此，从战略角度加快国际组织人才培养、储备和输送，已成为我国有效参与国际事务的当务之急。目前，我国部分高校已经开始着力培养国际组织人才，但从国际组织高级职务人才的成长路径来看，国际组织人才不仅需要专业领域的知识储备，更需要国际组织任职的经验积累。因此，从国家战略的角度来看，引进国际组织落驻不仅能够为培养和储备相关领域具有实践经验的国际组织人才提供可行路径，也能够为我国向国际组织输送中国籍职员开拓有效渠道。

最后，国际与比较教育研究院存在的困难是：地方高校难以获得国家留学基金委、国家国际发展署、商务部的项目名额与支持，因而研究院的发展也受到了一定影响。

国际渔业组织人才培养实践 ①

一、国际渔业组织人才培养工作开展现状

（一）历史背景

党的十八大做出“建设海洋强国”的战略部署②，党的十九大报告提出“坚持陆海统筹，加快建设海洋强国”，并明确要求“积极参与全球治理体系改革和建设，不断贡献中国智慧和力量”。③上海海洋大学创始人张謇是明确指出我国海权边界的第一人，也是向世界宣示我国海界的第一人，他早在20世纪初即提出“渔界所至，海权所在也”的主张，并于1904年向清廷提议创办水产学校（上海海洋大学前身）。张謇不仅是我国水产教育的首倡者，还是我国渔政管理的先行者，其思想“渔权即海权”在我国海权思想发展史上具有里程碑意义，成为上海海洋大学创校使命，也为学校长期以来积极参与国家在渔业领域开展的国际履约工作奠定了历史基础。

从1912年江苏省立水产学校的渔捞科设立至2021年，上海海洋大学在

① 作者：李纲，上海海洋大学海洋科学学院海洋渔业科学与技术系主任。

② 新时代海洋强国建设必须走陆海统筹之路.(2021-08-02) [2021-09-13]. http://aoc.ouc.edu.cn/2021/0802/c9824a343707/page.htm.

③ 习近平：决胜全面建成小康社会 夺取新时代中国特色社会主义伟大胜利——在中国共产党第十九次全国代表大会上的报告. (2017-10-18) [2022-05-01]. https://www.12371.cn/2017/10/27/ARTI1509103656574313.shtml.

远洋渔业、近海捕捞、水域生态修复与环境保护、深远（渊）海科学与技术、海洋战略和渔业管理等领域开展了大量卓有成效的研究工作，取得了很多喜人的成绩，特别是为中国远洋渔业30年发展做出了极为重要的贡献，被誉为“中国远洋渔业的开拓者”。

1985年，伴随着改革开放的春风，国家开始实施“走出去”战略，执行我国海洋捕捞业的战略转移，从近海走向远洋。上海海洋大学紧紧围绕国家远洋渔业发展战略，从1985年起就直接参与到国家远洋渔业发展中，参与西非过洋性渔业起步、成功研制双支架拖网渔法、首创灯光鱿钓渔法、成功开发大型拖网后备渔场、成立远洋渔业培训中心和远洋渔业学院，为我国远洋渔业可持续发展与壮大在技术和人才等方面做出重要贡献。

多年来，上海海洋大学坚持与政府、企业密切结合，走产学研相结合的道路，先后派出教师、学生近千人次，使其作为技术骨干，在大西洋、太平洋、印度洋和南极附近海域直接参与开发60多个新渔场。通过科研实践，学校培养了一批在国内外渔业界有重要影响的专家和学术骨干，取得一大批重要科技成果，如在渔具渔法方面，开展钓捕技术、开发高效节能LED集鱼灯、促进金枪鱼和秋刀鱼的渔业装备国产化等，并成功将其应用于国内多家企业，其中，学校研究开发的光诱鱿钓作业方式为国内首创；在新渔场与新资源开发方面，成功开发57个远洋渔业作业渔场并实现商业化捕捞；在渔情预报方面，成功研发三大洋鱿鱼、金枪鱼和竹筴鱼等鱼种和渔场的渔情预报系统并实现业务化预报，开发的海天一体化的全球渔海况信息服务系统被评为2014年中国海洋十大科技进展等等。学校累计承担各类科研项目400余项，获得国家级奖励3项，省部级奖励25项，发表论文1100余篇，出版专著和教材共84部，获得专利、软件著作权共183项，培养硕士和博士研究生200余人，培训远洋渔业从业人员1万余名，为我国海洋渔业产业结构的战略性调整和远洋渔业的可持续发展提供了强大的技术支撑，谱写了中国远洋渔业发展的光辉篇章。

近年来，远洋渔业发展国际环境变得越来越严峻，使我国远洋渔业履约压力越来越大。当前绝大多数公海渔业资源处于区域渔业管理组织管理之下。自《联合国海洋法公约》，特别是《联合国鱼类种群协定》出台以来，联合国粮食及农业组织、区域渔业管理组织成为全球公海渔业治理的核心机构。自1996年以来，我国加入了8个区域渔业管理组织，逐步参与公海渔业资源养护、海洋生态系统和海洋生物多样性保护等公海渔业治理国际进程。在农业农村部指导下，上海海洋大学和中国远洋渔业协会共建远洋渔业国际履约研究中心，为更好地维护我国远洋渔业权益提供组织机制保障。但我国在国际渔业组织参与度不深、话语权不够，关键原因之一是缺乏懂专业、晓法律、能谈判的高素质复合型人才队伍，特别是青年人才。加大对青年人才的培养是我国积极参与全球海洋治理体系改革和建设、推进“一带一路”建设、构建“海洋命运共同体”的关键。

与此同时，为贯彻落实全国教育大会和《关于加强和改进中外人文交流工作的若干意见》精神，主动服务国家战略，加大国际化人才培养力度，教育部中外人文交流中心组织实施“高层次国际化人才培养创新实践项目”，致力于把习近平新时代中国特色社会主义思想转化为中外人文交流事业的生动实践，立足于服务好中外高级别人文交流机制，服务好中外人文交流事业发展，服务好教育对外开放。上海海洋大学在国际组织人才培养方面有着较为深厚的历史积淀，长期与联合国粮食及农业组织等国际组织合作密切。经过层层角逐，学校脱颖而出，成功入选全国首批“高层次国际化人才培养创新实践基地”建设高校。

人才培养是高校的第一要务。上海海洋大学多年来一直本着服务“国家战略、国家安全、国际组织”等急需人才培养的需求，着力打造特色化的创新型人才培养平台。自 2013 年选派学生赴中西太平洋渔业委员会开始国际组织实习工作起，截至 2019 年，共有 29 人前往联合国粮食及农业组织、北太平洋渔业委员会、美洲间热带金枪鱼委员会、南极海洋生物资源养护委员会和印度洋金枪鱼委员会共 6 个国际组织开展实习项目。2018 年起连续三年获得“上海市高校学生赴国际组织实习项目”，2018 年获批人数全市排名第 7，2019 年获批人数全市排名第 4，2020 年获批人数全市排名第 2。入选全国首批“高层次国际化人才培养创新实践基地”是学校在国际组织人才培养的里程碑和新起点，更是学校“双一流”建设的重大任务，既创新了学校国际组织人才培养模式，又建立了高层次国际化人才培养的长效机制，为有组织、系统化地培养具备全球胜任力的国际组织后备人才提供了优质平台。

（二）与国际组织合作重要活动

上海海洋大学每年受外交部、农业农村部、商务部等部委指派，参加联合国、联合国粮食及农业组织、国际贸易组织、国际海事组织、南极海洋生物资源养护科学委员会、中西太平洋渔业委员会、北太平洋渔业委员会、美洲间热带金枪鱼委员会、印度洋金枪鱼委员会等渔业相关的全球性和区域性国际渔业管理组织科学会议。2017年以来，学校每年均会与联合国粮食及农业组织举办渔业相关主题国际会议。

（三）国际渔业组织任职简况

截至2021年，上海海洋大学共有来自8个学院/部的17位教师在联合国粮食及农业组织、亚洲水产学会、北太平洋渔业委员会等21个国际组织、国际学术组织及行业协会任职、兼职24人次。学校教师在区域渔业组织中任职，直接参与国际组织管理，如担任印度洋金枪鱼委员会温带金枪鱼科学工作组主席、南太平洋区域渔业管理组织鱿鱼工作组主席等，提升了我国在这些国际组织的话语权。

（四）远洋渔业国际履约团队

远洋渔业国际履约团队充分发挥科学优势，以服务提升我国履行全球性、区域性或双边渔业条约义务的能力为目标，配合国家“一带一路”倡议，全面参加区域渔业管理组织科学与法律磋商谈判和相关全球性组织会议（如联合国大会）等，为维护我国国际渔业权益提供智力支撑，向农业农村部、外交部等国家部门提交咨询意见和建议报告；团队成员担任国际渔业管理组织的管理或科学研究职务，并积极承办或主办远洋渔业相关国际会议，在扩大学术影响力的同时，提升了我国在国际渔业领域的影响力，维护了中国的海洋权益，为我国远洋渔业可持续发展与壮大做出了重要的贡献。截至2021年，远洋国际履约团队有核心成员24人，支撑人员近20人；先后代表国家参加国际渔业磋商与履约谈判共计316人次，涉及覆盖全球三大洋和南北两极海域的远洋渔业事务。同时，团队也积极培养国际渔业组织人才。

二、工作成果

近年来，上海海洋大学的涉海高素质、复合型国际化人才培养平台不断升级。

（一）校级层面

2013—2017 年，上海海洋大学依托长期以来与国际组织的良好交流与合作，重点在一流学科（主要为海洋学科和渔业经济管理学科）内选拔优秀学生赴联合国粮食及农业组织，以及区域性渔业组织内进行实习。在这 5 年时间内，共派出了以硕士研究生为主，包括本科生和博士生在内的 15 名来自渔业资源、海洋科学、渔业经济管理等专业的学生赴 5 个不同的国际组织进行实习。

（二）上海市层面

2018—2020 年，基于鲜明的学科特色和出色的国际组织人才培养实践，上海海洋大学被纳入上海市国际组织人才培养体系，学校国际组织人才培养涉及的学院从 2 个拓展到 5 个，涵盖一流学科主干学院的渔业资源、水产养殖、渔业经济管理、水产品加工等方向，派出到国际组织实习的人数也逐年翻倍。2020 年，学校 14 名学生获批成为上海市国际组织实习生，获批人数位居上海市高校第 2。

（三）教育部层面

在前期扎实的工作基础上，进入 2020 年，上海海洋大学高层次国际化人才培养取得历史性突破，入选首批教育部中外人文交流中心“高层次国际化人才培养创新实践基地”，成为首批进入该体系内的全国 54 家（上海 6 家）高校的一员。对于学校的涉海高素质、复合型人才培养工作，上海市教委和教育专家给予了高度的评价，肯定了学校在此项工作当中鲜明的特色和明确的任务设置，工作能够与一流学科紧密结合，为维护渔业领域国家利益发挥了不可替代的重要作用。由此，在涉海高素质、复合型人才队伍的建设和培养方面，学校实现了从单纯依靠自身资源进行校级层面培养的阶段，逐步升级到纳入上海市、国家培养系统的高层次阶段，不论是在培养人才的数量还是质量方面都取得了巨大的飞跃。2021 年，学校加入国际组织人才培养输送工作（上海）高校联盟。

三、方法举措

（一）依托特色优势学科夯实国际组织合作基础

上海海洋大学国际组织人才培养始终依托学校水产学科优势，整合海洋、食品等特色学科资源，与一流学科国际组织密切合作，积极参与联合国及区域渔业组织工作。

（二）积极主动对接各类资源

2020 年 4 月，上海海洋大学入选教育部“国际组织人才培养创新实践基地”。2021 年 2 月积极申报教育部国际组织青年人才培训项目并获批。2021 年 4 月积极主动开拓其他形式的国际组织实习机会，如参加“世界运河历史文化城市合作组织”实习预备营活动。2021 年 4 月加入国际组织人才培养输送工作（上海）高校联盟，并获上海市新文科建设项目——“全球海洋治理人才培养”。

四、经验和困难

（一）紧扣国家使命

蔚蓝色的大海蕴藏着丰富的资源，对海洋的控制和利用，是一个国家得以发展和强大的重要保障。习近平总书记在党的十九大报告中发表“坚持陆海统筹，加快建设海洋强国”和“培养担当民族复兴大任的时代新人”的重要论述。① 习近平主席还在中国人民解放军海军成立 70 周年之际提出“中国全面参与联合国框架内海洋治理机制和相关规则制定与实施”“构建海洋命运共同体”等重要观点。② 国际组织人才的培养既是中国特色大国外交和深度参与全球治理的战略需要，也是上海海洋大学作为世界一流特色大学建设的战略选择。学校国际组织人才培养始终围绕国家战略，为政府维护渔业领域国家利益发挥不可替代、不可或缺的重要作用。

---

① 习近平. 决胜全面建成小康社会　夺取新时代中国特色社会主义伟大胜利——在中国共产党第十九次全国代表大会上的报告 . (2017-10-18) [2022-05-01]. https://www.12371.cn/2017/10/27/ARTI1509103656574313.shtml.

② 习近平集体会见出席海军成立 70 周年多国海军活动外方代表团团长 .(2019-04-23) [2021-10-13]. http://cpc.people.com.cn/n1/2019/0423/c64094-31045360.html.

（二）完善国际组织后备人才发展跟踪机制

上海海洋大学重视参加国际组织的实习生的后期发展，尤其关注国际组织实习生优秀代表，努力完善实习生后期发展跟踪机制。

（三）国际组织实习岗位规模化存在困难

国际组织实习岗位匮乏，常规岗位全球竞争激烈，规模化开展国际组织实习项目存在岗位受限的困难。

（四）国际组织人才培养管理人员紧缺

国际组织后备人才培养需要熟悉国际组织管理运行机制并与国际组织有密切关系的管理者，目前管理人员紧缺。

五、展　望

上海海洋大学始终积极对接海洋强国战略，加强产教融合，推进海洋科技创新，提高海洋发展动能，为我国海洋事业发展贡献力量。但我国在国际渔业组织的参与度仍然不深、话语权不够，关键原因之一是缺乏人才。人才培养是高校的第一要务。在新时代背景下，我国海洋事业发展进入新征程，建设海洋强国，发展海洋事业，势在必行，培养高层次国际化的海洋人才具有非常重要的意义。学校贯彻落实习近平新时代中国特色社会主义思想，深度融入海洋强国、“一带一路”建设，坚持立德树人根本任务，树立大局意识，增强为国际组织培养后备人才的紧迫感和责任感，进一步明确推进国际化建设的目标、任务与组织与保障措施。学校从国际化人才培养、师资队伍建设、体制机制建设、政策导向、条件建设、文化环境与氛围营造等方面全面推动和保障新时期的国际组织人才培养，通过国际组织人才培养实践基地的建设，搭建国际组织人才培养的教育平台。在基于专业教育和专项培训的基础上，学校探索创新国际组织需要的复合型人才培养模式，着力升级与联合国粮食及农业组织的合作平台，从海洋走向世界，从海洋走向未来，为参与全球海洋治理体系、构建“海洋命运共同体”做好国际组织人才储备工作，为同类行业院校、上海临港新片区高校做好引领示范。

国际组织人才培养、推送全链条工作探索与思考①

一、引 言

2015 年，浙江大学（简称“浙大”）启动国际组织精英人才培养计划（国精班），全面推进高素质专业化国际组织人才培养机制的系统工程建设，构建具有中国特色的国际组织人才培养体系、加快人才培养速度，加大人才输送力度，以期为我国国际组织人才培养提供新探索、新理念和新路径。浙大以此项目为起点，不断探索和完善工作机制，以“专业 + 多语”为切入口，以“多轨并行”“多专融合”“多语同步”为实施路径，通过创新教学理念、课程体系、教研模式，教材建设、师资队伍、教学资源和育人资源等领域的重点举措，基本形成了系统、有效的国际组织人才全链条综合培养体系。学校于 2018 年设立了全国第一个面向全校所有专业的本硕博学生的辅修专业——国际组织与国际发展；于 2019 年设立第一个面向全国高校接收不限前置专业的硕士保送生——国际组织与国际交流硕士专业；于 2020 年率先试行第一个面向具有国际组织实习经历人员的就业“旋转门”制度。

二、开展国际组织人才培养的浙大实践

浙大国际组织人才培养围绕 3 个核心问题：我国需要培养什么样的国际

① 作者：邬小撑，浙江大学原党委副书记；李媛，浙江大学学生国际化能力培养基地秘书处主任。

组织人才？人才的知识素质能力品格要素是什么？如何结合浙大的基础和特色开展有效的培养工作？以此来明确培养目标、制定培养方案、出台培养措施，形成了工作机制、培养体系、资源体系全链条的实践方案。

（一）形成了“培养—推送”全过程、“院系（部门）—基地—就业平台”一体化的顶层设计和运行机制

2018年9月，浙大启动“一流本科教育行动计划”，将国际组织人才培养列为重点支持项目；同时，成立了专门的多语建设工作小组，着手多语种课程建设。2019年11月，浙大学生国际化能力培养基地正式启动，由时任学校党委副书记邬小撑、副校长何莲珍任领导小组组长，整合校内相关院系和部门，旨在进一步深化国际组织人才培养和推送工作、拓宽国际化人才培养思路和渠道；2019年形成了《浙江大学毕业生国际组织实习就业平台建设方案》，旨在深化人才培养的“出口”工作，延伸人才的培养成效。运行上，以外国语学院、就业指导中心、本科生院、研究生院为主体，其他相关部门和院系发挥配合协调作用，积极发挥国际化能力培养基地和毕业生国际组织实习就业平台的平台作用，形成了外国语学院、本科生院、研究生院、学工部、就业指导中心、国际合作与交流处、基金会等校内多部门联动，公共管理学院、法学院、经济学院、教育学院等多院系合作的“开放联动、和合共生”运行机制，使得一系列的顶层设计和落实实施有了依托，使得相关工作得以做专做深做实做持久。

（二）形成了“多轨赋能、多专强能、多语增能”的一体化综合培养体系

基于浙大学科门类齐全、外国语学院多语特色优势，以立德树人为根本，以高素质复合型国际组织人才为培养目标，对标国际组织人才胜任力要求和成长经历，浙大构建了“多轨协同、多专融通、多语增能”的综合培养体系。

一是针对国际组织“高素质复合型人才”培养要求，通过课程体系、战略伙伴、海外名校和培训中心、国际组织前高官和外交官构成的实践导师团队，形成“学位培养、证书培养、联合培养、实践培养”的多轨道、多课堂人才培养路径，给不同起点和不同类型的学生提供不同的起跑线和跑道，形成“多轨赋能”体系。二是针对“一专多能”“一精多会”的要求，提升学生软硬实力、多专业融合能力以及知识迁移能力，根据浙大的学科特色和生源优势，构建本硕博全覆盖、以专业见长、多专融合的人才储备体系，形成“多专强能”体系；三是针对“双语或多语”的语言要求，开设多语课程和多语训练场景，提高学生国际沟通四力，即多种话语能力、国际表达能力、议程设置能力和跨文化沟通能力，形成“多语增能”体系。

（三）形成了服务于教学和育人的“课堂—战略伙伴—海外高校—实践实习”一体化的资源体系

一是创设了四课堂融合的课程体系：重价值引领，以知识能力为核心，通过专业课程、交叉课程、语言课程等，全面加强课程思政建设、全面推动一流课程建设，加强第一课堂建设；同时加强赛事公益第二课堂、实习实践第三课堂、海外交流第四课堂，形成了一、二、三、四课堂融合的课程体系，以荣誉班和辅修班等5种证书形式予以认证。二是培育了专业化战略合作伙伴和国际组织实习基地：与联合国粮食及农业组织、联合国协会世界联合会、中国联合国协会、国际劳工组织国际培训中心、联合国训练所、上海—上合组织国际司法交流培训基地、联合国小水电中心、世界粮食计划署、世界绿色设计组织等签订了战略合作协议，与国家部委涉外司局等建立紧密合作关系，拓展专业资源以服务于人才的视野拓展和实践经验的积累。三是拓展高端海外高校合作体系：与法国巴黎政治学院、英国曼彻斯特大学、美国蒙特雷国际研究院、德国慕尼黑大学、德国自由大学、吉尔吉斯斯坦外交学院、丹麦奥胡斯大学、俄罗斯莫斯科大学等11个国家的15所海外名校建立联合培养体系，并被成功纳入国家留学基金委“国际组织后备人才培养项目”，开展联合培养。四是建立实践导师及实习基地体系：聘请海内外30余位资深外交家、国际组织高级官员、国际问题和多边外交研究专家担任实践导师，提供实务领域的专业指导。

三、人才培养工作的主要成效

浙大以国际组织人才培养为核心，进而拓宽延伸至高素质新型涉外人才的培养，2014—2017年是3年起步和探索阶段，2018—2021年是3年提质和成型阶段，基本达成了“具备一个专业、精通一门外语、具有综合全球胜任力，兼具国际视野和家国情怀的国际组织人才”这一预期培养目标。

（一）人才培养质量明显提升，实习推送成效显著

截至2021年，浙大年均培养来自全校50多个专业近100名学生（其中本科生和研究生各占50%）。学校国际组织与国际交流硕士专业成功入选外交部外语人才遴选项目，每年项目推荐名额也呈增长趋势，2020年入选人数占外交部当年遴选人数的50%。年均推送40余位学生赴国际组织实习，80余名学生国际组织交流和培训，20名学生至海外名校国际组织专业深造和联合培养。

所培养的学生先后获得首届全国高校国际组织菁英人才大赛、全国高校联合国知识竞赛、全国大学生新闻发言人大赛、全国英语演讲大赛、全国英语辩论赛、全国英语写作大赛、全国口译大赛、全国法律英语大赛、第六届中日韩青年论坛卓越代表奖等各类赛事高级别奖项，合计近50人次。

（二）在全国高校国际组织人才培养中发挥示范效应

浙大多次受相关部门邀请介绍人才培养经验，全国范围内有多所高校前来学习交流，在国家留学基金委2019年、2020年年度全国工作总结会上就“国际组织人才培养”做经验报告。2015年以来，学校国际组织人才培养的相关研究成功入选浙江省高等教育教学改革研究项目、教育部新文科研究与改革实践项目等多项教改项目，并获得2021年浙江省高校教育教学创新奖一等奖1项；4门课程纳入校级、省级课程思政建设项目，6门课程入选浙江省一流课程建设综合改革项目，2021年获浙大优秀教学成果奖一等奖，2022年获得浙江省教学成果奖一等奖。

同时，浙大积极举办全国高端赛事、研讨会、高水平讲坛论坛等，推进国际组织人才培养工作的共商共建共享，如：主办或承办由20家联合国机构参加的联合国机构宣讲咨询活动；发起并主办中国高校国际组织菁英人才大赛、全球治理周、国际组织人才培养圆桌论坛、国际组织实习分享会；承办中国青年全球竞争力纽约联合国总部参访项目、联合国训练所暑期课程、国际劳工组织全球青年领导力项目等多个面向校内外的国际组织人才培养项目，5年累计为全国高校培养 / 培训师生3000余人次。

（三）形成了以教学带科研、以项目促学科，教科融合、学科建设同步发展的良好态势

基于国际组织人才培养工作的系列探索，浙大积极推动高素质新型国际

化人才培养的学科建设和科学研究工作，不断促进科教融合。2018年启动了“国际组织与全球治理丛书”的编写工作，包括国际组织人才培养的理论研究、工作实务、案例集等，已出版《国际公务员素质建设与求职指南》《全球治理　家国情怀——国际公务员的成长》《纵横全球　兼济天下——国际组织任职启示录》《文化自信视域下高校国际化人才培养研究》《国际组织的阅读与写作》等教材、专著。同时，学校高度重视国际组织与国际交流二级学科硕士点建设，以学科发展带动人才培养体系的系统化、专业化、持久化，并以学科建设拓宽了人才培养和成长的可能性。

四、进一步推动国际组织人才培养的若干思考

我国国际组织人才培养工作经过近几年的快速发展和规模扩大，今后将迈向提质升级、内涵发展、更为专业化的阶段。为更好地推动此领域工作的深入性、专业性和可持续性，需要做好人才培养效果和效率的相关评估，做好相关资源规划和可持续发展规划，加强学科建设，拓宽人才就业去向。

（一）以新文科建设为牵引，形成国际组织人才培养的学科化、专业化、可持续化

国际组织人才培养工作既需要借鉴全球成熟经验，也需要扎根中国，基于中国实践，创设具有中国特色、融通中外、国际可理解的新概念、新范畴和新模式，所以具有创新性、开放性和前瞻性，是践行新文科建设的标志性场域。2016年，习近平总书记在全国哲学社会科学工作座谈会上要求“着力构建中国特色哲学社会科学，在指导思想、学科体系、学术体系、话语体系等方面充分体现中国特色、中国风格、中国气派”①。我国培养的人才，要达成全球关切、国际视野、人类共同命运与“知中国、爱中国、兼具家国情怀”之间的平衡，要达成过硬的专业主义与基础性的国际知识之间的平衡，要达成知识素养与能力水平之间的平衡。国际组织人才培养要超越现有的项目式培养模式，通过文文融合、文理融合、文工融合、文医融合等，通过知识体系与方法论的建构，形成自身的学科逻辑、人才培养逻辑，成为新文科建设的先行领域。要形成学科建设与人才培养良性互动、螺旋式上升的良好趋势，

① 加快构建中国特色哲学社会科学.(2018-01-03) [2022-12-21]. http://theory.people.com.cn/GB/n1/2018/0103/c416126-29743631.html.

通过持续的学科建设，成为发展中国家国际组织人才培养的目的地。

（二）优化国际组织人才培养体系，体现“高度、硬度、温度、广度”

国际组织人才培养是对国际新形势、我国发展新阶段的积极回应，要牢牢把握经济社会发展的历史方位，以“人类命运共同体”为牵引，高站位、高起点、高要求、高质量推进国际组织人才培养，体现“高度”。国际组织人才培养不是对传统各学科的简单叠加，需要发挥跨学科的拓展和深化并培育新的学科生长点，实现路径创新、方法创新、理论创新、模式创新，体现“硬度”。国际组织人才培养的本质与核心是人的培养和成长，是国家软实力的提升，是国际舞台中的“中国形象”和“中国方案”，因此，既要注重国家需求、注重人才培养过程中的使命感和获得感、成就感，也要注重获得国际认同和国际声誉，体现“温度”。国际组织人才培养是一项开创未来的系统工程，既要植根中国大地和中国特色，也要植根全球议题和人类共同命运，既要有前瞻性的开创，也要有借鉴性的吸收，既要有国家使命的推动，也要有政府部门、教育机构、社会各界的系统性协调，体现“广度”。

（三）拓宽人才培养“出口”，以“宽出口、旋转门”体现务实举措

国际组织人才的培养与推送，要强调全链条思维和务实性。当前形势下，过度宣扬与高调不利于我国国际组织人才培养工作的国际环境营造，要注重激发内部社会热情和国际社会关注之间的平衡；此外，人才培养的数量和质量与国际组织需求和胜任力之间依然有落差，因此需要采取一种“宽出口”的务实策略，即人才出口包括国际组织之外更广泛的涉外工作，从而形成以国际组织为核心，国家部委涉外工作、中国企业走出去、高校国际化人才培养、国际非政府非营利组织为外围的人才布局地图，并以“旋转门”机制形成这些领域人才之间的流动。“旋转门”制度主要是指人才在政府、企业、高校、国际组织之间跨界穿梭任职、双向转换角色的机制，强调国内政府、高校、企业和跨国公司等机构与国际组织的互动，理解国际组织对人才的需求机制并推动国际组织人才培养的改革和深化。通过引育并举、双向发力，畅通政府、企业、高校与国际组织的关系，畅通人才的流通渠道，进而从不同维度增强国际组织人才培养与推送的科学性、专业性和有效性。

发挥第二课堂优势　培养国际胜任人才[①]

一、引　言

以实习任职为导向培养优秀国际组织人才，对培养体系的综合性、通识性、实践性都有较高要求。而学生的“第二课堂”作为一种基于“做中学”的开放式课外育人实践活动，以其组织机制灵活、专业界限模糊、活动效益综合的内涵和模式[②]，很好地契合了新时代国际组织人才培养的工作特点，成为打造赴国际组织实习任职的复合型人才的重要方式。

南京大学（简称“南大”）以创新务实的态度，开展国际组织人才培养和推送工作，着力发挥“第二课堂”在能力提升、价值塑造、成长引领方面的育人优势，突出“做中学”的整体设计，提升学生赴国际组织实习工作的意愿度、胜任力和可行性，努力践行“为党育人，为国育才”的光荣使命，取得了一系列积极成效。

---

① 作者：朱翰墨，南京大学就业指导中心副主任。

② 丁丹，王芝华．高校第二课堂育人模式探析．湖南科技学院学报，2008(2): 103-105.；陈玲，陶好飞，谢明昊．论第二课堂在人才培养过程中的作用——以高校一二课堂学习联动为中心．北京师范大学学报（社会科学版），2019(5): 13-23

二、围绕学生内生需求，翻转第二课堂

南大积极发掘学生发展的内心期盼，尊重不同学生的差异性，调动青年群体的积极性，打造以学生为主体的“翻转课堂”。根据同学需求设计国际组织胜任力系列培训内容，如国际组织菁英训练班、选修课程和系列讲座沙龙、组织实地参访和国际组织技能海外实训等。量身定制实习辅导，推出“国际组织实习申请辅导管家”计划及分阶段培训体系。重视朋辈引领作用，调动有国际组织实习、工作经验的优秀学生担任朋辈导师，举办经验分享会、申请指导工作坊和朋辈沙龙等。

一是根据同学需求设计国际组织胜任力系列培训内容。举办南大国际组织人才暑期训练营，针对同学对国际组织工作缺乏直接认知的情况，创造和联合国官员一对一交流的机会；组建南大国际组织菁英训练班，广泛征集学生意见，从个人胜任力到笔试、面试等学生觉得最需要的角度进行培训；开设选修课程和系列讲座沙龙，定期邀请在国际组织任职多年的各领域资深国际组织官员开展主题讲座和交流沙龙，重点探讨国际组织的历史沿革、宗旨任务、运行机制、决策规则、组织特征等主题，讲授国际组织运行机制、国际组织工作概况等内容，使学生深入了解国际组织，探讨全球治理；组织实地参访和国际组织技能海外实训，前往曼谷、日内瓦、都灵、维也纳、纽约等地与不同机构官员进行面对面交流，亲身参与实地培训，深入了解当前国际组织对于青年人才的需求，实地体验国际组织工作内容和文化氛围。

二是针对同学个性化特点量身定制实习辅导。推出“国际组织实习申请辅导管家”计划，面向校内申请国际组织实习的学生进行一对一针对性辅导，分别确定人力资源政策、青年人才项目、国家有关政策和项目资源、能力准备和申请实操等不同的关注重点，设计以国际组织概览、联合国可持续发展目标专题、国际组织求职模拟等为模块的分阶段培训多层次体系。做到针对不同学习阶段、不同文化、不同能力和特长背景的同学，都有“因人制宜”的个性化国际组织实习任职路线图。

三是重视朋辈引领作用，让学生成为课堂的主讲人。调动在国际组织实习、工作过的优秀学生担任朋辈导师，举办南大优秀国际组织实习生实习经验分享会、国际组织实习申请指导工作坊和国际组织职业发展朋辈沙龙，最大程度发挥学生群体自身的积极作用，将已经取得的相关成果转化为可以进

一步充分挖掘的宝贵资源，建设既掌握国际组织实习任职工作实际情况又把握学生思想特点的朋辈指导师资源库。

三、发挥学生主体作用，运营第二课堂

南大组建了一支具备国际组织专业素养的训练有素的学生队伍，指导其有效进行教学活动维护、项目落地实施。在制度层面做好引导，成立校级专项工作小组、专项办公室和专职部门，并设立专项奖学金，给予全方位引导激励。在实践层面健全组织，成立南大学生国际组织发展协会、南大国际组织菁英库和南大国际组织实习储备名单，实施具体工作、建立人才储备。在信息层面重视宣传，线上依托“南大国际组织”微信公众号平台做好各实习任职信息发布工作；线下定期前往各院系进行宣传交流。

一是做好引导。在校级层面成立由校党委书记任组长，分管校领导任副组长的专项工作小组，专门开展国际组织人才培养工作；在学生就业指导中心设立国际组织人才专项办公室；在就业指导中心下建立专职部门，配备专职工作人员负责具体指导工作。设立国际组织人才专项奖学金，定期按照实习成果、国际胜任力水平等标准评审评定，从内部需求和外部荣誉上给予激励。做到上中下 3 个层次引领国际组织人才培养第二课堂和国际组织学生团队建设，牢筑立德树人的育人根基。

二是健全组织。成立南大学生国际组织发展协会，作为第二课堂国际组织活动运营的核心工作团队。在协会指导下进行总的统筹运作，实施教学维护、活动落实、宣传推广、对外交往等一系列工作。广纳有实习任职意愿的潜在胜任者加入南大国际组织菁英库，并从中动态优选已具备实习条件的学生并将其列入南大国际组织实习储备名单。截至 2021 年，南大学生国际组织发展协会现有成员 70 余名，南大国际组织菁英库共吸引会员近 350 名，2021 年储备名单入选成员 30 余名，通过多层次的人才储备模式培养出了一批熟悉方针政策、了解我国国情、具有全球视野、通晓国际规则、熟练运用外语、工作能力突出的国际组织未来人才。

三是重视宣传。对协会成员进行规范化培训，形成国际组织实习任职工作宣传队伍。在线上，依托“南大国际组织”微信公众号平台，做好各实习任职信息发布工作、各类培训讲座等国际组织职业发展系列活动推广工作、国际组织各方面人员和资源召集工作，做到实习组织及岗位多样化、信息发布

常规化。截至2021年，公众号关注数量已达8000余人，定期定量推送文章近600篇，累计阅读量高达9万余次。在线下，定期前往各院系进行相关工作宣讲交流，每年开展20余场。在扩大活动宣传面的同时，营造氛围，充分调动学生前往国际组织实习的热情。

四、走出校园，主动链接，赋能第二课堂

南大致力于汇聚校友专家、相关部委、国际组织与机构，以及兄弟高校等多方面外部力量，贯通人才培养和输送渠道。搭建校外国际组织专家校友交流网络，聘请众多国际组织官员和校友为“南京大学国际组织人才培养特别顾问”，建设国际组织人才培养指导校外导师库。加强各国际组织与机构的合作，先后与十余家国际组织和相关单元机构建立伙伴关系、开展培训项目。主动对接主管部门和兄弟高校，共同探讨国际组织人才培养工作，共同参与相关会议活动，合力拓展国际组织实习任职渠道。

一是搭建校外国际组织专家校友交流网络。聘请包括联合国副秘书长前特别顾问、联合国粮农组织前副总干事、联合国秘书处人力资源管理办公室外联部前部长等国际组织官员，以及南大在联合国系统等国际组织和外交系统任职的校友共15人为“南京大学国际组织人才培养特别顾问”，形成高质量师资储备，建设国际组织人才培养指导校外导师库，在相关领域深入交流探讨，并指导国际组织人才培养相关工作开展。同时通过“南京大学国际组织人才暑期训练营”“南京大学国际组织菁英班”等各类特色项目活动，在充分利用校内外国际组织资源的同时，鼓励学生同国际组织专家、官员一对一交流，增强学生赴国际组织实习工作的意愿，提升学生相关能力素养，增加学生对国际组织和全球治理的知识储备，拓宽国际组织实习任职推送渠道。

二是加强各国际组织与机构的合作。与相关机构直接沟通联系往来，建立和拓展更加紧密的伙伴关系。2018年起先后与联合国儿童基金会总部、联合国妇女署亚太区域总部、联合国难民署驻华代表处、世界气象组织等国际组织签订实习生合作选派协议。与联合国训练研究所、联合国协会世界联合会、联合国教科文组织和平学教席等机构和学术单元联合开展全球治理、青年能力提升等相关主题培训项目，跨单位、跨领域地提升国际组织实习任职基本业务能力、多元学术视野和国际文化素养。

三是主动对接主管部门和兄弟高校。走访外交部、商务部、团中央相关

部门，了解政策动态，探讨国家宏观规划与南大国际组织人才培养方案对接融合的可能性。受国家留学基金委委托举办第二届联合国机构宣讲咨询活动，面向全国高校和相关人士宣讲联合国机构基本情况、实习状况和国家政策。通过相关活动增进与国际组织的联系，进一步整合现有资源。邀请兄弟高校共同参与活动，覆盖邻近区域高校的培训需求，在每年的各类培训项目与课程中对其他高校开放至少60个名额，发挥地区带头作用。联合兄弟高校，高效利用已有经验和资源，合力拓展国际组织实习任职渠道。与外国知名院校，开展包括海外高校联合培养项目、交换生项目在内的多个国际化品牌项目，助力国际组织人才培养。

五、依托学科特色优势，融通第一、第二课堂

南大借力本校优势学科和优质师资，以第一课堂的学术积淀支撑第二课堂的培养实践。以外国语学院、历史学院、政府管理学院等实力院系作为培养基础，以南京大学—约翰斯·霍普金斯大学中美文化研究中心、南海协同创新中心等特色中心作为活动平台，以学校师资资源和学术单元等第一课堂课程和师资为支撑，借助学校第一课堂引领第二课堂建设。

一是以实力院系作为培养基础。院系是开展第一课堂、延伸第二课堂的根基。南大外国语学院拥有百年悠久历史，有多个“双一流”建设学科，培养出以沙祖康、华春莹、刘欣为代表的一大批多语种高层次人才；历史学院以世界史、和平学为主要优势学科，在外交研究、国际交往政策制定、世界和平研究等方面有重要话语权；政府管理学院是国内高校中实力较强和特色鲜明的政治学和公共管理研究重镇。

二是以特色中心作为活动平台。南大下设的众多国际化专业化特色中心是丰富和扩展第二课堂培养内容的重要源泉。南京大学—约翰斯·霍普金斯大学中美文化研究中心是改革开放后最早的高等教育国际合作机构，培养了众多从事国际事务和中美双边事务的高级专门人才；南海协同创新中心是国家认定的首批“2011协同创新中心”之一，服务国家战略需求。犹太和以色列研究所是国内最早对犹太文化进行系统研究并产生重要影响，同时具有较高国际知名度的文科研究机构。

三是以第一课堂课程和师资为支撑。南大优秀教师和开设的各式课程是延展第二课堂的最主要平台。依托联合国教科文组织和平学教席相关的论坛

讲座和师资资源充实培训内容，借助学校第一课堂“名师邀约计划”项目资源邀请优秀师资，从和平、平等、跨文化交往等不同主题入手，给予学生多角度、有深度的全球治理知识传授和技能培训，引领第二课堂建设。

六、扬长避短，不断提升，完善第二课堂

针对第二课堂的不足之处，南大扬长避短，不断完善第二课堂。进一步引入第一课堂和专业指导，增强第二课堂培养的专业性，为国际组织人才培养的第二课堂注入更多更加专业化的第一课堂资源，更好地满足南大学子多学科背景、多兴趣指向、高层次发展的成长需求。发挥第二课堂覆盖面广的影响力，提升第二课堂培养的浸润性，进一步彰显第二课堂深入同学学习生活各个场景的优势，增强其对同学能力提升润物无声的促进效用。延展第二课堂时空场域，努力实现国际组织人才培养和推送的全周期性，对已有实习经验的学生进行跟踪培养、持续助力，调动校内外资源为同学从实习走向任职创造条件。

一是进一步引入第一课堂和专业指导，增强第二课堂培养的专业性。受第二课堂自由性、课外性等特点的影响，培养过程中难免存在学生对国际组织工作认识不够专业，国际组织实训项目不够专业，校内国际组织活动组织不够专业和对外交流接待不够专业等情况。接下来，南大将抓住筹建国际组织学院的契机进一步整合优势学科力量，进一步发挥第一课堂的一技之长，为国际组织人才培养的第二课堂注入更多更加专业化的第一课堂资源，探索更高水平、更具专业化的国际组织人才培养工作方法和体系，以更好地满足南大学子的成长需求。

二是发挥第二课堂覆盖面广的影响力，提升第二课堂培养的浸润性。现阶段，了解国际组织基本情况，具备国际组织工作能力，具有国际组织实习意愿的南大学子不够多的问题依然存在。因此，需要在国际组织人才培养过程中强化影响力，加深感召力。要利用第二课堂覆盖面广、参与度高、品牌体系完善的优势，更好地发挥“做中学”独一无二的亲和性，打造国际组织实习就职的浓厚文化氛围，在今后的工作中进一步彰显第二课堂深入同学学习生活各个场景的优势，打造国际组织实习就职的浓厚文化氛围，提升其对同学能力提升润物无声的促进效果，使一系列举措和努力取得更大实效。

三是延展第二课堂时空场域，努力实现国际组织人才培养和推送的全周

期性。一方面，国际组织人才培养工作只集中于一些传统环节，还未能完全覆盖国际组织人才的全成长周期，无法实现从国际组织实习的在校生向国际组织正式任职的毕业生转变的质的跨越；另一方面，第二课堂培养体系依然存在碎片化特征，缺乏系统性的准入准出等门槛标准和完善的评价评估体系。今后要进一步重视对已有实习经验学生的跟踪培养和持续助力，调动校内外资源为同学从实习走向任职创造条件。

南大通过“第二课堂”开展国际组织人才培养工作并取得了一系列积极成效。一是实习人数持续增加：共推送了102人次赴四大洲12个国家的国际组织实习，涵盖经济发展、社会保障、环境治理、科技文化、区域协作等不同领域和类型的20家国际组织；资助100余人次前往美国、瑞士、泰国、意大利、肯尼亚等6个国家进行海外参访活动。二是合作渠道不断拓宽：与联合国儿童基金会、联合国粮食和农业组织、世界气象组织等10家国际组织签署实习生选派合作备忘录，建立了紧密的伙伴关系，从而为学生提供了多种专业背景的实习机会。三是培训活动不断优化：组织各类国际组织主题讲座、主题培训、技能提升工作坊、经验分享等活动近60场，辐射校内学生近4500人次。在持续探索和优化国际组织人才培养和推送的“第二课堂”培养模式中，南大定将肩负起在“构建人类命运共同体”语境下“为党育人，为国育才”的光荣使命，不断为增强我国国际话语权，向社会输送高层次人才，促进学生高质量就业做出新的更大贡献。

将“国际视野”贯穿学生生涯规划全过程[①]

一、引　言

东南大学始终秉持促进民族发展的理念，以双一流建设为目标，以人才培养为根本，完善体制机制，创新人才培养，培养输送适应我国发展需要的全球治理人才，将“国际视野”贯穿学生生涯规划全过程，积极推送学生到国际组织实习任职，走向国际舞台。

二、东南大学国际组织人才培养的特点及成效

（一）聚焦顶层设计，坚持就业价值引领

东南大学根据学科专业特色以及国际组织人才培养要求，建立了由校领导负责，党办、校办、教务处、研究生院、学工部（处）、国际合作处、团委等部门联动的人才培养机制，建成了国际组织人才培养基地，实施本研贯通国际组织人才培养方案。将引导学生到国际组织实习任职等就业价值引领工作纳入学校“十四五”改革发展规划方案和双一流建设工作中，学校多方协作、顶层设计，成功入选全国“首批国际组织人才培养创新实践基地”“国际组织青年人才培训项目”。

---

① 作者：宋健刚，东南大学就业指导中心主任；顾青瑶，东南大学就业指导中心副主任；丁菡，东南大学就业指导中心部长。

东南大学认真落实“一把手工程”，成立校院两级就业工作领导小组，将赴国际组织实习就业人数纳入院系绩效考评。将学生到国际组织实习情况纳入推免生遴选指标体系，加强各院系推进和引导学生到国际组织实习任职的工作考核，并将其列入院系人才培养和学生管理考核指标。学校划拨专项经费用于支持课程建设、师资培养以及学生赴国际组织走访实践，每年投入2000万元用于支持在校学生参加国际交流学习，对申请到国际组织实习任职的学生予以奖励资助。同时，学校还设立了国际组织人才培养基地专项基金，支持和保障国际化教育课程建设和学生赴海外国际组织实习，保障国际组织人才培养和推送工作运行。

（二）聚焦协同育人，坚持打造就业金课

构建思政与就业协同育人双螺旋体系，开设“百年沧桑，家国担当”“时代使命，青年担当”等系列主题大课，党委书记、校长及多位院士、教授、校友、师生亲自讲授，引导学生勇担国家使命，立志造福人类，以扎实的专业素养和卓越的创新能力服务国家战略，参与全球治理，成为引领未来和造福人类的领军人才。

加大对本硕贯通、高层次复合型国际化专业人才培养的改革和支持力度，出台《东南大学关于进一步推进本科生国际交流的实施意见》，确定国际化教育目标及重点举措，鼓励学生参加国际交流。本科生培养计划中，要求修得4学分（2门以上）全英文专业课程方可毕业。

加快构建一体化就业育人体系，2020年度着力联通各领域、贯通各环节、融通各方面资源和力量，形成全员全过程全方位育人格局，力促毕业生更充分更高质量就业。构建学校、学院和班导师三级就业育人体系，成立职业生涯发展及创新创业教育工作室，为学生提供全过程、全方位的就业指导服务。开设“就业导论”必修课，将课程与学科专业、行业发展相融合，贯穿于人才培养的全过程、全领域；将国际组织实习就业纳入“个人价值与民族担当”章节必修内容。

东南大学按照“思想引领、知识传授、能力提升”育人新格局，强化国际化人才培养力度，出台《2020年国际组织人才培养创新实践基地培养方案》，通过校内课程培养、课外培训和讲座、国际组织实地参访学习等方式提升国际组织业务工作和实务经验，以提升学生国际竞争力，达到国际组织后备人才基本素质要求。学校针对国际组织任职考核的核心素质与能力要求，结合学校专业特点和师资力量，设立了总计20学分的“本研一贯”的国际组织任职胜任力课程培养体系；学校每年向学生定期开设国际组织实习实践的相关讲座，给相关的实践经历认定学分；选拔和推荐学生参加中国国际公务员能力建设项目、联合国机构宣讲咨询活动等国际组织人才能力提升项目，增强学生对于国际事务和国际关系的了解，提高综合能力。建立国际组织储备人才数据库，把参加过相关培训的学生择优纳入，并在推送时给予重点推荐。

（三）聚焦典型宣传，坚持输送青年人才

东南大学加强指导服务，开辟国际组织实习任职宣传专栏，持续对毕业生追踪调研，选树国际组织实习就业典型案例，重点推送宣传。学校持续发布招聘信息、工作动态、交流分享预告等内容，将国际组织招聘信息精准推送至有需求的学生，对有潜质的学生进行个性化引导与成长资源匹配；在学生中发展成立“国际组织发展协会”，加强后备人才储备，为有志愿参与全球治理的学生提供学习交流的自主平台。目前已有多位学生获得国际组织相关奖励或资助。

东南大学有多名学生前往国际组织实习，包括联合国教科文组织意大利威尼斯办事处文化部、联合国教科文组织亚太遗产中心秘书处、联合国亚太经济社会委员会、联合国教科文组织亚太遗产中心、联合国日内瓦总部、全球儿童安全组织等，邀请相关开展讲座或沙龙，分享实习就业申请经验、工作经历和收获体悟。学校还与国外大学、江苏省教育国际交流服务中心等密切合作，近3年来组织不同出国交流项目宣讲会200余场。2020年12月组织了东南大学首届国际组织知识竞赛。

东南大学积极与国际组织开展交流实践活动，已赴国际组织交流实践的学生已超过100人。

（四）聚焦队伍建设，坚持优化师资力量

东南大学拥有一支高水平的师资队伍。学校现有专任教师2991人，其中具有博士学位的教师2569人，正、副高级职称教师2021人；博士研究生指导教师1071人，硕士研究生指导教师2166人。

为更好地开展国际组织青年人才培养项目，东南大学积极开展教师培养计划，学校已开展的教师培训项目有不列颠哥伦比亚大学卓越教师培养计划、田纳西大学教师培养计划等。2021 年 1 月，学校组织 90 名教师参加首期高层次国际化创新实践项目线上师资培训，专项培养教师将人文交流理念和全球胜任力融入国际化教学与培养工作的能力。

（五）聚焦深入合作，坚持彰显专业特色

东南大学自 1998 年以来就和联合国教科文组织开展了长期的合作。2018 年，东南大学和联合国教科文组织签署了合作框架协议，联合国教科文组织还将“亚洲遗产管理学会”秘书处落户在东南大学。2019 年，东南大学与联合国教科文组织、国际文化遗产保护与修复研究中心、香港大学共同成立了亚洲遗产管理学会，以推进亚洲遗产保护与管理的国际合作。

目前已与学校建立合作关系的国际组织有：联合国教科文组织、全球儿童安全组织、联合国国际劳工组织国际培训中心等 10 余个。

三、国际组织人才培养工作面临的问题

当前东南大学国际组织人才培养工作面对的问题有：

（1）缺乏国际组织特色学科建设和特色人才培养体系；

（2）缺乏了解国际组织并且通晓语言、国际事务专业知识的专门教师；

（3）与国际组织建立的交流合作尚不充分，项目保障不足；

（4）师生对国际组织任职形势的重要性紧迫性认识不足，院系执行效果有差异，学生赴国际组织实习任职原动力不足；

（5）疫情和国际形势下，师生以及家长对出国（境）意愿降低。

四、国际组织人才培养工作未来发展思路

东南大学将坚持瞄准前沿、服务战略、师生为本、人才为先，推进多学科融合、国际化联合，努力实现人才培养、师资队伍、国际合作等方面的重大突破，为国际组织输送中国精英，为参与全球治理提供有力的人才支撑。

（一）优化人才培养模式，总结特色经验

在人才培养模式中充分发挥工科见长的综合性大学优势，在保证学生专业学习的同时，以辅修形式全面培养学生的国际视野和全球胜任力，鼓励学

生积极通过联合国专业青年人才考试（Young Professionals Programme）等项目赴国际组织工作。总结创造可迁移的国际组织人才培养模式，打造开放的课程资源平台，在人才培养中尝试全球治理人才的特色培养，进一步做好与国际组织人才培养紧密相关的特色学科建设和特色培养项目建设。总结凝练可示范推广的国际组织人才培养经验，通过开放课程的形式与更多高校合作、在专业上互相取长补短。充分发挥好教育部国际组织人才培训项目作用，吸引更多有志青年参与国际组织人才培养。

（二）发挥一流学科优势，加强国际化建设

全面深化和推进学院综合改革，以东南大学的建筑国际化示范学院等为依托，吸引国际高端人才，加强国际化建设，逐步实现教学、管理与国际接轨，理念、规则、文化与国际相通。努力培养具有家国情怀和国际视野、担当引领未来和全球发展的卓越人才。

（三）深化国际组织合作，深挖岗位潜能

从学校层面深入开展与国际组织的交流合作，以学科优势挖掘资源与相关国际组织交流合作，增加走访实践的机会，建立定向输送实习学生的机制。积极与联合国训练研究所等组织建立合作关系，以引入外部资源的方式将校内国际组织人才培养方案与联合国内部人才培养方案接轨。

（四）整合各类资源，建立交流平台

东南大学计划加强有关国际组织实习任职的宣传教育活动，搭建更专业和全面的信息和指导服务平台。进一步加强指导服务，满足学生需求，完善国际组织实习任职宣传专栏，发布招聘信息、工作动态等内容，将国际组织招聘信息精准推送至有需求的学生，对有潜质的学生进行个性化引导与成长资源匹配；进一步扩大宣传，营造良好氛围，开展国际组织专家专题讲座，通过讲座报告、政策咨询、国际组织项目推介等方式，不断扩大畅通信息渠道；完善国际组织职业素养能力培训体系，帮助学生培养全球视野、强化全球治理的基本能力。

（五）鼓励教师国际进修，提升师资力量

贯彻落实《关于加强和改进中外人文交流工作的若干意见》《教育部等八

部门关于加快和扩大新时代教育对外开放的意见》等文件精神，传播人文交流理念，强化人文交流意识，建设高素质专业化教师队伍，加快培养具有全球视野的高层次国际化人才。2021 年下半年，学校组织开展了高层次国际化人才培养项目教师发展第二期培训。

（六）强化学生实践项目，落实经费保障

在条件允许的情况下，东南大学将开展国际组织专项参访项目，支持学生到国际组织实地参访，了解国际组织工作的运行和管理。加强各院系推进和引导学生到国际组织实习任职工作的考核，并将其列入院系人才培养和学生管理考核指标，从双一流经费中划拨百万元用于学生赴国际组织走访实践。

依托红十字国际学院，培养国际胜任力人才[①]

一、苏州大学的国际化渊源

苏州大学前身是 Soochow University（东吴大学，1900 年创办），开现代高等教育之先河，融中西文化之菁华，是中国最早以现代大学学科体系创办的大学，自诞生之日起便具有国际化“基因”。

苏州大学与国际组织的关系可谓源远流长，最早可追溯到一百多年前。1920 年，东吴大学首任中国籍校长杨永清先生在中国驻英公使馆工作期间兼任国际联盟第一届大会中国代表团秘书和华盛顿太平洋裁军会议中国代表团秘书。1945 年，他曾先后就职于美国旧金山联合国国际秘书处和英国伦敦联合国国际秘书处。杨永清先生一生致力于将中华优秀传统文化与西方文明交汇结晶，这便是苏州大学与生俱来的国际化烙印。从 20 世纪 30 年代到 20 世纪 90 年代末，中国一共出了 6 位联合国国际法院的法官，均是东吴法学院的教授或毕业生，其中更有参加了东京审判的盛振为、倪征燠等民族英雄。

二、红十字国际学院的基本情况

习近平总书记在会见中国红十字会第十次全国会员代表大会代表时指出，“中国红十字会是国内历史最悠久的人道组织，成立 110 多年以来不断发展”，

---

① 作者：宋元，苏州大学国际合作交流处；资虹，苏州大学国际合作交流处副处长。

“近年来，中国红十字会在重大灾害救援、保护生命健康、促进人类和平进步等方面发挥了重要作用”，“为党、为国家、为人民做了很多好事、善事”，对红十字会工作给予了高度评价。[①] 但是，作为一个庞大的人道救助组织，红十字会没有一个人才培养基地，不免让人感到遗憾。从国际上看，国际红十字会与红新月会国际联合会与联合国、国际奥林匹克委员会并称三大国际组织。联合国有联合国大学，奥委会有多所奥林匹克学院，唯独拥有 190 多个成员的国际红十字会与红新月会国际联合会，没有一所属于自己的高等学府。习近平总书记指出：“红十字组织是全世界影响范围最广、认同程度最高的国际组织。红十字是一种精神，更是一面旗帜，跨越国界、种族、信仰，引领着世界范围内的人道主义运动。”[②] 这两个“最”，分量之重，可以感知。因此，在中国率先创建红十字国际学院，不仅可以弥补缺憾，还对“构建人类命运共同体”，提升中国的国际影响力，具有不可低估的意义。

苏州大学是全国第一家红十字运动研究中心所在地。2019 年 8 月 31 日，苏州大学与中国红十字会和中国红十字基金会联合创立红十字国际学院，这是全球首个红十字专门学院。红十字国际学院的成立，成为苏州大学大力推进国际组织人才培养工作又一个新的窗口。

红十字国际学院依托国际组织，以“共建国际学院，共享人道教育”为宗旨，致力于红十字运动研究、人才培养、文化传播、学术交流等工作。学院下设“一带一路”人道合作教研中心、“南丁格尔”人道救护教研中心等多个中心，积极推动红十字领域的科学研究和人才培养。尤其值得一提的是，2021 年春季学期起，学院开设了“国际人道工作实务”微专业有关课程。通过国际人道法、中国特色红十字事业、国际人道组织及其工作、国际红十字运动简史、人道资源动员与传播、应急管理与人道救援等课程的学习，推动学生赴红十字国际委员会、红十字会与红新月会国际联合会、联合国儿童基金会等国际组织实习就业，对学校乃至我国红十字领域的国际组织人才培养工作都起到了推动作用。

---

① 习近平：增强责任意识真心关爱群众 开创红十字事业发展新局面 . (2015-05-05) [2022-05-01]. http://www.xinhuanet.com/politics/2015-05/05/c_1115186828.htm.

② 习近平：增强责任意识真心关爱群众 开创红十字事业发展新局面 . (2015-05-05) [2022-05-01]. http://www.xinhuanet.com/politics/2015-05/05/c_1115186828.htm.

三、学校国际胜任力人才培养的现状及成效

培养国际胜任力人才是国家战略，是我国在参与越来越快的全球一体化进程中不可或缺的重要一环。苏州大学在全校范围内建立了宣传、选拔、培养、推荐一体化的国际胜任力人才培养模式，将推动大学生到国际组织工作作为“十四五”期间的重点工作。

学校现有的培养战略主要从3个层次展开：

（一）顶层设计

（1）拟成立国际化战略中心，将国际组织人才培养工作纳入“十四五”重点工作推动。（2）建立国际化考核体系，并将国际胜任人才培养作为一个重要的维度纳入考核体系，对积极开展培养工作的学院开展激励。（3）出台相关实施细则，将赴国际组织实习与学生的评优评先、保研等挂钩。（4）主动联系重要的国际组织，尝试开展校际层面的交流合作。

（二）全员参与

在校领导和国际化战略中心的大力支持下，苏州大学动员了所有职能部门和学院参与到国际胜任人才培养工作中来：（1）以国际处为主要负责部门承办国家留学基金委首届和第二届联合国机构宣讲咨询活动。（2）以校团委为主要负责部门参加由团中央举办的中国青年志愿者海外服务计划——服务联合国机构项目。（3）以教务部为主要部门开展本科生国际化资助的政策制定。（4）通过校办党办、国际处等部门大力邀请张双鼓教授、宋允孚先生、张宁博士等国际胜任人才培养专家来校开展专题报告和讲座。各部门各学院的主动参与，在全校范围内营造了浓厚的氛围，对学生产生了非常积极的引导效果。

（三）重点突破

在上述两个层次之外，苏州大学还选取了两个点作为重点突破。（1）依托优势学科引入基地课程：以三大优势学科的特色专业及相关研究机构为依托，以红十字国际学院为平台通过引入基地课程，打通学科壁垒，着力打造国际组织人才培养精品课程，包括跨文化交际、全球治理、国际组织实务、学术英语、国际法等，夯实学生的能力基础。（2）主动联系国际组织和兄弟

高校，扩大国际组织朋友圈，拓宽国际胜任人才培养的渠道。包括邀请重要国际组织来校调研、选派学生参加上海赴外组织的国际组织实习生预备营，参加浙江大学全球治理圆桌会议等。

在国际组织工作领导小组的大力支持下，在全校各部门和学院的积极配合下，虽然国际胜任人才战略实施的时间尚短，但初步的成效已经开始显现（以下数据均截至2021年）：

（1）迄今为止，学校共有超过200人（含线上实习）申报各级各类国际胜任力相关的实习项目。

（2）截至目前，学校共有6个专业的微专业课程向全校学生开放，其中的国际人道组织及其工作、应急管理与人道救援、国际人道法等已经成为热门课程，开始受到越来越多的学生关注。

（3）目前已有超过15个学院的近百名学生将国际胜任人才培养课程选为学分课程，作为职业生涯的选择方向之一。

（4）学校红十字国际学院面向全社会开放相关培训课程，2020年以来已经举办13期相关课程培训，包括总会、内蒙古、甘肃、成都、广西、南京等地方红会工作人员赴学校进行的国际人道组织相关课程培训。

四、问题及思考

在国际胜任人才培养过程中，苏州大学通过调查问卷、活动反馈、职业规划建议等渠道收集分析了学生在面对国际公务员道路选择时面临的切身问题以及产生的相应心理活动，发现以下3个方面是目前国际胜任人才培养中遇到的共性问题。

一是价值认同感。国际公务员道路在目前的社会环境下尚未成为学生的主流价值选择之一，现有的主要就业价值取向仍然是研究生、公务员、大型企事业单位3个。如何从社会认同、家庭认同、自我认同3个方面将到国际组织任职提升到与3大就业价值取向同样高的位置是目前面临的一个重要问题，也是学生选择成为国际胜任人才的核心内驱动力问题。

二是学业衔接。在现有的学业模式下，本科生需要通过休学到国际组织实习，这实际上成为阻碍学生选择的一个主要问题。学业衔接与学制和未来的履历都息息相关。不能让学生有到国际组织实习需要延长毕业年限的心理负担。

三是能力培养。如何针对性地进行国际组织任职相关能力培养，并将其融入现有课程体系是目前国际胜任人才培养遇到的另一个主要问题。常常会碰到这样的提问：我如何才能获得国际组织的 offer？如何通过国际组织的面试？在国际组织工作哪些能力最被认可？

针对上述问题，在实际工作中苏州大学也在持续探索相应的解决方案。目前来看，国家部委的大力支持，高校的重点推动及精准施教，学生主体意识的形成是培养国际胜任人才的 3 个重要方面。

苏州大学连续两年参加了国家留学基金委组织的联合国机构咨询宣讲活动，大学生参与人数成倍增长，其中第二届的线上课程学习量更是接近了 20 万人次，这说明青年一代对国际组织的认识和了解在不断增加，参与国际组织有关活动的意愿大大加强。而应届毕业生到国际组织实习保留应届毕业生待遇的规定的出台，更是从政策层面解除了一部分人的后顾之忧。

学生参与国际组织相关活动的意愿的提高对高校的国际化氛围提出了更高的要求。近年来，苏州大学聚焦“双一流”建设需要，加强国际化工作顶层设计，紧扣“国际视野、国际标准、国际资源、国际影响”等关键要素，同时围绕“渠道开拓（Channel）、能力建设（Ability）、动力驱动（Motivation）和项目落实（Program）”等四项行动计划，即“CAMP”计划，大力推进学校在国际化网络、国际化人才、国际化平台、国际化资源和国际化管理等方面的工作成效和体制创新，将国际化工作纳入学院绩效考评体系，从人员、经费、制度等方面给予充分保障，构建了从日常交流、项目合作到全面战略合作的国际合作与交流的体系。从办法举措上，实施了合作伙伴拓展、国际化队伍建设、学生视野拓宽、学术声誉提升、留学苏大品牌建设、国际化氛围营造等六大工程，并以六大工程中的学生视野拓宽和国际化氛围营造两大工程重点对接国际组织人才培养工作。

同时，提升学生参与全球治理的主体意识和选择国际公务员道路的职业规划需要全社会一起努力。大学时期是青年学生职业价值观形成的关键时期，高校在引导学生走向国际组织、参与全球治理方面起到关键作用，因而将国际组织人才培养工作与学生的职业规划工作有机结合是一项行之有效的措施。让学生在走进学校之初就对国际组织产生浓厚的兴趣，在完成学业的同时与国际组织产生实质接触，在离开学校的同时将到国际组织工作与考研、考公、进世界 500 强等选项并列为职业规划可选项是未来需要继续努力的方向。然而国际组织人才培养是一项综合性立体化工作，需要更多的力量共同参与，尤其在学生选择国际公务员道路后，如果道路较为坎坷、困难和路障较多，也会迫使一部分学生掉头重新选择，并对新的学生产生“教训式”的口碑压制。因此，将学生“扶上马、再送一程”，更广泛地凝聚社会合力以开展国际组织人才培养工作是不可缺少的一个选项。

随着国际胜任人才工作培养委员会的成立，苏州大学的国际组织人才培养工作必将得到更多支持，凝聚更多助力，共同推动国际组织人才培养工作的大踏步前进！

构建长链条培养输送体系　培育宽领域国际组织人才[①]

一、引　言

国际组织是制定国际规则、协调多边事务、分配国际资源的重要平台，是全球治理的重要阵地。推送高校毕业生到国际组织实习任职是服务国家发展战略的重大需要，对高校建设双一流大学，提高高等教育人才培养质量，实现毕业生更高质量就业具有重要意义。厦门大学（简称“厦大”）充分利用综合性双一流高校的深厚积淀和跨学科优势，通过强化体制机制建设，深化思想教育和人才培养，优化信息资源建设和就业指导服务，细化激励政策保障来进一步深化“应该去”的认识、营造“想要去”的氛围、开拓“能够去”的渠道、提供“放心去”的保障，构建了长链条、全过程培养输送体系，培育了宽领域、复合型国际组织人才。目前，工作体系基本完备，阶段性工作得到有效推动，2017—2021 年，共有 19 名学生获得了国际组织实习机会。

① 作者：高斌，厦门大学学生就业创业指导中心主任；黄静遥，厦门大学学生就业创业指导中心科员。

二、重点举措

（一）聚焦体制机制建设，部署落实工作方案

2013 年，联合国官员来访厦大并参与“国际公务员招聘”座谈会，为国际组织实习任职推送工作打下了一定基础。自 2016 年以来，党中央、国务院站在国家未来发展和变革的战略高度，做出了加强国际组织人才培养推送工作的决策部署。作为最早研究制定配套工作方案的高校之一，学校于 2017 年 4 月制定出台了《厦门大学国际组织人才培养推送工作实施方案》，明确了体制机制建设方向，在探索中全面启动了毕业生到国际组织实习任职推送工作；成立由校长担任组长、各部门共同参与的国际组织人才培养推送工作领导小组，构建了协作高效的工作机制。通过校党委常委会专题汇报、开展校长专题会议等多种形式，不断调整完善国际组织人才培养推送工作机制。同时，学校也利用邀请国际组织专家来校讲学的契机，联合相关学院、职能部门多次召开国际组织人才培养工作座谈会，听取专家对于高校国际组织人才培养的指导意见，进一步推动工作开展。

（二）举办特色教育活动，营造良好校园氛围

一是成立厦大学生国际组织发展协会，依托国际组织发展协会开展各类国际组织活动。通过邀请联合国难民署驻华代表、联合国开发计划署官员等国际组织专家和曾任官员进校开展“走进联合国”系列讲座；举办“世界舞台·厦大声音系列分享沙龙”等特色品牌活动；线上发展活跃的实习意向学生社群，线下发展国际组织兴趣团体，帮助学生认识到国际组织实习任职对个人和国家发展的重要意义，了解国际组织实习任职相关政策，激发学生向往国际组织的热情。二是每年举办国际组织体验周训练营，在全校范围内举行系列讲座、联合国知识竞赛和国际组织实习交流沙龙等活动，为有志于从事国际组织工作的学生提供学习交流平台。三是组织学生参访国际组织，形成直观印象。通过开展“厦际之声”“英才报国”等参访实践特色教育活动，组织一批有国际视野的优秀青年前往世界银行、联合国难民署、外交部等在京国际组织和涉外机构参访交流，过程中学校学生综合素质及国际视野获得了国际组织职员认可。

（三）整合学校优势资源，加大人才培养力度

一是实施国际化专业建设计划，在经济学、外文、海洋科学等 12 个学科开展国际化专业建设计划，引进国际先进的人才培养模式、教学内容与课程体系，核心课程采用双语或全英文授课，选用国际一流教材，引进国际化的教师队伍以及国际合作办学模式，培养了一批能够在国际平台上“传递中国声音，讲好中国故事”的国际化复合型人才。二是设置双学位及跨学科人才培养项目，探索复合型人才培养模式。2020 年增设“外国语言文学类 + 会计学 / 财务管理”跨学科人才培养项目，充分发挥综合性大学多学科优势，培养外语专业素质过硬、跨文化沟通能力强、具备财务与会计理论应用和实务操作能力的高素质国际化复合型人才。三是深化公共外语教学改革，夯实学生外语能力。构建外语和专业相融合的人才培养模式，打造多维度、复合型人才培养体系。如外文学院“外国语言文学创新实验班”通过单独制定培养方案，开设国际政治与国际关系、跨文化交际、法律英语、国际公共事务等特色定制课程，旨在培养学生扎实的国际事务理论基础、国际组织工作应用知识体系和分析解决国际问题的能力。四是学院利用优势学科资源，邀请国际组织专家、官员利用小学期开设选修课程，如法学院邀请国际法院院长为暑期“国际法前沿问题研修班”讲学，经济学院聘请曾任世界银行高级官员的厦大校友为讲座教授，并开设国际组织相关讲座和专业课程，外文学院聘请联合国大会和会议管理部高级编校黄文新等为学院多语种学生开设课程讲座。通过长短学期结合，以国际化为出发点，以“一带一路”为建设特色，以多语种融合与共享为目标，为学生提供全面、系统的课程和师资。

（四）创新自助服务形式，实施精准指导服务

一是运用各类新媒体平台实时精准推送国际组织实习任职岗位信息，帮助学生提早了解国际组织工作环境和内容，以及实习渠道。二是不断完善更新实习任职校友信息库、国际组织资料库，建设校内国际组织相关专家人才库，根据国际组织人才培养推送工作需要配合开展相关工作。三是专门购置并发放《高校毕业生到国际组织实习任职入门》等一批指导图书，编写《国际组织实习任职指南》，将国际组织工作文化、求职须知、国际礼仪等相关业务实训内容推送到全校学生。四是组织学生参加联合国宣讲咨询招聘会及国际公务员培训班等宣讲培训项目，为意向学生提供针对性、个性化辅导。鼓励

学生积极参与国际组织志愿体验活动，学校已有本科生入选联合国教科文组织主办的2021年世界新闻自由日全球会议“青年新闻工作室”项目。

（五）巩固拓展实习渠道，主动对接国际组织

一是重点对接国家留学基金委组织开展的联合国教科文组织、联合国工业发展组织等实习项目，做好宣传动员、遴选推荐和跟踪服务。二是学校层面积极探索与国际组织建立常态化的国际合作交流机制联系，与东盟大学联盟秘书处、国际哲学与人文科学理事会建立实习项目，继续深化与联合国开发计划署、国际奥委会等国际组织和机构的交流合作。三是学院利用学科特色和专业优势主动对接国际组织。国际关系学院依托地区和专业优势，成立厦大东盟研究中心，学院优秀教师积极主持并参与多个联合国开发计划署、东盟东亚经济研究所和东盟日本研究中心等在内的国际咨询项目。公共卫生学院与世界卫生组织建立的实习合作项目落地实施以来，已推送5名学生赴国际组织实习。法学院与国际法院、海洋与地球学院与联合国教科文组织下属海委会也建立了实习合作项目，已有2名学生获得录用。

（六）巩固资金政策支持，解决学生后顾之忧

一是充分利用国家留学基金委资助项目，安排专人做好资助申请工作。二是加大学生到国际组织实习任职的资助力度，学校于2019年7月制定《厦门大学研究生赴国际组织和国家重点单位实习实践资助暂行办法》，设立专项基金鼓励和支持研究生赴国际组织等参加实习实践，教育发展基金会将国际组织人才培养专项“国声计划”纳入基金会捐赠项目，加大社会筹资力度。学院层面，法学院设立“厦门大学陈安国际法学发展基金会”，公共事务学院设立“学院学生发展基金”，国际关系学院设立厦门大学“博睿国际化人才教育基金”，用于支持学生赴国际组织实习任职和国际组织人才培养。三是依照《厦门大学关于鼓励学生到艰苦地区和重点领域就业奖励办法》对在国际组织实习期间表现优秀的学生给予表彰奖励，颁发证书、发放奖励金，以资鼓励。四是针对赴国际实习任职且表现良好的学生，在报考厦大辅导员、党政人员、专业技术人员时，根据相关政策，择优录取。单列国际组织实习学生专项保研计划，针对在校期间经学校认定有国际组织实习经历的应届毕业生，在参加推免生遴选时专业排名放宽至前70%，外语水平不做要求。

三、目前存在的问题

综合来看，厦大推进国际组织人才培养的工作已形成了一定的基础，但在深化人才培养改革、充分拓展实习任职资源、各相关单位形成合力协同育人等方面还存在短板，在能力提升、渠道开拓方面还有拓展空间。同时，由于受全球新冠疫情形势影响，国际组织实习任职推送工作的开展也受到了较大限制。

（一）需要抓源头深化人才培养改革，整合学校资源配置，解决协同育人问题

抓好教育培养，提升学生全球胜任力，是推送学生到国际组织实习任职的重要基础，同时也是人才培养向国际标准看齐的重要要求，是促进学校内涵式发展的重要动力。国际组织人才培养推送工作，需要各职能部门围绕修订出台的实施方案，发挥各自优势，协同推动，在培养理念、管理机制、培养模式、队伍建设等方面还需要持续探索创新。特别是教育教学联动方面还有较大提升空间，如何针对国际组织发展特征、人才成长路径加强跨领域、跨部门、跨学科的、具有厦大特色的培养和研究，设立多层次的课内外结合的专项培养计划，还有待进一步探索。

（二）需要花力气充分挖掘实习任职资源，获取实习岗位，解决渠道问题

2017 年，厦大公共卫生学院发挥学科科研平台优势与世界卫生组织建立了每年定期推送 1—2 名公卫学子前往实习的合作项目，学校与学院层面也与多个国际组织积极建立实习合作。但考虑到目前学生实习渠道主要来源于学校与国际组织的合作项目而非自主申请，目前的实习渠道仍然相对较少、岗位不足，特别是在与学科专业相关的资源优势挖掘上还不够充分，国际化建设突出或已有相关合作基础的学科专业发挥作用还不明显。

（三）需要全方位转变疫情防控下的工作思路，动态调整政策，创新工作开展形式

伴随着新冠疫情在世界范围的蔓延，国际交流合作及国际组织实习推送工作面临着新的挑战。部分学生虽已获得国际组织实习录用，但因疫情影响实习计划有所延期，学校与国际组织计划的实习合作项目未能顺利开展，国

际组织实习任职推送整体工作进度相对滞缓。需要采用线上线下相结合的形式进一步探索疫情常态化防控下国际组织实习工作的开展形式和内容。

四、工作展望

推送高校毕业生到国际组织实习任职，是一项需要长期持续、久久为功的工作。为实现提高我国国际组织人才质量的目标，厦大将继续完善长线人才培养规划，吸取以往的办学经验，积极在学生理想信念培育、语言能力提升、基础专业教育及综合素质培养等方面，多维度完善培养路径，同时广泛深入联系国际组织，建设稳定持续的人才输送渠道。

（一）重引导、强宣传，激发学生热情

一是扶持国际组织人才发展协会等相关学生社团开展国际组织相关活动，广泛开展模拟联合国大赛、知识竞赛、国际文化节等相关活动，积极邀请国际组织重要官员、知名学者和国际职员校友开展线上活动。二是组织推荐学生报名参加国际组织人才培养在线项目、国际议题青年研讨会等活动，以线上线下相结合的形式让学生亲历亲闻，增进学生对国际组织历史、机制及运行方式的认知，提高学生参与国际事务的积极性。三是利用马来西亚分校地理优势，积极开展国际组织冬（夏）令营，组织学生赴东盟、联合国亚太区域总部等海外国际组织参访实践。

（二）强能力、聚资源，构建培养体系

一是要以推送高校毕业生到国际组织实习任职为重要契机，主动向人才培养的国际标准看齐，为促进学校内涵式发展增添动力。深化教育教学改革，要加强“招生—培养—就业”体系联动，以包括国际组织人才在内的就业需求倒逼教育教学改革，及时调整培养模式、课程体系、教学方案，加快培养具有全球治理能力的复合型人才。二是聘请有国际组织任职经验的人员担任专职、兼职教师或客座教授，鼓励专任教师出国进修、赴国际组织任职，完善师资的国际化、梯队化建设，组建高层次师资团队。三是进一步整合学校师资、课程等优势资源，在第一课堂进行教育教学改革，探索国际化人才培养体系，完善现有学科国际组织相关课程建设，开设更多相关选修课程。四是实施好国际组织青年人才培训项目，统筹开展理论与实践相结合的各类培训

和指导，提高培训的针对性和有效性。在实施项目培训工作的基础上，重点遴选具有推送潜力的大学生，建立长效遴选培养推送机制。

（三）云实习、拓渠道，加强交流合作

一是在疫情常态化防控条件下，主动挖掘线上实习、志愿服务信息，拓展线上实习合作项目，鼓励学生以多种形式积极参与国际组织实习。二是对全球性和区域性、政府间和非政府组织进行系统梳理，优化策略和战略布局，选择一定阶段内应重点关注的机构。持续深入调研具有国际化办学优势的学院，不断完善学校国际组织合作动态资源库，引导有合作基础的学院落实实习渠道，争取设立专项实习项目。三是积极利用中国教育发展战略学会国际组织人才培养工作委员会平台，推动资源共享。与相关高校加强合作交流，推动优质课程、优秀师资、实习渠道等资源共享。四是鼓励和引导学院充分发挥学科特色优势，主动与国际组织对接联系，充分挖掘与国际组织合作的各种资源，通过承办世界人文大会等高层次高规格国际交流活动，发挥专业教师担任国际组织专家等优势，整合各类资源，加强与主要国际组织的联系，建设稳定持续的人才输送渠道。

推进高水平教育对外开放　奋力建设世界一流大学①

一、引　言

华南理工大学（简称“华工”）紧抓新时代教育对外开放、“一带一路”等重要机遇，以粤港澳大湾区国际化教育改革个案试点建设为契机，充分利用粤港澳大湾区的地缘和政策优势，全心投入高水平、有内涵、有成效的交流与合作，全神贯注提升学校对外合作水平，全力以赴建设世界一流大学。

二、“开放华工”，营造国际化人才培养氛围

2020 年，学校第十七次党代会明确提出要建设“开放华工”，旨在坚持开放活校，既在开放合作中发展壮大，又在开放合作中走向世界。

一是开展全方位的全球合作网络。目前，学校合作伙伴达 200 多个，与罗格斯大学、南洋理工大学等高校建立了核心战略伙伴关系；与加州大学伯克利分校、爱丁堡大学、慕尼黑工业大学、鲁汶大学、东京工业大学等近 50 所世界 200 强的高校开展了科研合作或学生联合培养；牵头或参与各类国际 / 区域联盟 20 余个。

---

① 作者：姚旻华，华南理工大学国际合作与交流处处长；黄非华，华南理工大学国际合作与交流处副处长；李珩，华南理工大学国际合作与交流处科长；蒋芳薇，华南理工大学教务处科员。

二是引进多样化的国外优质资源。建设了7个高等学校学科创新引智基地和21个高水平国际联合实验室；承担各类国际科研合作项目200多项，经费近2亿元；现有全职外教近100人，每年邀请近1000名外籍专家来校讲授学分课程及合作科研；在全球“高被引科学家”名单中学校入选人数位列内地高校第8位。

三是创新宽领域的人才培养模式。建设先进材料国际化示范学院、中美创新学院、中法工程师学院、中澳学院等特色学院；与都灵理工大学联合开展国内首个城市设计硕士中外合作办学项目，与澳门大学联合开展大湾区首个“2+2”双向双学位本科联合培养项目；与世界一流高校开展形式多样的学生联合培养、交流交换、研修实习等项目250项，每年（疫情前）派出学生2000多人次；已建设21个全英文专业及300余门全英文课程。积极开展国际专业评估（认证），推进特色专业教育国际化。截至2021年，已有16个专业通过了国际认证组织认证。

四是完善高层次国际组织人才培养体系建设。2020年8月，华工成功入选教育部首批“高层次国际化人才培养创新实践基地”。依托基地建设，每学期面向本科生开设多门“全球治理”系列课程；面向全校学生举办多场“国际公务员职业生涯规划”讲座，每学期参与的学生达到上千人次。此外，学校启动了北京大学“国际组织与全球治理”微专业项目，学生可在智慧树网在线修读该微专业设置的4门课程，成绩合格后可获得北京大学国际关系学院颁发的“国际组织与全球治理”微专业修读证书。

同时，学校加大政策支持力度。学校教务处、学工处等部门均设立了国际组织人才专项资助，对赴国际组织实习任职的学生最高给予15000元/人的经济支持。在参加学校推荐优秀应届本科毕业生免试攻读研究生时，学生圆满完成经学校认定的国际组织实习可享相应的赋分奖励。截至2021年，学校已输送6名学生赴国际组织实习或就业。

五是来华留学培养体系更趋完善。现有来自全球100多个国家的国际学生2000多人，其中约70%来自“一带一路”沿线国家，此外，华工已入选全国首批来华留学示范基地、首批来华留学质量认证高校。

三、“在地国际化”，探索创新型国际化人才培养模式

2017年3月15日，教育部、广东省政府、广州市政府和华南理工大学

在北京签署共建广州国际校区协议，目前该校区已获教育部批准成为粤港澳大湾区国际化教育改革个案试点单位。

广州国际校区“以我为主，国际协同；服务国家，臻至一流”的在地国际化办学新路径，从蓝图逐步成为现实，形成了“四个三”人才培养特色，即通过“三制”（学分制、导师制、书院制）、“三化”（个性化、交叉化、国际化）、“三跨”（跨学科、跨国界、跨文化），着力培养一大批“三力”（学习力、思想力、行动力）卓越、掌握关键核心技术的理工科领军人才和产业领袖，让学生足不出户，就能拥有接触跨文化和国际性事务的机会，就能享受一流的教学环境、教学品质和国际化教育。

一是构建高水平的国际化教学体系。广州国际校区借鉴国际一流大学的相应学科，构建“通识 + 专业 + 双创 + 跨文化”四大课程群深度融合的课程体系及多主体协同教学体系，包括引进和选用境外优秀教材，采用全英文教学、小班授课，鼓励教师开展基于问题导向的“项目式教学”；与加州大学伯克利分校等 51 所国际高校建立国际合作关系，开展多层次的双学位项目近 20 项，并建设了中美青年创客交流中心，与 IBM 公司开展海外短训项目等。

二是打造高水平的国际化师资队伍。广州国际校区积极引进全球一流师资，实施教研岗位教师“预聘—长聘”制度，打造“小而精”的高水平国际化师资队伍。新聘师资队伍 100% 具有海内外一流高校、科研院所教育或研究经历，其中超 90% 直接从海外引进，超 60% 为高层次人才；管理团队超 35% 具有海外留学经历。校区首批成立的 5 个学院的院长均具有丰富的国际治学经验，在学校管理体制机制创新方面发挥了很好的作用。

三是完善国际通行的学术治理体系。校区建立了符合中国国情、国际通行的现代大学治理体系，成立了国际学术咨询委员会，围绕校区学术战略规划、学术治理体系及运行制度等重大问题，提供宏观指导和建议思路。校区各学院均成立了国际学术委员会，成员由海内外知名学者担任。

四是创新科教融合的学术组织模式。校区规划了 10 个新工科学院，重点布局引领世界科技前沿、服务国家战略、孕育颠覆性技术变革的新工科交叉领域，发挥现有学科优势，围绕高端制造、生命科学等领域，创设“学院 + 高端研究院 + 研发中心 + 行业联盟”的学术组织模式及产学研融合方式，开展前沿交叉研究；打造“科研–教学–学习共同体”，开展本科生、研究生教学并不断推进新兴交叉学科课程的建设。

五是建设一流沉浸式国际学术社区。广州国际校区探索国际通行的现代书院育人模式，于2019年、2021年分别成立峻德书院、铭诚书院，努力营造“老师就是导师，书院也是学院，校区即是社区，学生永远在C位”的育人环境。与世界知名高校通过互建海外教育交流基地，如华工–罗格斯海外交流基地、华工–都灵理工海外交流基地等，创建沉浸式国际化育人环境，联合培养国际化人才。

2020—2022年，广州国际校区承担了四期因疫情无法赴美学习的美国罗格斯大学中国籍新生342人次的线下全英教学课程，在地提供与世界一流高校同质等效的国际化课程，为推进当前中美教育交流合作深度发展提供了新方案。该项目教学效果显著，经美方评分，学校教师所教授课程的学生成绩高于罗格斯大学在美国就读学生的成绩，也高于北京、上海地区借读项目水平，凸显了学校已经达到国际一流的教学水平。

四、加大力度，培养复合型国际组织人才

华南理工大学以培养具有国际视野、通晓国际规则，能够参与国际事务的国际化人才为目标，坚持国际组织人才培养的目标指向性、任务导向性和情境特殊性原则，着力从国际意识培育、国际课程建设、师资队伍建设、实习实践渠道拓展、人才培养模式创新等方面构建和完善国际组织人才培养体系，努力打造具有华工特色的国际组织人才培养输送工作格局。

一是搭建全链条管理机制。健全组织架构，完善管理体制，探索成立国际组织人才培养工作协调小组，做好顶层设计、规划统筹和监督管理。在工作协调小组管理框架内，进一步加强组织、宣传、管理和服务，同时完善校园两级管理体系，充分发挥学院在国际组织人才培养工作中的主体作用，鼓励学院结合自身人才培养需求开展国际组织人才培养工作。

二是加强学生国际意识培育。依托“华园讲坛”“华园国际交流月”“全球胜任力活动月”“全球胜任力提升计划”系列品牌活动和学校公共政策研究院等校级平台，定期举办全球治理系列讲座。充分利用互联网渠道，通过学校主页、“就业在线”网站，以及各类新媒体平台，定期推送国际组织相关知识和国际组织人才培养相关信息。搭建国际组织人才训练营平台，成立全球治理与国际组织发展协会学生组织，打造“国际组织模拟面试”“走进国际组织”“青年全球治理创新设计大赛”等系列品牌项目，开拓学生国际视野，培

养学生国际意识，提升学生到国际组织实习任职、参与全球治理的意愿和能力，建立国际组织人才输送"蓄水池"。

三是加强国际课程建设。加强与国际组织人才培养紧密相关的课程和项目建设，计划到2024年开设5门国际组织和全球治理相关课程。发挥学校工科优势，构建"工科专业课程群 + 模块课程群 + 外语"三位一体的课程平台，其中模块课程群根据具体国际组织的专业技能要求进行有针对性的开设，着力培养外语能力"一精多会"、专业能力"一专多能"的高素质全球化复合型人才。大力推进多语种课程建设，加大全英课程建设力度，计划到2024年建成300余门本科全英文课程、150门研究生全英文课程，营造良好的国际化学习条件和氛围。

四是强化师资队伍建设。积极探索跨校联动、多方协同工作机制，建设国际组织与全球治理人才培养专家委员会，聘请国际组织官员担任名誉教授。邀请国际组织官员、从事国际组织方面研究的专家学者和有丰富经历的业内人士来校开设国际组织职业指导讲座、职业课堂、职场沙龙等，讲解国际组织管理流程、职场体验、求职经验以及实操案例。依托华南理工大学国家级教师教学发展示范中心建设，加强国际组织和全球治理相关师资培养，面向校内及粤港澳大湾区，培养一批国际组织和全球治理相关课程任课教师及国际组织职业指导师。

五是拓展实习实践渠道。充分利用学校资源，加强与联合国粮食计划署、联合国环境规划署、联合国教科文组织等国际组织对话，促进与国际组织交流合作。搭建国际组织实习与求职信息平台，方便学生快捷获取国际组织相关实习信息。积极创造条件选送学生到国际组织实习实践，对在校生赴国际组织实习给予保留学籍、计算学分、保留户档、就业升学等配套政策支持。设立国际组织人才培养专项基金，鼓励在校生参与国际组织实习实践。建立国际组织实习任职学生档案库、国际组织实习任职意向学生资源库等数据库，跟进学生的国际组织生涯发展。

六是创新人才培养模式。继续推进北京大学"国际组织与全球治理"微专业，助力学生获得具备进入国际组织工作的能力及应聘的基本条件。依托学校外语学科以及理工科优势组建"卓越国际化人才创新班"，开展"3+2"双学位联合培养（"3"指本科生用3年时间完成理工科专业学习，"2"指学生用2年时间获得外国语学院学位），形成"X+ 外语"复合型国际组织精英人才培养模式，面向国际组织培养具有扎实理工知识基础、“多语种+”、胜任国际组织工作、真正参与国际治理的高端国际化人才。

五、存在的困难和问题

新冠疫情在全球暴发，给各国教育对外开放造成了一定影响，出国留学、招收留学生、人文交流与人才引进等均受到疫情冲击。对照新时代新形势新要求，华工国际组织人才培养工作仍处于起步阶段，国际化建设工作任务艰巨。

一是师资队伍建设与国际化人才培养质量亟待加强与提升。学校需要加快师资队伍的国际化建设，一方面是引进接受过国际组织专门培训和具有丰富国际组织工作经验的师资；另一方面也需积极鼓励具备国际竞争力的教师积极参与国际组织，为全球治理人才培养提供保障。此外，需要持续拓宽与国际组织的交流与合作，搭建更广泛和更对口的国际组织实习任职岗位的信息渠道，建立完善的国际组织系统培训体系，提升为国际社会和国际组织输送复合型人才的能力。

二是全球治理人才培养运行机制亟待创新。要不断构建具有特色的全球治理人才培养战略规划，建立高度统筹、有机协调的管理体制，优化支撑条件和配套服务，充分发挥院系师生参与国际组织的积极性和前瞻性。必须提高政治站位，科学分析研判，健全工作机制，为建设中国特色、世界一流大学而努力奋斗。

坚持“五位一体”创新模式　聚焦国际治理人才培养①

一、引　言

2016年9月，广东外语外贸大学积极响应习近平总书记“加强对全球治理的理论研究，高度重视全球治理方面的人才培养”②的指示精神，率先在全国高校中组建国际治理创新研究院，集中为中国参与国际经贸规则的制定及全球经济治理培养熟悉国际政治、国际经济和国际法律知识，具有家国情怀和全球视野的综合型、复合型国际组织和国际治理人才。学校围绕培养国际治理创新人才的需要，进一步强化对国际组织、国际规则、国际治理理论和实践等前沿问题的研究，推进并加强与世界著名高校、智库和国际组织的合作与交流。经过5年多的努力，国际治理创新研究院坚持以立德树人坚定理想信念、全面拓展综合理论知识、重点提升实际工作能力、系统开拓国际合作交流和创造条件发挥人才作用的“五位一体”培养模式，聚焦国际治理和国际组织人才培养，取得一系列可喜成绩，得到了国家有关部委的重视和支持。

---

① 作者：赵龙跃，广东外语外贸大学国际治理创新研究院院长。

② 习近平在中共中央政治局第二十七次集体学习时强调　推动全球治理体制更加公正更加合理　为我国发展和世界和平创造有利条件 . (2015-10-13) [2022-05-01]. http://www.gov.cn/xinwen/2015-10/13/content_2946293.htm.

二、目标集中明确，培养综合型、复合型国际治理人才

广东外语外贸大学国际治理创新研究院培养国际组织和国际治理人才的目标集中明确，就是通过创新的国际化培养模式，以熟悉国际治理知识、把握国际发展趋势、强化战略布局能力、树立全球领导意识为重点，集中为中国参与国际规则制定、参与全球经济治理、争取全球经济治理制度性权力，培养有理想、有抱负，具有家国情怀、全球视野，熟悉国际政治、外交、法律、经济和管理的综合型、复合型国际治理专业人才。经过若干年的工作历练，使他们成为能够代表中国参与国际事务、国际治理和国际博弈的高端专业人才；成为能够在国际组织中竞争中级、高级职位的专业技术和管理人才；成为我国落实“一带一路”倡议和建设粤港澳大湾区所需要的高端国际化人才。

国际治理创新研究院的工作得到了学校领导和相关院处的高度重视和支持，随之“国际治理创新研究生项目”启动。项目得到了国家留学基金委的大力支持，2017 年被列入“创新型人才国际合作培养项目”，2019 年被选为“国际组织后备人才项目”。

5 年来，国际治理创新研究院已经选拔培养 6 届研究生共 360 多人，有 58 人获得国家奖学金或学校奖学金留学美国马里兰大学。在已经毕业的 2 届学生中，70% 的学生获得在国际组织实习 6 个月以上的机会，包括联合国纽约总部、联合国日内瓦和维也纳办事处，联合国开发计划署、联合国人类住区规划署、联合国贸易和发展会议、联合国国际贸易中心，联合国亚洲及太平洋经济社会委员会等，实习机构遍布世界各地；有 5 位毕业生正式入职国际组织，包括位于纽约的联合国总部、位于华盛顿的国际货币基金组织、位于北京的亚洲基础设施投资银行和世界资源研究院；还有部分毕业生继续在英国伦敦大学、美国马里兰大学和新西兰奥克兰大学攻读博士学位。从就业情况来看，大部分毕业生都已经参加工作，主要是在国家机关或地方政府机构、科研院所和高科技企业的战略规划和国际合作部门，均受到了就业单位的认可和重视。

国际治理创新研究院积极为我国参与国际规则制定和全球治理、竞争国际组织中高级职位、推进高质量落实“一带一路”倡议和粤港澳大湾区建设培养综合型、复合型国际治理专业人才，得到了国家有关部委的重视和支持。

三、强化具体措施，坚持“五位一体”的创新培养模式

国际治理创新研究院的研究生项目坚持双轨制的培养模式。学生在保留学校原来专业学籍的基础上，一方面要完成原来学院和专业的培养计划和课程，另一方面要参加和完成由国际治理创新研究院安排的学习和研究任务。项目选拔面向全校所有专业的硕士研究生，以确保学生专业背景的多元性，采用本校学习 2 年，国外学习 1 年，国际组织实习半年到 1 年的“2+1+1”创新培养模式，通过国内外学习和国际组织实习，多方面培养学生的综合能力。研究院 5 年来不断完善和强化“五位一体”的创新模式，取得了可喜的成绩。

（一）立德树人，坚定理想信念

理想和格局是首要问题，国无德不兴，人无德不立。参与国际治理，需要真正的全球视野、大局意识、全局意识，不仅要具有理想信念、家国情怀，勇于担当、乐于奉献，而且要有坚定正确的政治方向，旗帜鲜明的立场观点和辩证唯物的世界观、价值观。习近平总书记在党的十九大报告中专门寄语广大青年，“要坚定理想信念，志存高远，脚踏实地，勇做时代的弄潮儿，在实现中国梦的生动实践中放飞青春梦想，在为人民利益的不懈奋斗中书写人生华章！”①

国际治理创新研究院高度重视对学生理想、信念和格局的培养，坚持立德树人，志存高远。立德树人不仅仅是开设相关的课程，更重要的是言传身教。国际治理创新研究院专门设计打造了中国国际治理高端讲坛，不定期地邀请我国在国际组织任职的高级官员和国内外在国际治理领域颇有建树的著名专家学者，来与学生分享他们的研究成果和实践经验。中国国际治理高端讲坛不仅给学生带来了学术知识、决策经验，而且使学生能够近距离接触和了解各位专家学者，感受名家的精神境界、成长经验、人格魅力和大师风范。

中国国际治理高端讲坛已经形成了一个学术品牌，出席讲坛的专家既有中国驻世界贸易组织首任特命全权大使孙振宇、世界贸易组织上诉机构成员和原主席张月姣、中国驻国际货币基金组织执行董事金中夏等曾任职或现就

---

① 习近平：决胜全面建成小康社会 夺取新时代中国特色社会主义伟大胜利——在中国共产党第十九次全国代表大会上的报告. (2017-10-18) [2022-05-01]. https://www.12371.cn/2017/10/27/ARTI1509103656574313.shtml.

职于国际组织的中国高级官员、著名学者，也有欧洲大学研究院全球治理研究中心项目主任伯纳德·霍克曼教授、世界贸易组织首席经济学家罗伯特·库普曼教授、世界银行拉美地区首席经济学家马丁·拉玛教授等在国际治理领域颇有建树的外国专家。

（二）全面拓展综合理论知识

为培养综合型、复合型的国际治理人才，全面拓展研究生的综合理论知识，国际治理创新研究院在中外合作、跨学科培养方面进行了积极的探索和创新。

一是选拔机制的创新，跨专业选拔人才。国际治理创新研究生项目的学生来自英语、经贸、法律和国际关系等不同专业。不限专业确保了学生专业背景的多元化，有助于来自不同专业的学生之间相互影响、相互交流和相互学习，促进不同专业背景学生综合知识的扩展。

二是课程设置的创新，开设多学科课程。研究院根据学生的专业背景和未来工作的需要确定专业课程，突出因材施教、因人定制。要求学生既要完成原来所在学院专业理论知识的系统学习，又要完成国际治理创新研究院增设的国际治理专业化定制的学习和研究任务。

三是培养模式创新，采取中外合作、成建制培养模式，实现学贯中西。国际治理创新研究生项目的学生完成在本校的学习任务以后，需要再去美国马里兰大学学习一年，具体的教学计划和课程设置由中外双方专家组共同商定，以避免课程重复并突出学科重点，全面拓展理论知识背景。

国际治理创新研究院围绕人才培养和学术研究的需要，已经与美国马里兰大学、欧洲大学研究院联合创建了"国际治理专业学科"，合作组建了全球化的"国际治理专业学术指导委员会"，并组织有关国际专家，合作打造国际治理、国际谈判和国际经济法学等专业的核心课程。

（三）重点提升实际工作能力

国际治理创新研究院重视对学生实际工作能力的培养，追求全面卓越。学生不仅要通过书本和课堂学习，更重要的是提高从实践中学习的能力，提升实际工作能力。学生们通过参加学术课题研究工作、国内外实地调研工作，参与学术论坛和国际会议等活动，在工作中学习，在实践中提高实际工作能力。

一是学术研究能力。国际治理创新研究院的学术研究坚持以国家需求为导向，聚焦国际治理领域的热点问题、前沿问题，开展系统性和前瞻性的深入研究，学生的学习和实践提供机会，组织学生积极参加学术研究工作。

二是自主学习能力。结合人才培养与学术研究的需要，国际治理创新研究院以启发式教育为主，注重引导学生自主学习，参与或组织各种专题研究小组，自主策划组织学术研讨会，鼓励学生们围绕中国参与全球治理的需要，选择不同的专题，组织学术团体，跟踪重大问题研究，包括全球经济治理、世界贸易组织改革、国际规则重构和中美经贸关系等问题，提升独立思考和实践能力，从而强化专业知识、提高实际工作能力。

三是实地调查能力。国际治理创新研究院坚持理论与实践相结合的培养方式，在理论研究的基础上，组织学生深入一线进行实地调查研究，积累了丰富的一手调研资料。例如，组织广州、深圳、珠海、东莞等地的实地调研，加深学生对建设粤港澳大湾区这一国家发展战略的理解；组织广州南沙、珠海横琴和深圳前海自由贸易试验区调研，帮助学生熟悉中国（广东）自由贸易试验区的发展现状。研究院还组织学生参与“中国—越南跨境经济合作区发展战略和政策体系”的课题研究，组织学生到中国东兴—越南芒街跨境经济合作区进行实地考察，深入了解跨境经济合作区发展现状，为其未来的建设与发展献计献策。同时，组织学生专程赴越南进行实地调研，促使学生在国别理论研究和实践研究相结合的过程中提升研究能力。

第四是组织协调能力。国际治理创新研究院组织学生积极参与并独立举办学术论坛和国际会议，为学生建立更加高端、更具影响力的学习实践平台。与有关国际组织、高校及研究机构合作，举办具有重要社会影响力的国际高端学术研讨会，受到国内外政界、学界、企业界和新闻媒体等方面的广泛关注。

（四）系统开拓国际合作交流

国际组织是培养国际治理人才的必经之地。国际治理创新研究院通过建立与国际组织的稳定合作关系，为学生们创造了去国际组织实习和工作的机会。

一是开设国际治理与国际组织课程，举办“国际组织周（月）”系列活动，激发广大学生们学习了解国际组织与国际治理相关知识的兴趣。截至 2021

年，国际治理创新研究院已经举办了“世界贸易组织周（2018）”“世界银行周（2019）”“联合国国际贸易中心月（2020）”和“联合国周（2021）”四届国际组织周系列活动，取得了显著效果。

二是通过合作项目带动合作，国际治理创新研究院与联合国、世界贸易组织、世界银行等国际组织建立了相对稳定的合作关系。不仅进一步推动了学校与有关国际组织的深入合作，还为国际治理创新研究生项目的学生提供了更多进入国际组织实习和工作的机会。

三是建立相关合作机构，建立国际治理创新研究院与国际组织在学术研究与人才培养方面稳定的合作关系。2020 年，国际治理创新研究院与联合国国际贸易中心合作建立了“中国南南经贸投资合作中心”，引进国际贸易中心的专家资源，推进了中国与广大发展中国家的经贸投资合作。

（五）创造条件发挥人才作用

积极培养人才是基础，合理使用人才是关键。国际治理创新研究院积极开拓与相关国际组织机构、国家机关单位、地方政府机构、企业事业部门等的合作，积极创造条件，把合格的人选推荐到合适的岗位，充分发挥优秀人才的作用，从而进一步带动和促进国际治理人才的培养。

国际治理创新研究院不仅积极争取国家有关部委的支持，努力为国家部委培养输送优秀人才；而且还积极与广东省委外事工作领导小组办公室、广东省商务厅、广东省自贸区办公室等建立长期合作关系。这一方面能够为国际治理创新项目的学生提供很好的实习工作机会，另一方面也能够为广东、广西等华南地区经济社会发展提供研究咨询服务，输送高端国际专业人才。

三、强化学科建设，接轨世界水平

在未来进一步发展的进程中，国际治理创新研究院将更加重视国际治理学科专业的建设，并积极推动国际治理专业人才培养向本科生和博士生两个方向的拓展。

一方面，积极开拓与国际著名高校及国际组织的交流合作，打造全球一流的国际治理专业，直接接轨世界水平。一是围绕人才培养和学术研究的需要，积极与美国马里兰大学、欧洲大学研究院联合创建全球水平的“国际治理专业学科”。二是充分发挥“国际治理专业学术指导委员会”课题专家的作用。

三是加速推进国际治理学科专业方面的教材和教学参考书目的编写工作。国际治理学科专业方面的教材和教学参考书将包括中文及英文两种版本，在中国同时出版发行，具体选题由中外专家协商决定，在学术指导委员会下设立专门的工作委员会。

另一方面，在建设高水平国际治理学科专业的同时，积极推动国际治理专业人才培养工作向上、下游两个方向的拓展。一是向上游学生辐射，带动国际治理人才本科生阶段的培养，广东外语外贸大学已经启动本科生国际组织创新班。二是向下游学生辐射，带动国际治理人才的博士生阶段培养。国际治理创新研究院已经与美国马里兰大学、欧洲大学研究院达成进一步深化合作的共识，启动了博士研究生的联合培养项目，并且已经从国际治理创新研究生项目中选拔了优秀毕业生赴美国马里兰大学、欧洲大学研究院等名校，继续攻读博士学位。

“看似寻常最奇崛，成如容易却艰辛。”广东外语外贸大学国际治理创新研究院在国际组织和国际治理专业人才的培养方面虽然取得了一些成绩，但是任重道远，还面临许多的困难和问题，希望得到中国教育发展战略学会国际胜任力培养工作委员会的指导和支持，进一步强化与国内外兄弟院校的合作与交流。在拓展国际治理人才培养的国际合作范围方面，争取与世界各国更多名校建立合作关系，逐步形成遍及全球高校的多元化分布格局；在拓展与国际组织的合作方面，争取建立更加稳定的长期合作渠道，引进高端专业人才，开拓实习和工作机会。总之，希望在中国教育发展战略学会国际胜任力培养工作委员会的组织及指导下，在进一步强化与国际组织和国内外院校之间的相互支持和精诚合作方面开创新局面。

发挥多学科优势　培养复合型全球治理人才①

一、引　言

全球化时代，培养具备国际胜任力的全球治理与国际组织人才对于推动构建新型国际关系，构建人类命运共同体，推动共建“一带一路”高质量发展意义重大。②

培养大批全球治理人才是国家人才战略的重要内容，是高校应当自觉承担起的责任。作为综合性研究型大学，武汉大学积极服务国家战略，充分利用学校综合性研究型大学的多学科优势，贯穿全员、全程、全方位育人理念，扎实推进“双外语＋优势学科”全球治理与国际组织人才培养模式，努力推动将学科优势、科研优势转化为育人优势、培养优势，着力培养具有扎实专业背景、兼具家国情怀和全球视野、能熟练运用外语并通晓国际规则的全球治理人才，努力为我国深度参与全球治理提供人才支撑。现已逐步探索出一条切实可行的以“英语＋法语＋国际法学”为代表的“双外语＋优势学科”人才培养模式。

---

① 作者：刘文彬，武汉大学学生就业指导与服务中心副主任；来瑞，武汉大学学生就业指导与服务中心综合办公室主任；屈文谦，武汉大学党委副书记。

② 习近平主持十八届中共中央政治局第三十五次集体学习并发表重要讲话 . (2016-09-28) [2021-12-10]. https://www.xuexi.cn/7d4414caa4679e657f2c04d2b8776930/e43e220633a65f9b6d8b53712cba9caa.html.

二、武汉大学全球治理人才的培养实践

（一）加强顶层设计，构建全球治理人才培养完整体系

武汉大学成立了大学生就业创业暨国际组织人才培养与推送工作领导小组，校长、书记担任组长，各相关职能部门为成员单位，搭建起各部门和培养单位分工合作、协同推进的人才培养推送工作机制。在这样的工作机制下，着力构建"宣传—遴选—培养—实践—推送"的全链条、全过程的工作体系，推动全球治理与国际组织人才培养的体系化。学校一方面打基础，持续宣传引导，举办国际组织青年人才训练营、开展全球治理专题讲座等，不断做大国际化人才"蓄水池"；另一方面谋长远，探索组织重点培养，开展分层分类的人才培养项目，精准培养优秀人才，同时协同开拓国际组织、海外高校、跨国企业等实习实训和深造资源，切实提高学生的国际视野和应用能力，增强学生在全球就业市场的竞争力。武汉大学"十四五"规划中明确提出，"加快规模化培养高水平国际组织后备人才""培养学生的全球胜任能力和全球治理能力"，全球治理与国际组织人才培养将成为学校在"十四五"期间重点推动的工作之一。

（二）发挥学科优势，探索全球治理人才培养特色模式

武汉大学是综合性研究型大学，学科门类齐全，优势学科突出。学校积极整合国际法、国际经济、国际政治、外语、马克思主义等"双一流"建设学科和优势学科资源，不断探索"双外语＋优势学科"全球治理与国际组织人才培养模式。学校国际法研究所是国内法学领域唯一的国家级高端智库，已经为国家培养了一大批涉外法治人才。培养实践方面，学校在国家留学基金委的资助下，与荷兰鹿特丹伊拉斯谟大学联合开展涉外法治人才培养项目，2021年，学校专门开设国际法实验班[①]，将其列入本科招生专业目录，进一步凸显与强化涉外法治人才的培养。在综合性全球治理人才培养上，学校依托拔尖创新人才培养基地弘毅学堂，成立国际组织与全球治理人才试验班[②]，面

① 武汉大学2021年本科专业信息 . (2021-06-07) [2021-12-04]. http://aoff.whu.edu.cn/info/1003/3972.htm.

② 武汉大学关于开展"国际组织与全球治理人才试验班"招生选拔工作的通知 . (2021-02-25) [2021-11-10]. http://hyxt.whu.edu.cn/info/1033/3573.htm?appId=1000028.

向全校大二学生招募优秀本科生。学生在学习本专业的基础上，学习二外法语，以及国际法、国际经济、国际政治等全球治理知识。学校还开展了国际组织实习实训，着力培养“一专多能”“一精多会”、兼具家国情怀和国际视野的全球胜任人才。

（三）大力宣传引导，做大全球治理人才培养后备力量

武汉大学持续宣传引导，长期举办国际组织系列活动，邀请相关学科专业教师、国际组织资深专家、任职校友、实习生等开展百余场专题讲座、工作坊，打下了坚实的受众基础。学生自发成立国际组织发展协会，充分发挥排头兵和朋辈带动作用。自2020年以来，学校已顺利开展三期国际组织青年人才训练营[①]，覆盖武汉地区十余所高校的近400位青年学子，进一步扩大了后备力量。建立常态化工作机制，结合学校学科优势和学生特点，定期搜集并推送优质实习信息，编印国际组织实习任职典型材料，多渠道发布，充分发挥榜样力量，提供国际组织职业生涯咨询服务，提供“一对一”指导与引导服务。通过一系列的举措，在引导学生开阔国际视野、了解国际组织并进而树立国际化的就业目标上，营造了浓厚的氛围，目前学校已经形成一大批长期固定的受众群体，分布在“WAIO武大国际组织”微信公众号、武汉大学国际组织实习交流群、训练营群等社交媒体平台上。

（四）积极开拓渠道，做实全球治理人才培养中间环节

实习实践是全球治理人才培养的重要环节。目前武汉大学已与近10个国际组织和高校达成实习生推送、人才培养培训等多方面的合作，为学生开展实习实训、深入了解国际组织搭建平台。线上线下相结合开展实习实训，2019年，学校选派第一批学生共18人前往瑞士日内瓦联合国训练研究所进行为期两周的实习实训，同年与联合国训练研究所签订合作协议[②]。截至2021年，学校共有52名在校生参加线上实习实训。另外，学校还建立起与国际劳工组织的合作，选派了多名学生参加学习培训。常态化疫情下，学校开拓了国内国际组织实习实训渠道，在浙江德清莫干山建立起国际组织实习实训基

① 我校举办国际组织青年人才训练营 . (2020-12-11) [2021-11-10]. https://news.whu.edu.cn/info/1007/62845.htm.

② 我校与联合国训练研究所签署合作谅解备忘录 . (2019-12-05) [2021-11-10]. https://news.whu.edu.cn/info/1002/56049.htm.

地，于2021年暑期选派39名学生前往进行了为期两周的集训。除前文提到的与伊拉斯谟大学联合培养涉外法治人才外，学校还与国际民航组织、联合国贸法会协议、荷兰海牙国际法庭、亚非法律协商委员会等建立了人才培养与推送合作，与联合国教科文组织合作开展了档案领域实习生推送项目等，各类联合培养不断推进，推送渠道不断拓宽。

（五）提供支持保障，建立全球治理人才培养长效机制

武汉大学出台了《关于加强国际组织人才培养推送工作的通知》，成立了国际组织人才培养推送工作领导小组，并提供了实实在在的政策和经费保障。一方面是政策保障，明确学生在校期间赴国际组织实习任职可根据需要实行弹性学制，可根据情况认定实习实践学分，到国际组织实习任职的应届毕业生毕业时其户档可申请在学校保留两年，划拨推免研究生指标以支持到联合国实习任职的本科生继续深造等等。另一方面是提供专项经费支持，学校参照国家留学基金委的支持奖励标准设立“国际组织实习奖学金”，奖励赴主要国际组织全职实习1个月以上的在校学生；设立“第三学期交流奖学金”，奖励两周以上一个月以内赴国际组织实习实训的在校学生。一系列的政策措施为培养与推送工作的开展提供了坚实的组织和制度保障。

三、武汉大学全球治理人才的培养经验

（一）高度重视，形成合力

武汉大学将全球治理与国际组织人才培养作为服务国家战略的重要工作进行专项推进。2018年6月，窦贤康校长受邀参加多部委联合组织的推进大学生到国际组织实习任职专题会议并作典型发言。2019年11月，李资远副校长带队赴瑞士访问联合国训练研究所，并与联合国训练研究所签订合作协议。2021年7月，作为常务理事单位，学校屈文谦副书记受邀参加中国高等教育战略学会国际胜任力培养专业委员成立大会并做主题报告。2021年11月，武汉大学大学生就业创业工作领导小组更名为武汉大学大学生就业创业暨国际组织人才培养与推送工作领导小组。在学校的重视下，职能部门的资源得以整合，院系的力量得以发动，本科生院、研究生院、学工部、研工部、国际交流部、就业中心、校友处等职能部门，以及弘毅学堂、法学院、政治与公共管理学院、信息管理学院、外国语言文学学院、边界与海洋研究院、历史

学院等一大批院系和培养单位纷纷加入全球治理人才培养当中，确保了工作推进的力度和效度。

（二）统筹谋划，久久为功

人才培养是一项长线工程，顶层设计至关重要，好的顶层设计有利于在全校上下达成共识、汇聚各方资源，从而确保长期推进、有效推进。学校全球治理与国际组织人才培养工作在启动之初，就基本明确了工作开展的大方向，从持续不断的宣传引导到建立起激励和保障机制，再到开办国际组织与全球治理人才试验班，工作是在一步一步深入的。即便是在疫情期间，相关工作也没有停下来。线下指导活动无法开展，就在线上开展，海外实习实践无法成行，就网上实训，信息推送也没有停歇。在 2020 年，武汉大学联合北京大学开展了国际组织微课堂，自主举办了首届国际组织人才训练营，让疫情之殇成为家国情怀培养的鲜活教科书。2020 年的坚守，有力地推动了 2021 年初武汉大学国际组织与全球治理人才试验班的如约成立。全球治理与国际组织人才培养不是一两年，或三五年就可以见成效的，不急于一时之成、短期之效，要长期推进，久久为功，是我们应具备的基本心态。

（三）结合实际，突出特色

每个高校的办学定位不同、学科特色不同，培养侧重也自然不一样，唯有这样才能形成百花齐放的培养格局。[①] 就武汉大学而言，学校确立“双外语 + 优势学科”的人才培养路径也正是基于学校的学科特色和培养实际。“双外语”指英语和法语，联合国六门官方语言中，英语和法语是工作语言，使用人数最多，同时精通英语和法语有助提高人才在多元环境中的适应能力。更重要的是“优势学科”，我们希望培养的是具有专业能力的全球治理人才，是能够真正在国际事务中发言、在国际决策中起作用的人才。国际法可以说是我们的第一优势学科，不仅因为这里是国内法学领域唯一的国家级高端智库，更重要的是，武汉大学国际法已经成功培养出了一大批在国际上为祖国发声的法学家，比如国际民航组织前秘书长柳芳、国际民航组织前法律事务与对外关系局局长黄解放、中国驻安提瓜和巴布达大使孙昂以及黄惠康、黄进、

① 张海滨，刘莲莲 . 服务国家战略，积极推进中国国际组织人才培养——2019 年北京大学国际组织人才培养论坛综述 . 国际政治研究，2019(6): 123-137.

肖永平等资深外交官、权威专家等。正是鉴于已有的成功培养经验，国际法成为武汉大学“双外语＋优势学科”架构下的第一个优势学科，被纳入学校国际组织与全球治理人才试验班的培养方案。

（四）点滴积累，资源共享

已有的工作实践告诉我们，资源是挖掘出来的，是积累起来的。校友资源是高校的宝贵资源，武汉大学积极邀请国际组织任职的校友回“珈”。有些校友还在实际行动上推动了学校人才培养的进程，如国际组织与全球治理人才试验班的成立就离不开黄解放校友的支持和帮助。年轻校友方面，一开始学校资源不够，所能联系的在国际组织工作的年轻校友比较少，后来学校致力于校友人才库的搭建，主动联系，通过校友带校友的方式，目前已形成拥有40余人的国际组织青年校友人才库。除校友资源外，学校也主动加强与国际组织资深前辈的联系，前辈们给学校的国际组织人才培养提出了非常好的意见和建议，帮助学校不断把工作做深做实。积累资源的同时，学校始终致力于推动共享，如开展专题讲座并邀请武汉地区其他高校的学生参与，组织的训练营面向武汉地区的高校开放等。武汉地处我国中部，国际组织相关资源不算丰富，共享也就更为重要，尽可能扩大覆盖面无疑是提高资源利用效率的办法之一。

四、问题与困难

结合学校工作实际，对标国际胜任力人才素质要求[①]，学校在全球治理与国际组织人才培养上还有很长的路要走，目前还面临以下问题和困难：

（一）全球疫情影响下工作推进受到影响

受全球疫情和国际形势影响，学生赴海外实习实践、到国际组织实习任职面临实际上的阻碍。虽然学校坚持开展各项工作，确保教育引导、人才培养不耽搁不断线，但海外资源的拓展确实受到较大影响。再者，从当前疫情情况来看，疫情很有可能再存在一段时间，这种情况下如何长期持续开展工作是各高校面临的共同挑战之一。

---

① 滕珺．国际组织需要什么样的人：联合国系统人才标准及中国教育对策研究．上海：上海教育出版社，2017.

（二）课程体系建设还需进一步加强

武汉大学真正意义上的全球治理与国际组织人才培养尚属起步阶段，在课程建设上，目前还主要是整合相关院系已开设的全球治理与国际组织相关课程，组织开展专家讲座类的课程等，体系性还不够，还需要在专业性、体系性的课程建设上下大功夫。①

（三）学生跟踪培养机制不成熟

有海外学习工作经历的学生因语言能力和多文化的交流实践而离国际组织和全球市场更近，应当成为我们在推动工作中重点关注的对象。但目前学校还缺乏较为成熟的跟踪培养机制，相关信息分布在校友部门、国际部门、就业部门等，需要进一步整合，在整合的基础上建立起相应的工作机制，加强对这部分学生的跟踪培养，提高培养的精准度。

五、工作展望

未来，武汉大学将坚持问题导向、结果导向、实践导向，进一步挖掘和整合学科资源，发挥学科优势，努力探索新的思路，着力采取新的举措，致力于取得新的成效，推动学校全球治理与国际组织人才培养更上一个层次，为新时代我国参与全球治理做出新的贡献。具体将从以下几个方面着力推动：一是深入探索“双外语 + 优势学科”国际组织人才培养模式，逐步在实践中充实培养模式的内涵，推动从“双外语 + 国际法”到“双外语 + 其他学科”的外延拓展。二是优化完善全过程人才培养体系，充分利用和整合学校国际化办学资源，建立从宣传、遴选，到培养、实践、推送的全过程的人才培养工作机制。三是着力推动系统、深入的人才培养实践，加强培养课程的体系化建设，开拓国内国外、线上线下相结合的实习实训渠道，着眼实践，追求实效，切实提升青年学生的全球胜任能力和全球治理能力。

① 张宁．让中国青年人才胜任于世界．神州学人，2021(10): 11-14.

华中科技大学国际胜任力人才培养的探索与实践[①]

一、引　言

华中科技大学把培养具有全球竞争力、国际胜任力的人才摆在重要位置，将培养和推送具有国际视野、通晓国际规则、具有全球视野的高层次国际化人才到国际组织实习任职作为学校服务国家战略、建设世界一流大学的重要使命之一。

国际组织内部分工细化且多样，需要一专多能的专业型人才。华中科技大学作为首批一流大学A类建设高校，拥有包括机械工程、电气工程、公共卫生与预防医学、外国语言文学等10个相关优势学科以及22个相关特色专业，9个学科入选一流学科建设名单，4个学科在第四轮学科评估中排名全国第1位。近年来，学校积极发挥学科优势，强化学科交叉和引领性服务，充分发挥学校强大的工医优势，打造学科融合、视野拓展、素质提升的多课程模块，为国际组织人才培养提供强有力的学科支撑。此外，学校还建设了专业型、复合型、国际化的师资团队，加强了对学生赴国际组织实习实践的指导。

① 作者：陈洁，华中科技大学国际交流处处长；卫甜，华中科技大学国际交流处亚非事务办公室主任。

二、工作举措与进展成效

（一）构建多层次国际胜任力人才培养体系

整合多渠道资源，开展国际组织人才训练营。华中科技大学与世界卫生组织、国际劳工组织、联合国工业发展组织、世界知识产权组织、联合国人权理事会、世界贸易组织、国际民航组织等9个国际组织建立了合作关系，并于2019年启动“国际组织人才训练营”活动，邀请国际组织官员来校授课。截至2021年，共计500余名本校学生参训，51名学生赴相关国际组织进行交流实践和培训学习，活动还吸引了100余名其他高校大学生参加。

依托国际组织人才培养创新实践基地，推出了面向全校学生的国际胜任力课程。2020年，华中科技大学入选教育部中外人文交流中心首批国际组织人才培养创新实践基地。依托国际组织人才培养创新实践基地，学校开设了面向全校师生的国际胜任力专业型课程，截至2021年，共有599名师生参与相关课程学习。此外，学校于同年启动学校国际化能力提升计划，与悉尼大学、杜克大学等合作伙伴联合推出全球化能力建设工作坊，打造国际化能力提升系列讲座品牌，邀请相关兄弟院校专家、外交官、国际组织官员来校开设专题讲座，相关活动覆盖师生群体近500人，反响良好。基于良好国际组织人才培养基础，2021年6月，学校获批教育部国际组织青年人才培训项目。

鼓励院系与对口国际组织联合启动专业型课程培训。华中科技大学管理学院与世界知识产权组织联合举办的华中科技大学知识产权暑期班，共邀请了来自全球14个国家和地区的知识产权领域顶尖专家学者参与授课，其中欧洲科学院院士5人，以及世界知识产权组织助理总干事、世界贸易组织知识产权与政府采购和竞争司司长、世界知识产权组织学院专业发展项目负责人等来自多个国际组织的专家学者。学校24名师生参加了暑期班课程学习。

依托全球治理国际会议品牌，打造国际组织后备人才培训班。华中科技大学国家治理研究院与国家治理湖北省协同创新中心联合打造了“全球治理·东湖论坛”品牌会议，并以“以会代训”的形式举办国际组织后备人才培训班，截至2021年，已成功举办7届，参训学生超500人。

（二）发挥中外合作办学机构特长，搭建国际胜任力人才交流平台

华中科技大学积极发挥被评为中欧建交40周年40个典型案例之一的中

欧清洁与可再生能源学院办学优势，于2018年依托学院成立华中科技大学学生全球治理与可持续发展协会，为有志于赴国际组织实习和工作的学生提供了解和接触国际组织的平台。协会积极邀请有国际组织任职经历的官员、专家来校讲座，选派学生赴国际组织调研走访，与联合国官员面对面交流等，进行与国际组织的对话合作。目前中欧清洁与可再生能源学院已与联合国工业发展组织等相关国际组织建立起合作关系，截至2021年，共选派43名学生参加联合国青年领袖精英班，并有2名同学获得联合国工业发展组织实习机会。

（三）依托学科优势参与国际组织事务，在国际舞台贡献“中国智慧”

华中科技大学依托法学院人权理论研究优势，与联合国人权理事会密切合作，向世界提供中国人权方案。2019年，华中科技大学人权法律研究院欧洲研究中心在奥地利维也纳挂牌。同年，该研究中心承办的“2019·中欧人权研讨会”在维也纳成功举办，来自中国、奥地利、德国、法国、荷兰等国的100余位人权领域著名专家、学者围绕“东西方人权价值观比较”主题进行研讨交流。2020年，学校人权法律研究院获批国家人权教育与培训基地。同年5月，法学院组织主题为“疫情防控中的中西方人权观比较”的国际视频研讨会，向来自联合国人权事务高级专员办事处和全球各地的40余名著名人权专家、管理者传递中国抗疫经验。2021年3月，国家人权教育与培训基地选派邓烈教授、杜治晗老师出席联合国人权理事会第46届大会，针对儿童保护等相关议题进行主题发言。2021年10月，法学院博士生彭艺璇参加了联合国人权理事会第48届会议“新冠疫情大流行下的生命健康权保障”云上边会并作主旨发言。

积极发挥传统学科优势，为国际组织提供国际标准议案。2020年10月，通过工业和信息化部向国际电信联盟推荐，华中科技大学作为学术成员加入了国际电信联盟组织。2021年10月，学校电子信息与通信学院肖泳教授、葛晓虎教授和邱才明教授出席了国际电信联盟第20届研究组全体会员会议。会上，由华中科技大学作为牵头单位向国际电信联盟提交的国际标准技术报告《面向物联网和智慧城市/社区的语义通信架构》获得批准正式立项，成为全球首个面向物联网与智慧城市的联邦学习参考架构。作为联合国教科文组织工业遗产的联合持有者，学校建筑与城市规划学院何依教授参与联合国教科文组织研究项目“作为都市发展资源的工业遗产地的可持续管理”，并推动发布《关于促进文化交流，保护共享遗产的武汉倡议》，从武汉向世界发出了共享文化、共享遗产、共享责任的倡议。

（四）以政策制度为导向，提升学生赴国际组织积极性

2021 年 9 月，学校出台《华中科技大学推荐优秀应届本科毕业生免试攻读研究生奖励加分细则》，将本科生赴国际组织实习经历纳入推荐免试研究生奖励加分体系，从政策制度方面鼓励学生赴国际组织实习。

（五）强化校内协同机制，形成整体推进合力

华中科技大学建成了国际交流处、本科生院、学生工作部三方部门协同机制，以及与中欧清洁与可再生能源学院的良好互动机制，形成了基地建设助推国际组织人才培养、社团建设鼓励学生自主发展、官方对接拓展派出渠道三步走的工作机制。其中，国际交流处负责对外开拓国际组织资源，本科生院负责提供资金支持，学生工作部负责组织学生参加课程、培训以及学生的遴选、派出等相关工作，中欧清洁与可再生能源学院负责指导华中科技大学学生全球治理与可持续发展协会开展活动。

三、工作展望

启动国际组织拓展计划，加强与国际组织对话合作。整合相关资源，提供英语、法语等语言强化课程，系统性强化学生的沟通与协作能力，与国际组织联合推出实务课程，增强学生对世界文化与全球议题的理解，打造国际组织后备人才“蓄水池”。此外，扩大学校模拟联合国活动的规模与影响力，邀请相关国际组织专家对活动进行指导与点评，为后备人才提供实战演练平台。

综合性大学国际组织人才培养实践探索①

一、引 言

国际组织人才培养是高校人才培养的重要组成部分，综合性大学由于其自身学科特点，在国际组织人才培养过程中肩负重要使命，具有特殊优势。本文以吉林大学为例，探讨综合性大学在国际组织人才培养过程中的实践探索，并结合国际组织人才培养目标，对标当下工作实际，提出未来的工作思考与建议举措。吉林大学充分发挥区位优势和合作基础，坚定秉持“为党育人、为国育才”的理念，建立长效工作机制及全过程人才培养项目体系，将学生综合素质提升工程与教职工队伍“全球胜任力”提升工程并行，综合施策，建立起完备的国际组织人才培养体系。

为服务国家战略，吉林大学将国际组织人才培养作为立德树人根本任务中的一项长期重点工作，充分发挥学校学科综合、思维创新和环境开放的优势，以培养“具有国际视野、通晓国际规则、具备扎实专业能力和完备知识结构，跨文化交际能力和语言能力突出的国际化复合型人才”为目标，完善复合型人才培养课程体系，培养专业化授课师资团队。统筹谋划、协调推进，建立服务国家战略需求的新支点，为参与全球治理提供有力人才支撑。

---

① 作者：李筠，吉林大学国际汉语教育东北基地副主任兼国际合作与交流处副处长；车轩，吉林大学国际合作与交流处项目主管。

二、立足长远，建立长效工作机制

（一）建立科学合理的制度保障

国际组织人才培养与推送是一个系统工程，也是一项新的工作任务，学校加强顶层设计，站在国家人才需求和学校发展全局的高度筹划布局、建章立制，统筹各方力量协同推进工作。

2017 年，经吉林大学校长办公会议审议通过的《吉林大学关于加强国际组织人才培养与推送工作实施方案》，从加强顶层设计、拓宽办学视野、调整教育教学资源、创新人才培养模式、加强信息渠道建设和咨询服务保障等多个方面，为学校推动国际组织人才培养与推送工作建立起强有力的制度保障。

（二）建立部门协同、校院联动工作机制

在国际组织人才培养工作中强化组织领导，充分发挥学校国际组织人才培养与推送工作领导小组作用，由吉林大学主管教学工作和主管学生工作的校领导共同牵头负责，形成教务处、国际合作与交流处、学生就业创业指导与服务中心负责规划设计和组织协调，学生工作部、研究生工作部、团委以及相关教学科研单位协同负责的部门协同、校院联动的工作机制，对国际组织人才培养工作实行全链条管理，夯实人才储备、培养、推送工作基础。

（三）设立国际组织人才培养工作专项经费

吉林大学建立健全国际组织人才培养经费投入机制，设立了国际组织人才培养工作专项经费，支持人才培养过程中的教学组织与管理、课程建设与运行、聘请专家学者讲学、资助学生开展实习实训等。

2016 年以来，学校分批次启动专项经费，已累计投入近 260 万元，保障“国际组织与全球治理培训班”课程运行，全额资助学生赴美国参加纽约全美模拟联合国大会等品牌项目，保障优秀学生获得培养和实训机会。

（四）畅通信息渠道，搭建多元化合作平台

吉林大学组织专业团队，就各类国际组织的职能、发展现状和人才需求等展开调研，充分发掘各类国际组织实习和任职岗位。同时，与国际组织积极建立合作关系，加强高层次海外人才培养基地建设，拓宽海外实习、培训项目渠道。

吉林大学国际合作与交流处、学生就业创业指导与服务中心、公共外交学院等多家单位通过微信平台，严格按照信息发布流程，及时推送国际组织人才培训和岗位需求等相关信息，拓宽学生信息获取渠道。同时，在校内通过讲座、宣介会、学术研讨会等方式，帮助学生了解国际组织背景知识、运行规则、人才需求和任职要求等，做到未雨绸缪。

三、综合施策，建立全过程人才培养项目体系

（一）搭建国际组织人才培养开放式教育平台

在吉林大学教务处、国际合作与交流处的大力支持下，公共外交学院开设“国际组织与全球治理培训班”，以生源招募、在校培养、实习实践、就业指导为主线，采用课堂教学、线上慕课和专家讲座相结合的形式，按照初、中、高 3 个层级对学生进行专业知识讲授和语言技能培训。截至 2021 年，已顺利开设两期培训，已有来自吉林大学 20 余个学院的博士、硕士研究生和本科生共 120 人全程参加。学生专业类别涵盖广泛，涉及理、工、农、医、人文、社科等多种学科领域。培训班充分利用校内学科资源，打通院系壁垒，形成“专业背景 + 学科综合背景”的交叉培养体系，为学生创造多元化的实践教学环境，搭建吉林大学国际组织人才培养的开放式教育平台。

以“国际组织与全球治理培训班”为载体，吉林大学构建并完善了“‘吉人天下’学生全球胜任力高端培训计划”项目。该项目成功入选教育部国际组织青年人才培养项目，吉林大学也成为吉林省唯一一所入选该项目的高校。

（二）与国际组织建立长效合作机制

近年来，吉林大学与中日韩三国合作秘书处、中国—东盟中心、联合国教科文组织国际创意与可持续发展中心（北京）、联合国教科文组织教育信息技术研究所等 4 个国际组织签订了合作协议，积极开拓国际组织资源。公共外交学院与联合国成立 75 周年办公室签署合作协议，组织师生开展网上调研，举办系列学术论坛，积极参与联合国成立 75 周年纪念活动。

在与国际组织建立良好合作的基础上，2019 年，学校派出 6 名学生赴联合国环境规划署、联合国人居署、联合国教科文组织国际创意与可持续发展中心、荷兰海牙刑事法庭等国际组织进行实习；派出 43 名学生赴联合国日内瓦总部、国际劳工组织、世界卫生组织等国际组织进行交流实践。

受新冠疫情影响，原计划2020年选派师生赴联合国总部交流实习的国际组织工作专题项目、选派学生赴中日韩三国合作秘书处实习的合作项目暂停，但也为下一阶段的合作打下了基础。

（三）建立国际组织人才“蓄水池”

为培养和储备国际组织人才，2016—2021年，吉林大学共资助58名学生赴美国参加纽约全美模拟联合国大会，并组建指导教师团队，赛前为学生进行系统指导。该项目面向外语、外交学、法学、行政、经济、环境等相关专业学生，每年选拔50—60人参加赛前训练营，2016—2021年，共有200余名学生参加赛前训练营。吉林大学学生代表团2016—2018年连续3年获得团体优秀奖，2019年获团体二等奖；2016—2021年，累计获得8个最佳立场文件奖。

在参加该项目的学生中，已有4人次先后赴联合国环境规划署（纽约）、联合国南南合作非洲办公室、联合国发展署韩国政策中心和联合国人类住区规划署等国际组织进行实习。

（四）拓宽国际组织人才实习实训渠道

近年来，吉林大学各部门通力合作，通过整合教育资源，依托教学科研单位，拓宽国际组织人才实习实训渠道。

学校积极组织学生申请国家留学基金委“哥斯达黎加联合国和平大学硕士全额奖学金”项目，已有4名学生接受国家留学基金委的全额奖学金资助，赴哥斯达黎加联合国和平大学攻读硕士学位。

物理学院霍俊德教授自1992年以来连续8次参加国际原子能机构召开的核结构和衰变数据评价国际协作网协调会议，得到了国际原子能机构的全额资助。

法学院学生代表队在“国际刑事法院中文模拟法庭”竞赛中屡创佳绩，于2019年挺进海牙国际赛，并于同年从大陆赛区“红十字国际人道法模拟法庭竞赛”中晋级2020年亚太赛区竞赛；于2021年4月从“国际刑事法院中文模拟法庭”预选赛中脱颖而出，取得晋级资格。

公共外交学院通过开办“大使论坛”“模拟外交谈判大赛”等活动，先后邀请吴洪波大使、布里马·帕特里克·卡普瓦大使、宁赋魁大使和杨宝珍参赞等来校讲学。

四、工作展望

（一）坚持“立德树人”，将思政育人贯穿国际组织人才培养全过程

在国际组织人才培养过程中，吉林大学坚定秉持“为党育人、为国育才”的目标，将思政育人贯穿国际组织人才培养全过程，完善素质与能力并重、兼具国际视野和家国情怀的培养模式体系。

作为地处东北亚经济圈核心位置的高校，学校对日、蒙、韩、朝、俄等国家开展的国别研究具有丰富经验和显著优势，深入推进国际组织人才培养相关工作，既能为国家新时期外交战略提供理论支撑，又能辐射和带动区域内高校的国际化进程。

（二）立足长远发展，做好学生综合素质提升系统工程

国际组织人才培养应立足长远发展，坚持不懈、持之以恒地抓好打基础、利长远的各项工作，通过进行分级培养的长远规划，逐步完善人才培养梯队建设。从新生入学开始，帮助学生树立未来就业目标，提前做好学涯职涯规划。在学生求学期间，充分利用海外优质课程、国际课程周、境外研修资助计划等，强化人才培养过程中“引进”和“派出”的有效衔接，有计划地提升学生的全球胜任力，培养一批具有参与全球治理知识和能力的高质量人才。

（三）提升教职工队伍“全球胜任力”，服务国际组织人才培养

吉林大学将国际组织人才培养工作纳入“双一流”建设与“十四五”规划目标体系，通过组织面向专任教师、管理干部、心理教师和学生辅导员的“全球胜任力提升计划”，加强教职工队伍的国际组织人才培养路径培训，提高政治站位，营造国际化工作氛围。在日常教学、科研和行政工作中融入“全球胜任力”教学理念，有意识地鼓励、推荐学生前往国际组织实习任职，推进吉林大学国际组织人才培养服务保障体系与国际接轨。

五、思考与建议

（一）需要发挥顶层设计的统筹作用，形成内部信息共享机制

我国在全球治理人才培养方面起步稍晚，正处于积极探索阶段。因各个

国际组织对于人才的需求不尽相同，若不做好顶层设计，各高校在国际组织人才培养中难免一哄而上，重复培养，部分专业性高、要求特殊的岗位就难以顾及。建议从国家战略高度进行顶层规划，打破信息壁垒，建立内部信息共享机制，指导有条件的高校有的放矢地推进个性化、定制式项目，从而实现国际组织人才精准化培养。

（二）亟须完善人才培养课程体系，培养多语种复合型人才

针对非通用语种人才较为紧缺的现状，立足国际组织人才对全球视野、多学科交叉知识和专业技能储备的需求，吉林大学亟须完善多元化的国际组织人才培养课程体系，注重培养精通多种语言的复合型人才。根据国际组织选聘人才的相关要求，打破学科和院系壁垒，引导学生在主修专业之外，选修多语种课程，形成“专业＋英语＋其他语种”的多语种复合型人才培养模式。

（三）应当充分发挥教学科研单位主动性，实现人才培养专门化和专业化

学生参与国际组织项目的积极性和能动性仍相对不高，主动参与全球治理的意识还有待加强，吉林大学各教学科研单位对于国际组织人才培养的主观能动性仍有待提升。学校应鼓励具有国际影响力的专家学者在国际组织兼职、挂职或任职，建设一支兼具学术声誉和国际组织任职经验的师资队伍，以专业师资力量推动国际组织人才培养。建议出台相应政策，有的放矢地鼓励主动参与全球治理的高水平师生，并在升学、职称晋升等切实关系师生利益的领域对圆满完成国际组织实习或任职工作的师生予以倾斜，切实挖掘培养优秀人才，助力国际组织人才培养储备。

开展公共外语教学改革　探索高层次国际化复合型人才培养新模式①

一、引　言

为提高我国在国际组织的代表性，服务中华文化"走出去"及人类命运共同体建设战略的实施，加强非外语专业学生公共外语课程体系建设，培养更多懂专业、通外语的高素质涉外人才迫在眉睫。大连理工大学是"教育部首批公共外语教学改革试点高校"，承担着国际组织和"一带一路"建设人才培养的重要任务。

为推进高层次国际化复合型人才的培养，大连理工大学从培养目标、开展情况、机制保障3个层面构建人才培养新模式，有助于深化非外语专业的高等教育改革，提高我国涉外人才质量，以期进一步提升我国国际竞争力。

二、大连理工大学高层次国际化人才培养目标

大连理工大学本着"服务需求、成效导向，立足专业、强化外语，广泛培养、重点选拔，创新模式、完善机制"的工作思路，密切结合学校国际化人才培养工作基础，着力建立国际组织人才培养长效机制。

---

① 作者：陈宏俊，大连理工大学外国语学院院长；丁蔓，大连理工大学外国语学院副院长。

（一）意识培育

通过国际化人才培养研讨，国际化人才培养实习、实践、实训平台和基地建设，加大国家对外开放战略、主动服务“一带一路”建设，加强国际组织人才培养的宣传力度。

（二）有序拓展

大连理工大学以课堂学习为主，辅以实践实习实训；以国内学习为主，辅以国外语言学习和实习，有目的、有针对性地构建“国内课堂学习 + 国外语言学习 + 课外实践 + 国际组织实习实训”的国际化复合型人才培养模式。

（三）课程建设

立足学生所学专业，设计个性化培养方案，学制为 4 年，总学分设置为 200 学分。其中“通识 + 基础 + 专业”等专业人才培养的课程为 120 学分，与国外大学相关专业学分数总体相当；“公共外语改革班”课程体系设置 80 学分，由 4 部分组成，共包含 10 个模块。

三、高层次国际化人才培养开展情况

大连理工大学从 2007 年开始开展模拟联合国活动，培养了一批有国际视野和沟通能力的学生，积累了丰富的国际化人才培养经验。2018 年，学校入选“教育部首批公共外语教学改革试点高校”，2020 年入选教育部首批“高层次国际化人才培养创新实践基地”。前期工作基础包括以下 3 个方面：

一是开展模拟联合国活动，培养国际化拔尖人才，构建了外语课外实践育人体系。

二是面向服务国家战略需求，开展公共外语教学改革，结合学校理工科专业优势，明确了高素质国际化复合型精英人才培养目标。

三是坚持“一专多能”“一精多会”，依托学校国际班、理工类、人文经管等优秀学生基础，开设二外三外课程，实现精英语（一外）、会二外（俄语、日语、法语、德语）、通三外，初步构建了高素质国际化人才培养的课程体系。

四、国际组织人才培养机制保障

大连理工大学建立了组织、制度、师资、经费等四位一体的协同管理机制，为项目建设提供了有力的政策机制保障。

（一）组织保障

大连理工大学高度重视国际组织人才培养工作，成立了以校长郭东明院士为主任的“大连理工大学公共外语教学改革指导委员会”，协调学校各部门，为参与国际组织人才培养的学生和教师，制订鼓励性政策和措施，鼓励学生和教师积极参加高素质国际化精英人才培养。

（二）制度保障

大连理工大学教务处作为组织部门，负责教学制度保障。对国际组织人才培养进行教学质量监控，保障授课质量，以学生座谈、评教等形式，对参与项目学生进行摸底，对教学成果进行反馈和调整。

（三）师资保障

大连理工大学致力于加强第二外语、第三外语师资队伍建设，提高师资队伍质量，适当增加法语、德语师资队伍数量。从学校现有师资中优中选优开设国际组织事务类、法规类、礼仪类等相关课程、讲座，同时从国内外聘请、邀请相关领域专家学者教授到校授课。为保障教学管理，外国语学院专门成立“国际组织人才培养教研室”，专门增加教学辅助人员编制。

（四）经费保障

对国际组织人才培养，大连理工大学拨付了专项经费进行支持。一方面，学校重点支持兼职教师聘任、学生参加国内外模拟联合国等实践活动、学生出国参加第二外语学习及国际组织研究等。另一方面，学校划拨实习经费，为优秀学生承担一定比例的赴国际组织实习的经费。

五、结　语

经过 30 多年的发展，大连理工大学已经在培养国际化复合型人才方面进行了大量的探索和实践，包括英日俄专业人才、非外语专业国际化复合型人才培养，为国家和社会培养了一大批国际化复合型人才。

践行开放办学理念　推进国际组织人才培养实践①

一、引　言

为贯彻落实全国教育大会、全国教育外事工作会议精神以及《教育部等八部门关于加快和扩大新时代教育对外开放的意见》等文件要求，大连外国语大学申报并获批成为“国际组织人才培养创新实践项目基地”及“国际组织青年人才培训项目高校”。该基地及项目契合学校“一体两翼”的人才培养目标，为培养具有全球思维、国际视野、国际化适应能力的国际型人才，推进国际组织后备人才队伍建设提供了重要支撑。

教育部等部门在《关于高等学校加快“双一流”建设的指导意见》中明确将“加大高校优秀毕业生到国际组织实习任职的支持力度，积极推荐高校优秀人才在国际组织、学术机构、国际期刊任职兼职”作为重要指标。以此为指引，大连外国语大学确立了以培养具备高水平英语及另一门外语语言能力，具有扎实的国际组织专业理论功底，通晓国际组织原则、规范和决策程序，能够胜任国际组织工作的人才为培养目标，高质量建设课程体系。在国际组织人才培养过程中，学校不断尝试，加强校校、校企等合作，高质量建设国际组织人才课程体系，初步形成了国际组织人才培养的目标能力体系与框架，

① 作者：姜凤春，大连外国语大学副校长；李凡，大连外国语大学国际交流与合作处处长；姜滨滨，大连外国语大学国际交流与合作处副处长；胡欣然，大连外国语大学国际交流与合作处科长。

即培养学生双语能力、构建国际组织知识体系、培养学生行政管理和冲突管理能力以及培养学生跨文化沟通能力等。

大连外国语大学国际组织人才培养实验班依托国际关系学院及其他院系的师资、教学资源，打造精英式教学研究平台；采取“校内 + 校外”“国内 + 国外”“企业 + 学校”结合的培养模式，借助案例教学、角色模拟教学等培养模式，启发式、探究式、讨论式、参与式等教学方法，通过短期交流课程、国际暑期课程、国际化课程等推进项目落实。2020 年 11 月至 2021 年 7 月，学校先后选派 5 位同学赴中国—东盟中心实习实践，做到“学以致用”，后续学校将继续选派、推进实验班学生赴国际组织开展实习实践，助力具有全球思维、国际视野、国际化适应能力的国际型人才培养。

二、方法措施

国际组织人才需要完善的人格及正确的世界观、人生观和价值观，需要站稳立场、掌握政策、熟悉业务、严守纪律；需要多语言使用能力；具备行政管理能力和冲突及危机管理能力；能够处理国际事务及服务国家战略；能够进行跨文化交流和沟通并从事国际谈判；同时还要具备终身学习的能力，保持对新事物、新理念和新技术的追踪和学习能力。为实现对学生以上素质和能力的培养，学校从课程体系建设、实习实践基地建设、实验室建设和教材建设 4 个维度，推进人才培养工作。

大连外国语大学在国际组织人才培养过程中设立了涵盖本科生、研究生的国际组织人才培养实验班，取得了较好的效果。经过近 1 年的培养，以及教学实践的梳理与总结，学校将进一步建立本、硕、博一体化国际组织人才培养体系，即培养能够在国际组织工作的实践人才，也培养能够从事国际组织相关研究的科研人才，为我国国际组织人才培养提供可持续的人才动力。

大连外国语大学的国际组织人才培养通过国际化课程体系、国家化教学团队、国家化教学方法、国家化实习实践，以及国家化教学管理 5 个国际化手段，培养了具备高水平英语及另外一门外语语言能力，具有扎实的国际组织专业理论功底，既熟悉我国国际组织相关战略和政策又具有国际视野，通晓国际组织的原则、规范、规则和决策程序，能够胜任国际组织实践及研究工作的国际化、复合型、应用型人才。

针对国际组织人才培养的关键能力和学科体系，大连外国语大学在培养过程中深入推进相关课程体系的建设以实现对学生相应能力和素质的培养。通过语言学、口笔译、阅读、演讲、视听说及国际热点问题研究等课程培养学生的（英语＋法语）双语能力；通过联合国研究、上海合作组织研究、国际组织概论、国际法、国际项目组织与管理等课程构建学生国际组织相关的知识体系；通过行政管理基础、冲突预防与管理、组织心理学、统计学经济学等课程培养学生行政管理和冲突管理能力，提升在国际组织中处理各类常规、复杂和突发事件的能力；通过跨文化交际、国际谈判等课程培养学生跨文化沟通、跨文化合作的能力。

在实习实践基地建设方面，2020年11月至2021年7月，大连外国语大学先后选派5位同学赴中国—东盟中心新闻公关部、综合协调部、教育文化旅游部等进行实习实践，做到“学以致用”，真正实现了理论与实践的有机结合，更加坚定了学校大力推进国际组织人才培养实习实践基地建设的动力和目标。大连是充满活力的创新城市，是东北亚合作的重要枢纽，是丝绸之路经济带重要节点城市，与世界多个国际组织保持密切联系，也是国内第三大举办国际会议最多的城市。依托大连的区位特点，结合学校国际组织人才培养基地发展的实际需要，学校将在中国—东盟中心实习实践基地的基础上，重点拓展并夯实与亚太事务相关的国际组织交流合作，包括中日韩三国合作秘书处、上海合作组织、联合国亚太经济社会委员会、亚洲基础设施投资银行、博鳌亚洲论坛、联合国教科文组织等，实现“学校资源＋社会资源”“课堂教学＋实践教学”“国内培养＋国外培养”相结合的三位一体国际组织人才培养模式，培养具备国际组织工作能力的宽口径、高质量、复合型国际组织人才。

实验室建设方面，大连外国语大学2019年确定了国际组织虚拟仿真实验室建设工作，并于2021年建成国际语言应用实训仿真模拟实验室。该实验室占地300平方米，能够满足学生模拟联合国活动需要、满足模拟各类国际组织活动需要，除先进的硬件设施外，还购买了国际谈判和外交外事礼仪等国际组织人才培养核心课程的辅助教学软件。随着国际组织人才培养及教学实践的深入，学校将加强同中科浩博等企业的交互，定制、开发国际组织人才培养课程、学科体系等核心教学内容及教学软件等，提升“理论＋实践”教学空间。

教材建设方面，结合国际组织人才培养目标及课程体系，大连外国语大学在采用已有教材的同时，充分调动相关授课教师的积极性，编撰、出版涵盖语言强化、理论学习及实践教学等符合国际组织人才培养教学需要的系列教材，拟定的教材名录包括《全球问题与全球治理》《公共外交与国际组织》《国际冲突与危机管理》《国际组织概论》《国际政治心理学解析》《国际谈判实务》《国际项目组织与管理》《外交外事礼仪》等。

三、经验分享

自 2020 年 9 月起，大连外国语大学国际组织人才培养实验班运行近两年，取得了预期的效果，总结起来主要得益于学校的学科支撑、平台支撑、国际交流及社会资源等方面。

第一，在学科方面，大连外国语大学是以外语为主的多科性外国语大学，拥有文、经、管、工、法、艺术六大学科门类，拥有培养国际组织人才所需的外交学、国际关系学、管理学、国际商务等专业支撑，这些专业也是学校在国际组织人才培养过程中重点建设和发展的专业。

第二，在平台支撑方面，大连外国语大学现有教育部 7 个区域国别备案研究中心，研究领域涉及东北亚、东南亚、中亚和中东地区，是国际组织人才培养重要的研究支撑；学校中日韩合作研究中心作为中日韩三国合作秘书处的中日韩合作研究中心网络成员之一，同中日韩合作秘书处保持了紧密的联系，是中日韩合作秘书处在中国重点联络的研究中心之一；学校还是上海合作组织大学中方校长委员会主席单位，上述平台资源为国际组织人才培养提供了有力的科研及学科支撑和保障。

第三，国际化是学校人才培养的首要目标，目前大连外国语大学同 37 个国家和地区的 235 所高校和机构建立了友好合作交流关系，现有 10 所海外孔子学院，为国际组织人才培养提供稳定的国际化支撑。

第四，在社会资源方面，大连外国语大学是外交部京外最大的生源基地，已有 120 名毕业生在外交部工作；学校同众多现任、前任大使保持着密切合作关系，定期邀请大使前来做讲座。学校众多校友从事国际组织相关工作，有一名毕业生进入联合国教科文组织工作。服务国家对外战略需要是学校的学科自觉，学校充分调动了社会资源推进国际组织人才培养工作。

四、问题及困难

第一，国际组织理论体系建构尚待完善。目前，大连外国语大学对于国际组织体系掌握不健全，研究主体仍集中在传统学科领域，未能突破传统学科的壁垒，从整体上把握国际组织内部运行机制。

第二，从事国际组织研究的相关人才不多，学校目前从事国际组织研究工作的老师均具有国际关系研究背景，但跨学科研究目标不清晰，多学科、交叉理论研究的深度尚显不足。

第三，国际组织人才培养相关课程体系有待完善。20 世纪 90 年代后期，国际组织影响力的大幅度提升，但地缘政治、民族问题、宗教问题仍在很大程度上影响着国际组织的发展。学校开设的课程更多集中在国际组织理论边缘，在国际组织问题的理论纵深、组织社会学和国际法学等概念体系尚未涉深。

五、未来展望

作为教育部中外人文交流中心支持建设的“国际组织人才培养创新实践项目基地”以及“国际组织青年人才培训项目高校”，为实现“加大高校优秀毕业生到国际组织实习任职”的目标，培养学生参与国际事务及全球治理的能力，鼓励学生参与国际组织人才培养项目，提升学生赴国际组织实习的竞争力，学校已成立大连外国语大学国际组织人才培养领导小组，将举全校之力，统筹协调各方资源，推进国际组织后备人才队伍建设。未来工作将侧重从制度建设、基地建设、人才培养及课程体系四方面发力。

第一，深入学习、研判，推进学校国际组织人才培养相关制度建设。围绕国家关于国际组织人才培养方面的战略、方针及政策，审议、制定、落实学校国际组织人才发展战略及重大决策；制定、完善学校国际组织人才培养工作相关规章制度；指导、监督学校国际组织人才培养工作执行、落实情况，以及管理国际组织人才培养的过程。

第二，大连外国语大学将着力建成特色鲜明的国际组织人才培养基地，重点建设、夯实包括中日韩三国合作秘书处、上海合作组织、联合国亚太经济社会委员会、亚洲基础设施投资银行、博鳌亚洲论坛、联合国教科文组织，以及联合国在内的同亚太地区事务相关的 7 个国际组织的紧密联系与合作，使其成为学校国际组织人才培养的重要实习实践基地。

第三，大连外国语大学将实现国际组织人才“双外语、跨专业、国际化”的培养目标，建立全球治理与国际组织新专业，预计培养100名具备国际组织工作能力的宽口径、高质量、复合型国际组织储备人才，确保15—30名毕业生能够进入国际组织工作。

第四，大连外国语大学将形成完整的国际组织人才培养课程体系，出版15部国际组织人才培养系列教材，涵盖语言强化课程、理论学习课程及实践教学课程，包括“全球问题与全球治理”“公共外交与国际组织”“国际冲突与危机管理”“国际组织概论”“国际关系学理论解析”“国际政治心理学解析”“国际谈判实务”“国际项目组织与管理”“国际热点问题研究”“外交外事礼仪”等；建设“全球问题与全球治理”“公共外交与国际组织”“国际冲突与危机管理”“国际组织概论”“国际商务谈判”等10门线上课程，与国际组织合作召开国际会议3—5场，完成联合研究项目3—5项，为我国在国际组织的工作提供支撑。

国际组织人才培养与推送工作体系实践①

一、引　言

在国家“加强国际组织人才培养、扩大国际组织人才储备战略”和新文科建设理念的指引下，山东大学以国际化人才培养为契机，进一步整合校内外优质资源，精准对接国家需求，对国际组织人才培养与推送模式进行优化和重塑，努力构建多层级、立体化和特色型的国际组织人才培养与推送体系，加快培养高素质国际化复合型的拔尖创新人才。同时，通过国际组织人才培养发挥牵引和示范作用，以点带面、产学协同、持续发力，带动全校、区域与全国国际化人才培养与推送，彰显人才培养社会服务功能，为中国参与全球治理提供人才支撑。

山东大学全面落实立德树人根本任务，紧密围绕国家重大发展战略，前瞻谋划就业战略布局，精准对接地方和行业需求，整合校内外优质资源，一校三地协同联动，对国际组织人才培养与推送模式进行优化和重塑。学校《新文科建设工作方案（2019—2021 年）》明确指出要“对接国际组织人才培养国家战略需求，构建多层次、立体化的国际组织人才培养模式，在国内发挥

① 作者：王迎春，山东大学学生就业创业指导中心副主任；李抗，山东大学学生就业创业指导中心主任科员；杨健，山东大学学生就业创业指导中心科员；马文啸，山东大学学生就业创业指导中心行政助理。

引领和示范作用”。在国家“积极参与全球治理体系改革和建设，不断贡献中国智慧和力量”“加强国际组织人才培养，扩大国际组织人才储备战略”和新文科建设理念的指引下，学校把培养“一精多会、一专多能”的高素质国际化复合型拔尖创新人才作为提升人才培养质量的重要任务，加强课程思政建设，加快学科、专业交叉融合，搭建跨部门、跨院系的协同育人和培养推送平台，努力构建多层级、立体化和特色型的国际组织人才培养与推送体系。

二、工作体系

近年来，山东大学统筹一校三地的资源优势，协同推进国际组织人才培养与推送工作，形成了独具特色的工作模式，工作条件和基础良好。2020年8月，学校印发《山东大学关于加强国际组织人才培养和推送工作的实施办法》（山大学字〔2020〕26号），设立了“国际组织人才培养与推送专项经费”，使学校国际组织人才培养和推送工作体系更加健全和完善。

（一）工作举措

1. 加强组织领导，完善工作推进机制

一是加强学校顶层设计。成立“山东大学国际组织人才培养和推送工作领导小组”和“山东大学国际组织人才培养与推送咨询委员会”，建立济南、威海、青岛一校三地协同、多部门多学院联动的工作机制，形成合力，推动工作快速稳步发展。二是构建学院组织机制。充分发挥不同学科和专业优势，借助国内外专家、校友等资源，明确对口国际组织，有针对性地开展培养和推送。三是完善考核评价体系。将国际组织实习任职工作举措和成效纳入学校考核评价体系。在全校范围内形成了自上而下引导、自下而上助推的良性共促机制。

2. 夯实教育培养，提升学生核心素养

一是推动专业转型升级。山东大学进一步升级改造原有的“英法”“英政”五年制双学位班，增设“法英双语卓越创新国际组织人才实验班”，加快培养“外语＋专业”“专业＋外语”的国际化高素质复合型人才。二是创新人才培养试点。2020年设立国内首个“国际组织与跨文化交流”微专业，并以此为基础组建一校三地的“山东大学国际组织人才领航计划实验班”，双轮驱动助推国际组织人才培养。三是推进课程及教学改革。围绕国际组织人才核心素养打造一流“金课”群，创新教学设计和方法，构建混合式教学模式。四是构建本硕贯通培养体系。在外国语学院国别和区域学、政管学院国际关系两个二级学科硕士点下分别设立了“国际组织与全球治理”研究方向，构建本硕贯通的培养体系。五是推动第二课堂建设。2018 年成立“山东大学学生全球治理与国际组织发展协会”，2019 年暑假起连续三年开设“国际组织人才核心素养提升训练营”。校内积极开展模拟联合国、英语演讲比赛等丰富多彩的第二课堂活动，对外出参加相关比赛的学生给予专业指导和经费支持。

3. 广拓资源渠道，加强就业引导服务

一是加强外部联络合作。一方面加强与外交部、国家留学基金委等相关部门的联系，拓展深化与联合国及其他各类政府间、非政府间国际组织的合作，建立重点对口国际组织数据库，全力拓宽学生赴国际组织实习任职渠道。另一方面加强与正在或曾在国际组织实习任职的校友的联系，建设国际组织校友网络，建立国际组织任职校友信息库以及校内外相关领域专家学者信息库，聘请 10 余位国内有重要影响力的知名专家学者、资深外交官和国际组织前高级官员担任“山东大学国际组织人才培养与推送工作顾问专家”和“山东大学学生职业发展导师”。二是做好精准信息服务。广泛收集国际组织招聘信息，建立国际组织实习任职意向学生信息库，利用互联网、新媒体等多种渠道进行精准推送。三是强化教育引导。通过项目推介会、个性化咨询辅导、培训讲座、沙龙分享等帮助学生认识国际组织，了解前往国际组织实习任职对于国家和个人发展的重要意义。从 2018 年起，学校每年组织“山东大学国际组织人才培养与推送”系列讲座 20 余场；此外，组织学生参观国际组织机构，为实习任职期满后回国就业的毕业生提供就业创业指导服务。

（二）工作成效

创新打造了国际组织人才核心素养课程体系。涵盖“批判性思维与国际公文写作”“国际关系理论与案例分析”“外事礼仪与国际谈判”“跨文化交际：磋商与合作”“全球能源互联网概论”等 10 余门课程；推出“新大学法语”“综合日语入门”“学术英语写作”等在线开放课程，面向一校三地全校学生开放共享学习。

形成了“专业 + 课程 + 实践 + 贯通培养”的完整培养链条。通过优化升级专业、推进课程与教学改革、丰富第二课堂实践及促进本硕贯通培养“四位一体”的工作格局，使各个培养环节有效衔接、环环相扣，为国际组织人才培养与推送接续发展提供了强有力的保障。截至2021年，已有4名学生在法国雷恩政治学院攻读国际关系专业“欧洲与全球事务”方向的硕士学位。学生在本科毕业后在国内外高校攻读国际关系或全球治理相关专业的明显增多。

国际合作与交流的深度和广度不断拓展。山东大学先后与法国雷恩政治学院、法国里尔政治学院、加拿大蒙特利尔大学等在国际组织人才培养方面具有丰富经验的高校建立合作关系，选派学生进行一个学期或一个学年的长期交流，助力国际组织人才培养。2019年选派16名学生赴法国参加语言文化学习暑期项目，选派10名学生赴意大利和瑞士参加联合国青年领袖精英班（GYLA）（夏季）；2019年起先后选派66名学生参加联合国青年领袖精英班（夏季、冬季）。此外，通过短期境外专家岗、流动岗特聘教师和暑期海外师资项目等来校开设相关课程和讲座的专家不断增多，学生知识结构得以巩固和拓宽。

国际组织人才培养相关研究成果不断涌现。山东大学外国语学院刘洪东撰写的《新文科理念下高校国际组织人才培养的思考》在《中国大学教学》发表；政管学院马荣久撰写的《变化世界中的国际组织》专著出版；刘洪东受邀到中国人民大学、中国石油大学等地举办讲座，并在“高等学校新文科建设座谈会”“华东地区外语论坛”等会议上作主旨报告，分享学校国际组织人才培养相关经验。此外，由外国语学院牵头申报的“2+3本硕连读法语区国际组织后备人才培养项目”“山东大学与法语区高校国际组织后备人才联合培养项目”先后获得国家留学基金委“2019年国际组织后备人才培养项目”“2021年国际组织后备人才培养项目资助项目”立项资助，资助期为3年。

国际组织人才培养与推送工作的示范带动作用逐渐凸显。山东大学各学院及培养单位积极发挥自身学科、师资及校友等资源优势，改革创新，与国外高水平大学广泛开展合作培养、联合办学等，进一步提升人才培养质量。例如，电气工程学院设立国内首个“全球能源互联网”新工科专业，培养具有全球能源观、全球环境观，掌握一定国际政治、经济和法律知识，胜任电力能源企业传统业务，又具有国际业务拓展能力和引领潜力的复合型人才。采用“3+3”模式，前三年厚基础，进行理工文融合培养，后三年注重国际化，面向全球能源互联网发展需要进行培养。

国际组织人才培养质量显现度逐步提升。学生实践创新能力进一步提升，先后获得“第十六届全国大学生外交外事礼仪大赛三等奖”“第三届全国高校联合国知识竞赛特等奖”“首届全国高校国际组织菁英人才大赛二等奖”，20名学员被评为“联合国青年领袖精英班优秀学员”。一校三地学生赴国际组织实习人数与平台层级逐年提升。2018 年以来多名学生于联合国粮食及农业组织、联合国难民署、联合国国际贸易委员会亚太分部、国际电信联盟、世界资源研究所、联合国工发组织等多家国际组织与机构实习任职。

（三）工作优势

山东大学学科门类齐全，师资实力雄厚，资源优势明显，在国际化复合型人才培养工作中拥有优良的传统，在国际组织人才培养与推送工作上不断成熟，成效明显，能够为国际组织人才培养与学生成长发展提供丰沃的土壤。

（1）学校高度重视和积极谋划教学改革与探索，发挥多语种跨文化和区域国别研究的优势，组建了各类特色创新实验班，提供了培养样板和可借鉴经验。

（2）学校跨学院、跨校区、跨国合作办学经验丰富，与国内外知名高水平大学均保持良好的合作基础，在师资流动、跨文化人才培养等方面拥有天然优势。

（3）自国际组织人才培养与推送工作不断深入以来，积累的国内外资源丰富，已经探索形成了“山大模式”，能够为国际组织人才培养提供专业支撑和服务保障。

（4）学校深入开展国际组织后备人才储备计划，加大资金投入，丰富实践培养环节，建立学生全球治理与国际组织发展协会，推送系列讲座，举办训练营，连续 3 年选派学生参加联合国青年领袖精英班，培养成效明显。

三、工作案例

（一）国际组织与跨文化交流实践学习资源库

山东大学拥有丰富的资源库，可实现不同主题、不同方向上的个性化定制和专题培训，形成层次分明、内容完整、内涵丰富的山东大学国际组织主题学习实践资源库（如表 1 所示）。

表1　山东大学国际组织主题学习实践资源库（部分）

类别	基本认知体系	知识素养体系	实践能力体系	引导助推体系
形式	线上＋线下	线下授课	实践拓展	实习推送
资源库	外交外事人员、国际组织职员素质要求与人才培养	英语口语与演讲	全球胜任力青年领军人才训练营	联合国青年领袖精英班
	培育家国情怀，筑梦国际组织	国际公文阅读与翻译	山东大学首届国际组织主题演讲比赛	GCA 国际组织实习计划
	联合国对其工作人员的素质要求及应聘准备	批判性思维与国际公文写作	山东大学首届 MODEL APEC 大会	高层次国际化人才培养创新实践项目
	走进联合国	跨文化交际：磋商与合作	国际公务员职业生涯规划讲座	联合国机构宣讲咨询活动
	培养优秀国际组织青年人才	中西文化比较与交流	山东曲阜孔子研究院、孔子博物馆研学活动	公派资助国际组织实习校园巡讲
	百年国关：探寻人类生存之道	外事礼仪与国际谈判	世界大学气候变化论坛	国别区域研究人才支持计划
	如何做国际公务员，如何成为满足联合国要求的国际化人才	国际组织与全球治理	“钢琴音乐会欣赏与音乐素养的养成”特色美育讲座	2+3 本硕连读法语区国际组织后备人才培养项目

（二）国际组织人才核心素养提升训练营

经过充分准备，2019 年 7 月山东大学启动首届“国际组织人才核心素养提升训练营”，邀请了中国联合国协会前副会长兼总干事刘志贤、联合国开发计划署前官员薛玉雪、联合国环境规划署前特别协调员王之佳等 12 名校内外专家担任主讲教师，围绕国际组织运行机制及职业素养、用人标准及竞聘流程、外事礼仪等多个主题开展理论与实践教学，取得了预期效果。

2020 年 7 月，由山东大学多部门联合主办，IO-TALENT 协办的“山东大学第二届国际组织人才核心素养提升训练营”，吸引了一校三地 130 余名学生参加，并逐步确立了“国际组织官员 + 学界知名学者 + 优秀青年代表”三位一体的授课模式。

2021 年 7 月，“山东大学第三届国际组织人才核心素养提升训练营”以先进理念，开创“国际组织官员 + 学界知名学者 + 青年同辈分享 + 模拟实践工作坊”的四位一体、“中外结合授课分享 + 模拟实践”的“山大模式”。经过两年的探索，训练营引领性、品牌性、创新性日益突出，成为山东大学国际组织人才培养与推送全链条上的重要一环和学校国际化人才培养的亮丽名片。

（三）学生全球治理与国际组织发展协会

山东大学学生全球治理与国际组织发展协会（简称“山大国际组织协会”，SDUI）成立于 2019 年 3 月，是学生进行自我服务、管理、教育、监督的国际组织主题非营利性社团组织。山大国际组织协会面向全校各学院（培养单位）学生开展服务工作，旨在服务国家战略，服务山东大学青年，加强国际组织人才培养和推送，培养“一精多会、一专多能”的高素质国际化复合型人才。

山大国际组织协会在济南、威海、青岛一校三地设置，分别下设主席团与活动运营部、综合事务部、宣传部、内联部、外联部、秘书处 6 个职能部门，每学年初进行部门纳新，任期一年，学年末根据工作考核及实际表现，公开选拔优秀骨干担任主席团职务。

（四）“国际组织与跨文化交流”微专业

“国际组织与跨文化交流”微专业充分发挥学校综合性大学的优势，对接国家对国际组织人才的需求。在新文科建设理念的指引下，整合校内外优质资源，加快学科和专业交叉融合，培养一批热爱祖国，熟悉国情，具有全球视野和家国情怀，熟练运用外语，通晓国际规则，具有出色的跨文化沟通和国际交往能力，掌握国际组织和全球治理的基础知识，有较强的事业心、社会责任感和奉献精神，能够参与国际事务和国际竞争的高素质创新型人才，为我国参与全球治理提供人才支撑。通过系统学习，学生具备进入国际组织实习或任职的基本能力，也可在政府部门、跨国公司等从事高层次国际化工作，成为国际组织的后备人才。

2020 年 5 月，山东大学设立国内首个“国际组织与跨文化交流”微专业，组建了“山东大学国际组织人才领航计划实验班”，现已招收两届学生共 130 余人，学生来源广，分布在一校三地 7 个校园，20 余个学院，研究生占 10%；生源质量高，专业第 1 名占比 16.7%，专业前 10% 占比 36.1%。

四、条件保障

（一）制度与资金

根据中央有关文件精神和《山东大学关于加强国际组织人才培养和推送工作的实施办法》（山大学字〔2020〕26 号）文件要求，建立健全国际组织人才培养和推送工作制度与工作体系，加强“国际组织人才培养与推送专项经费”使用规范，对学生赴国际组织实习任职提供资金支持，坚持一校三地协同推进，培养和推送更多优秀学生前往国际组织实习任职。

（二）政策支持

（1）建设国际组织人才后备队伍，建立国际组织储备人才数据库，将参加培训学生择优纳入。优先推荐人才库中的学生申请“国际组织实习项目”，优先推荐参加海外交流学习、实习、夏令营或国家留学基金委公派研究生项目。

（2）出台鼓励支持学生赴国际组织实习工作细则，对本校在读学生赴国际组织实习给予保留学籍、学分置换、推免遴选、保留户档、就业升学等配套措施和资助政策支持。

（3）加强人才培养“全过程”管理，对人才库中的学生实行跟踪反馈和项目评估机制，根据调查反馈及时调整项目内容和组织架构，最大程度地确保人才培养质量。

全球治理方向职业规划指导的探索与实践[①]

一、引　言

全球治理一般是指通过国际组织及一系列具有约束力的国际规则解决全球性的冲突、生态、人权、移民、毒品、走私、传染病等问题，以维持正常的国际政治经济秩序。随着中国逐渐成为全球治理的重要参与者，中国不仅仅为世界贡献了大量全球公共产品，更是为实现紧跟时代精神、合作共赢、包容共享、监管有力和公共产品充足的理想治理目标，提供了中国智慧和中国方案。《国家中长期教育改革和发展规划纲要（2010—2020年）》提出，要培养大批具有国际视野、通晓国际规则，能够参与国际事务和国际竞争的国际化人才，以适应国家经济对外开放的要求。[②]党的十九大报告提出，中国要继续发挥负责任大国作用，积极参与全球治理体系改革和建设，不断贡献中国力量。[③]因此，除了外语、国际关系等专业，很多专业的高校学生都可以并

---

① 作者：郑旭红，西安交通大学学生就业创业指导服务中心主任；杨媛，西安交通大学学生就业创业指导服务中心职业发展主管；于悦洋，西安交通大学学生就业创业指导服务中心文员。

② 国家中长期教育改革和发展规划纲要（2010—2020年）. (2010-07-29) [2022-05-04]. http://www.moe.gov.cn/srcsite/A01/s7048/201007/t20100729_171904.html.

③ 习近平：决胜全面建成小康社会　夺取新时代中国特色社会主义伟大胜利——在中国共产党第十九次全国代表大会上的报告. (2017-10-18) [2022-05-01]. https://www.12371.cn/2017/10/27/ARTI1509103656574313.shtml.

且需要在未来职业发展中参与全球治理。

近年来，中国在培养和推送高校学生到国际组织实习方面进行了积极努力，也取得了很多进展。但目前国内高校对于如何有效引导学生到国际组织就业，在全球治理这个职业选择方向上如何开展职业规划指导等方面还有待探索。本文以西安交通大学（简称“西安交大”）为例，分析了高校在建立长效机制、有效发掘人才、搭建成长平台、健全指导体系等 4 个方面的探索和实践，为国内高校进一步引导学生到国际组织实习提供参考。

二、全球治理职业规划指导的现状与问题

近年来，中国在培养和推送全球治理人才方面进行了积极探索和实践，也取得了很多进展。教育部中外人文交流中心在具备条件的高校设立“国际化高层次人才培养创新实践项目”，与国外一流高校合作，协助高校建设一批全球治理线上课程；高校学生司在 30 所部属高校设立“国际组织青年人才培训项目”，并且出台专项政策文件支持项目高校培训本地各高校学生。2014 年起，国家留学基金委开始与联合国教科文组织、联合国开发计划署、国际电信联盟、联合国粮农组织等国际组织合作开展国际组织实习项目，选拔支持应届硕士毕业生外出实习；2019 年，在国际组织实习项目的基础上，国家留学基金委又增设了国际组织后备人才培养项目，进一步加大定点、专项培养力度。但高校在实际就业指导工作中也发现存在如下问题：（1）缺乏顶层设计，急需创新符合国际组织人才需求的针对性人才培养模式；（2）国内对国际组织实习、国际职员等就业方向宣传力度不足，高校在全球治理人才职业发展方向的氛围不强，急需完善全球治理人才理念的传播方式；（3）国内高校对国际组织人才职业发展规律的研究与认识不充分，急需建设科学的人才成长平台和职业指导体系。

西安交大针对不同高校、不同专业曾到国际组织实习的学生、校友等开展了“国际组织实习与个人职业发展的关系”专题调研访谈。

对“为什么选择去国际组织实习”“在国际组织实习的收获”等问题的调研访谈结果显示，高校学生到国际组织实习都是从自己所学专业和职业兴趣出发而做出的选择，即立足专业领域、在追求理想中寻求多元化成长，并且在实习中逐渐明确自己的优势、兴趣和职业理想。“国际化的视野”“多元化的理念”“世界公民的意识”是在谈及国际组织实习收获时被提及最多的内

容，并且每个同学都结合自身情况与兴趣爱好，在这段实习经历中找到了未来努力的方向，如“国际组织实习丰富和开拓了我对于一些行业的理解，这些理解往往超出了我在学校能够获得的知识，让我更加明晰了自我定位，引发我的思考，改变了自身职业发展的方向”“希望未来继续深造，在一个行业深度扎根之后再以专家身份在国际组织工作”“在国际组织实习的经历让我了解到成为某一领域的专家，可以在联合国发挥更多的实质作用。2019 年在国际组织实习之后，我带着国际组织实习经历，到更多具体的行业中去实习”。

对“将国际组织作为未来职业发展方向的同学，需要哪些指导和实践”这个问题的调研结果显示，将国际组织作为未来职业发展方向的同学，与其他同学一样，需要进行职业规划，即结合个人兴趣、能力、价值观选择合适的目标组织和岗位，并通过实践体验等提升技能，使个人与目标岗位更加匹配。“国际组织实习是一个窗口，引导我将理想与热爱落实到实践中去，能让我以‘国际组织中的中国职员’这一身份站上国际舞台，为促进世界各国经济、科学、文化等合作与交流，贡献中国智慧。”

根据调研结果和国内高校的实践探索，笔者对国内高校全球治理方向的人才职业指导工作进行了以下思考。

第一，高校应从顶层设计出发，建立全球治理人才培养和推送的长效机制。第二，高校要结合学科专业特色、创新全球治理人才培养模式，发掘合适人才。第三，高校应向学生传播全球治理人才理念，建设人才成长平台。第四，高校应建设全球治理职业发展方向指导体系，推动学生的职业发展规划工作。

三、探索与实践——以西安交大为例

基于以上思考，西安交大在以下几个方面进行了积极的实践，并取得了一些进展。

（一）出台政策文件，建立长效机制

2017 年，经校长办公会审议，西安交大出台《关于推进学生到国际组织实习任职的实施意见》（西交就〔2017〕27 号），就建立健全工作机制，强化政策支持，提升就业指导服务，加大人才培养力度等做出了部署。在校级政策方面，学校对在校期间赴国际组织实习的学生实行弹性学制、计算相应实

习学分，并在表彰奖励评定等方面给予政策支持，将学生到国际组织实习的情况纳入推免生遴选指标体系；到国际组织实习任职的应届毕业生户口及档案可申请在学校保留两年，两年内落实就业单位，学校可为其办理相关就业手续。2019年，经校长办公会审议，学校出台《学生就业引领计划实施方案》（西交就〔2019〕2号），深入实施“全球视野‘国际职员’”人才引领计划，构建职业指导体系，通过职业规划教育和实践活动，引导学生把可持续发展的眼光和“构建人类命运共同体”的胸怀融入个人职业发展规划。2020年，学校出台《学生赴国际组织实习实训资助办法》（西交就〔2020〕14号），对到国际组织短期实习、参与各类实践培训的学生给予资助，并积极探索社会合作捐助等长效资助机制，截至2022年，学校已资助近200名学生参加短期实习及联合国机构主办的实训项目等。

（二）创新培养模式，有效发掘人才

面向国际胜任力人才培养新需求，西安交大在师资建设、课程设置、专业培养、个性化实践方面进行了创新。师资建设方面，西安交大一方面持续聘请国际组织在职官员、退休官员、专家学者等为兼职教授、校外导师，建立国际组织实习任职导师库，积极创造导师与学生的交流机会；另一方面主动邀请专家对全校就业工作教师、辅导员开展系列培训，提高校内师资指导能力。课程设置方面，学校相关部门和学院陆续将“国际组织与全球治理”融入主题课程和专业培养体系。例如，学生就业创业中心在“大学生职业发展与规划”通识类选修课中设计国际组织工作实习模块，面向全校本科生开设“国际化视野及能力培养提升”课程，面向全校研究生开设“国际胜任力培养”课程。外国语学院在“大学英语改革方案”中增设了“国才英语”课程，在“翻译专业硕士”培养方案中开设“国际组织的语言工作”课程，开设“国际组织职业发展”院内选修课。专业培养方面，法学院开设“国际法”菁英班，马克思学院成立国际问题研究中心和亚欧研究中心等学术研究机构，电气学院主办电气电子工程师协会全球电磁兼容国际会议、高电压工程国际会议、国际高压直流会议等，公共卫生学院每年举办“全球健康论坛”，新闻与新媒体学院主办“‘一带一路’国际传播能力建设论坛”，等等。个性化实践方面，学校持续举办形势政策讲座、全球治理线上课程、全球治理人才训练营、模拟国际法庭、模拟联合国等学生活动，提供实践机会。此外，西安交大依托国家留

学基金委“国际组织后备人才培养项目”，在电信、电气、人居等学院选拔合适人才，联合米兰理工大学进行双硕士培养，并指导、帮助项目学员到相关专业性国际组织实习。

目前，西安交大到国际组织实习工作的学生已达120余人次，参与国际组织培训、参访交流等的学生800余人次，涉及23个国际组织及其分支机构。学校将所有曾在国际组织实习和培训的学生、校友纳入全球治理人才库，跟踪其后续发展。同时利用学工大数据平台、就业大数据平台等向全球治理课程活动参与度高、职业规划方向明确的在校生精准推送相关培训、实习信息，建设人才“蓄水池”，有效发掘人才。

（三）传播人才理念，搭建成长平台

2017年起，西安交大持续加强全球治理人才发展理念的传播力度。通过主动承办“国家公派资助国际组织实习校园巡讲活动（首站）”“联合国人力资源外联项目宣介会（西安站）”“外交外事知识进高校”“第九届中国模拟联合国活动”“第二届联合国机构宣讲咨询活动”等重要活动，直接影响超过2000人次的参与师生。联络邀请多名现在或曾在国际组织任职的专家、校友，每学期举办至少两场全球治理方向的专题报告，并将其列入研究生必听讲座。通过在官方信息网和官方微信平台开设国际组织专栏，定期推出国际组织知识科普、应聘贴士、岗位推介、朋辈实习分享等内容，收集国际组织实习案例、编制就业引导手册，获得校内外师生持续关注。

此外，学校还通过成立学生社团、运用朋辈影响、运营微信社群等形式进一步传播人才理念、搭建人才成长平台。2017年，学校成立“世界之光全球治理协会”学生社团，通过举办各类全球治理主题讲座、项目研讨和志愿活动，成为在校生接触志同道合朋辈、获取相关信息和资源的重要渠道。2020年起，学校在各院设置并培训了100余名学生国际组织工作联络员，结合专业特色、深入学生群体长期开展面对面国际组织求职简历、求职信、面试技巧咨询活动。此外，学校充分发挥朋辈影响力和互助力量，由学生社团和各学院联络员合力运营“西安交大国际组织人才交流群”和“西安交大全球治理人才交流群”，发挥实时信息分享和即时咨询预约功能，举办了90余场聚焦全球治理职业发展和联合国可持续发展目标宣讲的社群分享活动，吸引校内外1200余名活跃大学生加入。

（四）健全指导体系，激发职业行动

由于国际组织工作的特殊性，即不接收应届生直接进入国际组织，有相关领域一定年限工作经验的人才能通过考试等途径进入国际组织工作，因此，在全球治理方向的职业指导工作中，要指导学生兼具职业生涯规划的变动性和一致性、挑战性与全程性等原则。西安交大按照职业认知探索、生涯目标设定、求职技能提升等职业生涯规划阶段，整合适用于不同年级、不同学科方向学生的课程、实践、交流、辅导、咨询等活动，汇聚校内外优质资源，提供从入门概论、理论进阶、行动赋能到政策解读的全程培训、指导和服务，逐步建立“全程化、个性化”的全球治理人才职业指导体系，开展从入学到毕业后的全程化、个性化职业指导。

低年级学生能够通过选修全球治理相关课程，参加国际交流和培训，树立职业理想，激发自身生涯行动。依托教育部中外人文交流中心“高层次国际化人才培养创新实践项目”，学校累计开设了 31 门全球治理线上课程，选课学生超过 320 人次。与国际劳工组织国际培训中心、联合国训练研究所、世界运河历史文化城市合作组织合作，已选拔支持 189 名学生参加寒暑假培训项目。

对于高年级学生，学校通过举办全球治理人才训练营、国际组织求职技能工作坊，提供一对一咨询指导等，使其选定职业方向，提升求职技能。

其中，全球治理青年人才训练营是学校依托学校学科优势、集聚国内优质师资的重要职业发展活动，以每学期一期的频率举办，鼓励更多优秀学生前往国际组织实习任职。训练营特邀联合国系统前任高级官员、相关领域专家学者、国际组织现任中国职员等作为培训嘉宾，集中开展全球治理专题讲座、参与式项目设计工作坊、模拟面试、圆桌讨论、主题演讲赛、实习分享交流等活动，持续三天，多名营员反映这样沉浸式的国际组织工作氛围体验给他们留下了深刻的印象，已有关于发挥自己的职业潜能的更加明确的目标。

国防军工高校国际组织人才培养的探索与实践[①]

一、引 言

目前，我国高校国际组织人才培养大致形成了 5 种模式：综合类大学依托国际关系学科、综合类大学依托外语学科、外语类大学依托外语学科、理工科大学依托外语学科、规模较小但有学科特色的大学。

联合国与国际组织研究中心主任张贵洪指出，高校作为国际组织人才培养的主要阵地，纷纷设立国际组织的教学科研机构，开展项目、专业、学位、课程、讲座和培训等方面的活动等，以创新国际组织人才培养的路径。[②] 例如，北京大学设立了国际组织与公共政策系，培养从本科生、硕士生到博士生的多层次国际组织人才；北京外国语大学和中国人民大学先后成立国际组织学院；上海财经大学和上海国际问题研究院合作成立上海国际组织与全球治理研究院；外交学院和北京外国语大学率先设立国际组织与全球治理本科专业；浙江大学在国际组织人才精英班和国际组织与国际发展辅修专业的基础上，设立了全国第一个国际组织与国际交流硕士专业，还举办了全国首届高校国际组织菁英人才大赛；复旦大学自 2009 年开始举办青年全球治理创新设计大赛，设立荣昶全球治理学者项目。

---

① 作者：陈俊，西北工业大学国际合作处副处长。

② 张贵洪．我国国际组织人才培养推送的路径探索．人才资源开发，2021(13): 10-13.

作为一所以航空、航天、航海等领域人才培养和科学研究为特色的多科性、研究型、开放式大学，西北工业大学以多语言能力为基础，以专业能力为依托，以跨文化交际能力为核心，以理、工、管、文、经、法学科协调发展与交叉融合为根本保障，全方位开展国际组织人才培养。西北工业大学联合国研究与教学中心，着力推进“国际组织与全球治理”辅修专业内涵式发展。以建设交叉学科专业为理念，整合学校相关学院师资，借助国际组织专家及外交官员师资，深入改革教学模式与教学方法，打造课程体系、自主实践平台、国际组织实习基地“三位一体”的立体式培养平台。

西北工业大学外国语言文学学科发展迅速，跨文化研究方向特色明显，大学英语教学改革卓有成效，为学生语言能力培养奠定了坚实基础；以航空宇航科学与技术、材料科学与工程、机械工程等国家一级重点学科为代表的三航学科群、理工科学科群成果卓著，为学生专业素养与世界眼光的培育提供了优质平台；“国际组织与全球治理”辅修专业课程多元、体系完备，学校模拟联合国基地积淀深厚、成绩突出，已形成较成熟的国际人才培养与推送模式；管文经法等学科能为国际组织人才培养所需的法律、管理、经济、全球治理等课程的开设提供有力支撑；学校国际合作规模不断扩大，层次持续提升，为国际组织人才选送提供了丰富的渠道。

二、面向国际组织人才培养实践，广泛开展特色培养工作

西北工业大学整合校内外资源，开拓国内国外渠道，在模拟联合国活动、“国际组织与全球治理”辅修专业和联合国国际劳工组织暑期学校等领域科学筹划，深入动员，在全校范围内广泛开展特色培养活动。

（一）充分发挥“模拟联合国”的引领示范作用

西北工业大学“模拟联合国”基地成立于2001年，隶属于教务处大学生创新基地，挂靠外国语学院开展日常教学，是中国模拟联合国活动的开创高校之一。

学校先后于2002年、2008年、2018年3次承办国际模拟联合国大会，大会组织会务由学生负责、大会主持主席由学生担任。时任联合国秘书长科菲·安南、潘基文、安东尼奥·古特雷斯分别专致贺信。2017年、2018年、2019年连续3年参加纽约国际模联大会、华盛顿国际模联大会、中国联协举

办的国际公务员培训班。其中，学校于2018年与美国国际模拟联合会基金会共同举办了于西安召开的纽约国际模联大会—中国会。此外，学校还组织全校学生参加纽约国际模联大会、华盛顿夏季国际政策研讨会、华盛顿国际模联大会、中国模联大会、中日韩青年论坛暨模联大会等会议100余场，学生模拟联合国团队获得国际奖项200余项。2009年，“模拟联合国”团队获国家优秀教学成果奖二等奖。2015年，“模拟联合国”团队获陕西省优秀教学团队称号。

（二）大力探索“国际组织与全球治理”辅修专业

经充分论证，西北工业大学于2017增设“国际事务与国际关系”（后更名为“国际组织与全球治理”）辅修专业，开设15门课程，面向全校各专业本科生招生。2018年9月申报立项了校级“国际组织人才培养模式探索与研究”教改项目。2020年6月收获了首届本辅修专业毕业生。2020年9月获批校级优秀成果奖。

“国际组织与全球治理”辅修专业教学体系，以国际事务意识、国际规则运用、国际交际能力培养为主建设课程，旨在培养学生在主专业学习的同时，具备基本驾驭国际事务处理的能力，以期能够为国家各行各业的建设培养具备过硬专业，又兼备国际事务处理能力，具备全球胜任力的优秀复合人才。经过4年的建设，课程体系不断完善，教学方法持续创新，师资队伍充分优化整合，联动学生模拟联合国自主实践平台，与学校学生工作部及国际合作处共同组织、推动国内外国际组织实习输送。

该辅修专业凝聚了大批优秀的曾经或正服务于国际组织的外聘教师团队，为多门课程配备了稳定的联合国及国际组织专家，利用线上线下教学模式，为学生提供零距离接触国际组织一线素材的学习机会。长期聘请校外具备深厚企业实践经验的教师，引导学生全方位接触和了解社会，学习封闭课堂之外的实践内容。聘请具有一线经验和专业知识的知名高校学者，开阔学生接触面，使之更加切实地接触实际问题。

面临课程建设中部分课程无现成教材的困境，学校发挥国际组织和行业实战一线专家的集体智慧，策划并实施了教材的编撰计划，已于2018年10月出版了《联合国与模拟联合国》，即将出版《论决策者人格与家国治理》《国际公文写作》《公共外交与跨文化交际》和《可持续发展的古今纵横》等教材。

（三）深入联合国国际劳工组织实习实践

联合国青年领袖精英班创办于2018年8月，主办方为联合国国际劳工组织，合作方为联合国国际劳工组织都灵国际培训中心。由国际劳工组织资深官员和专家参与西北工业大学“国际组织与全球治理”辅修专业课程授课，学校选派并资助学生参加一年两期的学习，学习之后选出的优秀学员直接接受国家资助赴国际劳工组织实习。2018—2021年，全校各专业本科生和研究生广泛参与，前期选拔培训人数达200余人，3期学习实践项目派出学生54名，并已经成功派出3名学生赴国际劳工组织参加3个月以上的实习。

三、融合校内优势教育资源，探索国际组织人才培养体系

（一）以“新文科”建设为契机，大力强化外语课程改革

其一，依托学校国家级精品课程“大学英语”与特色学科专业，继续加大英语教学力度，优化教学方法，提高教学效率，引导学生在主修专业之外选修英语强化课程，形成“专业＋英语”的基本能力体系。充分发挥大学生英语创新实践基地功能，扩大英语竞赛项目规模，发掘优秀外语人才。其二，借助学校英德双语/复语人才培养等计划，扩大法语、西班牙语、俄语等国际组织通用语种课程规模，开设阿拉伯语、日语等语种的课程。其三，以本科公共英语系列课程改革、研究生学术英语课程体系建设为契机，将英语类课程渗透到国际组织人才培养的3个阶段：基础阶段（基本语言能力与学术思辨能力）、模拟与育苗阶段（国际视野与跨文化能力）、推送阶段（国际组织工作实务能力）。

（二）以“大类培养”为平台，大力加强通识课程建设

其一，以西北工业大学“大类培养”改革为契机，在“通识课程类”模块面向全校学生设立“国际组织与全球治理类”子模块，开设与国际组织工作内容及规则相关的课程，包括“跨文化交际”“全球治理”“国际组织通识”等课程，增强学生对国际机构、世界历史和国际社会的了解与兴趣。其二，加大“全球视野类”“管理与领导力类”模块中对国际组织相关内容的讲授，包括“中西文化对比”“国际经济”“国际法”“公共管理”“国际贸易”等课程。其三，扩大“写作与沟通类”模块课程数量，为有志于到国际组织实习与工作的

学生开设“公共演讲与辩论”“商务谈判”“国际商务礼仪”“组织行为学”等课程。其四，加大信息类课程比例，包括“计算机应用基础”“多媒体技术基础”“网络安全技术”等课程，培养学生良好的计算机素养以及学习新技术、运用新技术的能力。

（三）以“引育并重”为指导，建设稳定导师队伍

通过境外培训、远程在线教学等方式，组织 50 多场专业教师参与全球治理类课程的师资培训；选拔外国语学院具有国外知名高校博士学位、有一年以上境外交流与教育经历的杰出教师作为导师队伍骨干；同时派出优秀青年教师赴国际组织工作，积累经验。

充分发挥学校“一带一路”跨文化研究所的影响力，聘请袁东（曾任教育部国际司副司长 / 中国驻洛杉矶总领事馆参赞衔教育领事）、钟建华（曾任中国驻南非大使 / 外交部非洲事务全权大使）、钟智翔（解放军信息工程大学外国语学院首席教授 / 教育部外国语学位委员会委员）等咨询教授为顾问，继续不定期聘请国内外具有国际组织实务工作经验的工作人员、知名专家学者和国际组织官员来校授课或讲座。聘请其中的权威专家、首席科学家、领导人等为校客座教授。针对学科性强的工科类国际组织，鼓励、推荐并保障学校杰出专家担任正副负责人、秘书长等职位，争取发言权。近五年来，聘请、推荐的专家与顾问人数达 20 余人。

（四）以国际合作网络为依托，鼓励学生赴国际组织实习

1. 充分利用国家公派渠道，扩大学生在国际组织的实习规模

其一，充分利用国际组织人才培养创新实践项目平台资源，借助国家留学基金委国际组织人才项目等，与联合国教科文组织、国际货币基金组织等主要国际组织建立联系，组织安排学生开展参观、座谈及实习实践活动。其二，持续推动与国际合作高校的学生交流互访，依托联盟组织系列学生夏冬令营和创新竞赛，全面提升学生国际化视野和在国际组织工作的能力。

2. 充分利用学校优势学科力量，聚焦专业领域国际组织合作

依托西北工业大学“航空宇航科学与技术”“材料科学与工程”“机械工程”等优势学科，借助学校发起成立的“一带一路”航天创新联盟、与亚太工程组织联合会合作成立的“一带一路”工程教育培训中心、国家级国际科技合

作基地，继续加大与已建立联系的、学科专业对口的重点行业组织的合作，签订实习实训协议，建立实践基地，在参观学习、联合培养等方面形成长效合作关系，输送后备人才。

3. 充分发挥“模拟联合国”基地先锋作用，加大实习实践培训力度

西北工业大学“模拟联合国”基地是中国模拟联合国活动的三所发起高校之一。以该品牌基地为平台，继续坚持选拔组建优质的模拟联合国核心团队，并向全校、全国学生辐射，组织全校学生参与教学规划中西北地区模联大会、纽约模联大会、中模大会等活动。延展国际组织实习培训活动，如人才训练营、国际公务员能力建设培训班、国际热点论坛等活动，持续提升团队学生国际化人才必备的胜任力。

（五）申报并获批高层次国际化人才培养创新实践基地

2020 年 8 月，西北工业大学申报并获批高层次国际化人才培养创新实践基地。同年 9 月，与中科浩博国际教育科技（北京）有限公司签订《高层次国际化人才培养创新实践项目基地建设服务协议》。2020 年 12 月 3 日至 4 日，学校领导及教师应邀参加首届高层次国际化人才培养工作经验交流会及推进会，会上为首批立项高校举行了“高层次国际化人才培养创新实践基地”授牌仪式。

2021 年 1 月，高层次国际化人才培养创新实践项目首期教师发展培训顺利举办，学校共 123 名教师报名参加了培训，其中 49 名教师获得结业证书。同期，开展学生全球胜任力线上实践训练营，从 73 名报名学生中经过笔试、面试遴选出 20 名学生参加了培训。培训结束后，20 名同学全部获得由联合国培训机构签发的结业证书，其中 9 名同学因表现出色获得授课老师提供的推荐信，为其今后申请高层次国际化相关组织实习背书。2020—2021 学年秋季学期和春季学期分别遴选出 73 名本科生、研究生修读“高层次国际化人才培养创新实践项目证书课程”共 24 门。

四、面向联合国《2030 年可持续发展议程》，构建具有“工大风格”的国际组织人才培养长效机制

（一）继续做强“国际组织与全球治理”辅修专业，打造多维培养平台

基于西北工业大学联合国研究与教学中心，着力推进“国际组织与全球

治理”辅修专业内涵式发展。以建设交叉学科专业为理念，继续整合学校相关学院师资，借助国际组织职员专家及外交官员师资，深入改革教学模式与教学方法，打造课程体系、自主实践平台、国际组织实习基地三位一体的立体式培养平台。

（二）深入实施“翱翔四海·研行五洲”国际组织人才培养计划

其一，借助学校与国际组织、海外大学的合作快速发展的优势，持续精心组织学生申报国家留学基金委公派项目，为学生提供赴联合国贸易发展中心、世界银行、联合国教科文组织实习的多样化机会，并为学生提供竞争性奖学金。其二，充分利用学校国际合作网络，与海外名校开展深入合作，优势互补，全面提升学生的国际化视野和全球胜任力。其三，夯实与德、法、英、美、新加坡、比利时等发达国家高等院校的合作关系，继续做好做实暑期交流访问项目。其四，持续推进国际组织人才本土国际化培养，提高寒暑期国际学堂开办质量，继续邀请国际组织、高校及科研院所的专家来校授课，营造良好的国际化教学科研氛围。

（三）充分发挥学校学科和行业特色，形成多学科交叉协同培养模式

充分发挥学校优势学科和行业特色，联合人文社会科学相关学院，围绕国际组织人才培养开设有关课程及实训项目，搭建跨院系、跨学科、国际化的课程平台，基于合作实习实践基地，开办有针对性的长短期培训项目，形成“专业背景＋学科综合背景”的交叉培养体系：在学生原专业归属不变的基础上，按照交叉培养的共同课程和项目对其进行相对集中的统一培养。同时，联合举办、承办、协办以全球治理为主题的专家论坛、国际学术会议，全方位高密度拓展学生国际视野。

（四）充分加强校内部门沟通和联动，完善国际组织人才培养协同保障机制

其一，成立国际组织人才培养领导小组，聘请国际组织高级官员、专家学者组成国际组织实习任职顾问委员会，明确职责，精准对接，实现多方联动和资源共享。其二，建立教务部、学工部、国际合作部、研究生院等有关部门联动的工作机制，在学籍学分、弹性学制、户档派遣、升学再造、经费支持方面提供更加合理的配套措施，解决学生赴国际组织实习和工作的后顾

之忧：学籍学分上，为参与国际组织实习的学生提供相应的学分政策支持；弹性学制与户档派遣上，为赴国际组织实习的应届毕业生保留其身份与户口档案至少两年；经费支持上，划拨专项资金，并加大社会筹资力度，为学生在国际组织实习提供全方位支持。

转变导向、全面革新，积极向国际组织推送人才[①]

一、引 言

重庆大学深入贯彻落实习近平新时代中国特色社会主义思想和习近平总书记关于教育的重要论述，以高校“三全育人”综合改革为契机，进一步提高政治站位，回归立德树人的初心，牢记“为党育人、为国育才”的使命；坚持问题导向，实施学生职业发展指导环节的全链条改革，系统构建国际组织人才培养的课程体系和教学内容；发挥区域优势、承担社会责任、采取有力措施，为党和国家培养一批爱祖国、有理想、有能力、有全球视野的高素质国际组织后备人才。

二、主要做法

（一）思路与理念

习近平总书记指出：“要鼓励高校学生把视线投向国家发展的航程。”[②] 高校要引导毕业生把个人理想追求融入现代化国家建设新征程，主动投身国家重大工程、重大项目、重要领域就业。社会的不断进步和发展，也促使高等

---

① 作者：张红春，重庆大学学生职业发展与就业指导中心主任；孙江林，重庆大学学生职业发展与就业指导中心副主任；郭瑞，重庆大学学生职业发展与就业指导中心市场拓展科招聘主管。

② 习近平寄语青年：必得大有可为，也必得大有作为．人民日报，2019-04-30(5).

教育思考并适应社会发展的需要。如何适应社会主义新时代要求，扩展同学们的国际化视野，打开他们的眼界，提升他们的国际化竞争力，积极推荐他们去国际组织任职或实习，这些问题显得尤为重要，成为重庆大学毕业生面临的重点和难点。

重庆大学以“三全育人”综合改革为契机，明确“就业也是育人”的工作理念，将学校就业工作的重心从提升就业率转移到提升高校对国家的贡献度，从机构、机制、人员、课程、活动等方面入手，实施学生职业发展指导环节的全链条改革，拓宽人才培养“最后一公里”的出口，为学生树立“交通标示牌”，输送更多优秀学生奔赴中国特色社会主义新时代的主战场，使其积极从事国际组织实习、任职工作。

（二）设计与实施

1. 提高站位，着力推进体系建设

一是抓好顶层设计。2018 年学校召开常委会，明确“就业也是育人”的工作理念，将负责国际组织人才推送工作的“学生就业指导与服务中心”改建为“学生职业发展与就业指导中心”，实现了从指导学生就业向指导学生发展的内涵式变更，将推送毕业生到国际组织实习任职的工作的关口前移，为国际组织人才推送工作留足“提前量”。

二是建立支撑平台。学校全面革新了学生职业发展指导工作职责，明确了工作对象要从传统的毕业班拓展到新生，为引导学生到符合党的事业和国家战略需要的岗位上去提供了支撑平台，形成了就业工作全程育人的工作格局。针对低年级学生开展启航计划，主要包括生涯规划教育，引导学生树立目标，激发学生到国际组织实习任职的内心原动力。

三是提升保障能力。严格落实毕业生就业工作“机构、经费、人员、场地”四到位要求，学校每年划拨学费的 1% 专门用于学生职业发展指导工作，改造了 3000 余平方米场地，建成满足不同群体、不同工作需要的咨询、辅导教室，专门用于学生一对一咨询或小规模集体辅导。统筹校内外资源，广泛筹措资金，设立了毕业生远航奖，激励学生到国际组织去建功立业。

2. 建章立制，激励引导各方力量参与

一是凝聚全校共识。学校起草了《重庆大学推送学生到国际组织实习任职工作方案》，促使人才培养各个环节形成合力，强化职业生涯规划价值引

领，把就业导向贯穿于学生培养全过程，通过组织系列活动引导学生主动形成为国奉献的思想意识，使学生自身的就业需求与国家重大战略的人才需求“同向合拍”。

二是改革考核机制。学校探索由传统的以去向落实率为主的结果考核转移到以学生职业发展教育为主的过程考核的新模式，实施与《重庆大学推送学生到国际组织实习任职工作方案》配套的职业发展指导等工作，为学生推荐国际组织岗位、丰富的就业指导资源。

三是统筹社会力量。学校实行开门办学的策略，将社会资源作为学生职业发展教育的有力补充，印发《重庆大学学生创新创业导师和职业导师管理办法》，遴选具有坚定的政治立场，拥护中国共产党的领导，贯彻执行党和国家的教育方针政策，具有较强的工作责任心和职业道德，在国际组织具有一定影响力的人士担任学生导师。

3. 深化改革，实施一揽子行动

一是打造品牌项目。重庆大学目前已举办四期“嘉陵之子”国际组织人才训练营，为同学们提供名师讲座、经验分享、国际组织实习报考政策咨询沙龙、外语培训等活动，引导学生投身全球治理，提升学生参与国际事务的能力。

二是提升求职能力。为同学们应聘国际组织提供专业的指导，针对已报考国际组织人才项目的同学，学校开发了国际组织青年专业人才考前培训班及法语入门培训班，目前已累计培训 100 余人。

三是推进国际交流。为推进学校发展国际化教育工作，培养具有国际视野和国际竞争力的高素质人才，学校先后投入 100 余万元人民币，选派并资助 160 余名优秀学生参加国际组织人才培养交流项目。

三、实效与经验

自 2017 年开展此项工作以来，重庆大学学生赴国际组织实习、任职工作的意识逐渐觉醒，氛围日益浓厚，参与相关培训的热情不断高涨，学校还总结了一定的国际组织人才培养、推送经验，同时锻炼了师资队伍。截至 2021 年，重庆大学已有 10 人次学生赴国际组织实习，其中一名博士毕业生因表现优异，被联合国教科文组织续聘。总体而言，学校在国际组织人才培养过程中，取得了实效，也积累了经验。

1. 实效方面

一是为党育人、为国育才的高度自觉性。目前“双一流建设高校”共计140所，高考招生人数每年大约为37.7万人，占全国招生总量的比例约为4.7%，学生基本素质非常优秀。因此，重庆大学主动将学生引导到中国特色社会主义新时代的主战场，引导到国际舞台为国家争取利益，充分体现了为党育人、为国育才的高度自觉性。二是对国家、家庭、个人的高度责任心。重庆大学帮助学生充分探索自我，充分发展自我，主动做出“勇担使命、报效祖国”的选择，兼顾国家、家庭、个人的发展需要，做到了“三全其美”。三是统筹各方资源的高度开放性。重庆大学从机制、人员、课程等方面开展的系列改革，有效克服了传统推送工作“闭门造车”的缺陷，为推送毕业生到国际组织实习任职工作提供了持久动力。

2. 经验方面

一是要发挥旗帜鲜明的导向作用。要牢记“为党育人、为国育才”的使命，引导学生放弃为高薪而就业、为个人而就业的利己思维，把价值引领贯穿于生涯引导、就业指导、渠道拓展、服务保障等各环节，促使学生主动到国际组织实习任职。二是要回归教育工作本质。将国际组织人才推送工作的主要目的由“帮助学生去国际组织实习”转变为“帮助学生树立到国际组织实习任职的意识”，从学生内在需求入手，激发学生学习的原动力，使学生从“要我学”变为“我要学”，树立为祖国建设贡献自己力量的远大理想和抱负。三是要全面实施综合改革。从机制、人员、课程等方面入手，实施学生职业发展指导环节的全链条改革。要改革学校就业考核机制，逐步建立以就业质量为考量内容的考核体系；要配齐配强职业发展指导力量，建设一支“校院层级结合、校内校外兼顾”的导师队伍，确保学生指导力量充足；要建设搭配合理的一、二课堂，为学生提供充足的理论学习、社会实践课程。

国际组织人才培养的举措、成效和特色[①]

一、引　言

四川大学坚守立德树人根本，全力培养德智体美劳全面发展的社会主义合格建设者和可靠接班人，着力拓展学生的国际视野、强化学生的全球胜任力和引领力，朝着构建人类命运共同体的伟大目标努力奋进。为此，学校坚持开放办学的优良传统，强化学生国际交往知识、能力和胆魄，丰富学生国际交流的经历，提升学生参与国际事务的自觉和自信，鼓励学生主动关注世界、关注全球事务，以应对人类面临的危机和挑战为己任，构筑家国情怀、全球视野。2018 年以来，学校持续强化国际化教育，着力培养“一精多会、一专多能”的高素质国际化复合型人才，着力打造国际组织后备人才“蓄水池”。

二、重点举措和工作成效

（一）学校重视、多部门协作

四川大学高度重视国际组织人才培养工作，相关部门联动协作，积极开展国际组织人才培养推送工作，于 2019 年印发了《四川大学关于加强国际组

① 作者：张宇波，四川大学国际合作与交流处项目主管。

织人才培养推送工作实施办法》。同时，与相关国际组织广泛建立合作关系，如中俄“长江—伏尔加河”高校联盟、水域灾害研究和教育联盟、国际防灾减灾科学联盟、亚太地区公共卫生学术联盟、全球水域灾害研究与教育联盟等，在强化文化与学术交流中为学生提供更多参加国际事务的机会。

（二）促进国际组织人才学习、交流及实践

有针对性地开展国际组织人才培养学习项目。2019 年开展“美国乔治·华盛顿大学国际组织人才培养学习项目”，参与学生进行国际组织专题研讨、讲座与小组研究、相关国际组织实习参访等模块化学习；2020 年开展“加拿大麦吉尔大学国际组织人才培养学习项目”，学生学习了“国际组织”和“外交实践”两个板块包含“国际组织的概念与理论基础”“全球安全治理”“国际争端解决”“全球治理新政治和国际组织”“外交实践和多边外交”在内的内容。同时，积极推送学生赴国际组织交流、实践、实习，丰富学生赴国际组织实习的实践经验。2019 年推送学生赴联合国环境规划署、联合国人力资源行政法组，联合国粮农组织等国际组织实习。

（三）鼓励学生参加国际学术会议及国际事务讨论

四川大学鼓励学生参与国际学术会议，积极开阔学生的国际视野，拓展学生的专业知识范畴，提升学生的学术科研能力和国际交往能力。2018 年召开了“中国和印度：现状与未来发展”研讨会、“信息与通信技术在山区自然灾害救援中的应用”国际研讨会等 39 个国际学术会议；2019 年召开了“东亚、东南亚及南亚冶铁考古”国际学术研讨会、“加强亚太地区青年防灾减灾”国际研讨会等 44 个会议。同时，鼓励学生关注重大国际事务并参与讨论，如四川大学模拟联合国团队每年都会精心选择联合国所关注和处理的重大国际事务作为会议主题，力图增进各校参会学生对联合国事务的了解，培养同学们对国家大事及国际大事的关注，提高同学们的社会责任感。2018 年，四川大学学子与 250 名来自各学校的代表在联合国教科文组织下开展冲突地区的遗产保护问题探讨，在联合国经济和社会理事会组织下开展人工智能影响下的就业问题的讨论。2019 年 5 月 17 日至 19 日，2019 四川大学模拟联合国大会于望江校区研究生院报告厅圆满举行。来自西南财经大学、中国人民解放军武警警官学院、四川外国语大学成都学院、四川师范大学等西南地区的兄弟

学校和本校近30个学院的近300名代表分别两两组队，在联合国教科文组织、联合国历史委员会组织下，分别对“基因工程与医学伦理”和“硝烟后的转机：重启巴黎和会”两个议题进行了各国家代表之间深入的探讨。

（四）持续开展学生国（境）外联合培养项目

四川大学长期致力于与世界一流大学开展本科生联合培养项目，截至2021年，已同美、英、加、俄、法、德、日、韩等33个国家或地区的200余所国（境）外著名大学签订了校际交流协议，开展本科生联合培养项目，同时，不断拓宽学生出国（境）交流路径、提升出国（境）学习质量，鼓励和支持学生参加各种国际会议、国际访问考察活动、国际学科竞赛，以及赴国际组织实习，等等。2018年起，学校启动了“大川视界”大学生访学计划和“大学生全球实习实训基地”建设，鼓励各学院积极与国际企业、国际组织之间建立良好的长期合作机制，共建大学生海外实习实训基地，鼓励学生参加各类海外实习、实训和社会实践，自愿去南亚、非洲及“一带一路”沿线国家开展国际义工服务及考察调研等，不仅增强了学生的国际胜任力、开拓了学生的国际视野，也让他们参与到人类命运共同体的建设中，进一步树立学生的远大志向。2018年、2019年每年派出参加国（境）外交流、实习的学生近3000人。

（五）开设国际课程周

四川大学在“送出去”的同时，也加大了“请进来”的力度。学校从2012年开始举办“国际课程周”活动，连续8年，每年邀请世界一流大学专家开设全英文国际课程、邀请世界一流大学学生参加“国际交流营”，打造出与世界一流大学师生知识互动、文化相融、学术交流、情感沟通的全方位交流平台，营造出浓厚的国际化校园氛围。2018年、2019年邀请外籍教师354名，开设国际课程400余门，来自全球各地1300余名留学生参加，受益学生2万余人。

（六）实施“本科生国际语言能力提升激励计划”

为鼓励学生进一步全面提升国际语言能力与水平，四川大学在本科期间积极融入国际化教育，增强国际化意识和国际竞争力，从2018年起，启动了“本科生国际语言能力提升激励计划”，按照拔尖、优秀、良好的等级对学生发放奖励金，2018—2020 年对 2984 名学生发放奖励金 775 多万元，为激励学生尽早为赴国（境）外访学，赴国际组织实习奠定良好的语言基础。

（七）开设“国际事务与全球视野”模块课程

四川大学人才培养突出“厚通识、宽视野、多交叉”。为进一步培养复合型人才，适应国际组织人才的需要，四川大学于 2018 年调整本科人才培养方案，在继续开设“全球化时代的大国关系”“欧盟与全球气候变化治理”等文化素质公选课的基础上，新增“国际事务与全球视野”模块课程群，开设包括“命运共同体：全球化的挑战、机遇与未来”“四海承风：中国文化的世界传播与互动”“英文之用：沟通与写作”在内的 25 门模块课程。

（八）跨学科促交叉，培养复合型人才

四川大学与波兰华沙大学共建了“波兰语 + 经济学”“波兰语 + 国际关系”专业，联合培养跨学科复合型人才，服务国家“一带一路”倡议。2018 年度，设立四川大学“跨学科专业–贯通式”人才培养平台专项项目，建设“外国语言与外国历史”试验班，促成“世界历史”与“外国语言”专业的交叉整合，培养“专业知识 + 外语技能 + 文化素养”一体化的复合型人才，在掌握世界历史专业的基本知识和技能之外，外语能力大幅度提升，国际交流机会增多。能源问题与气候变化给人类社会发展带来严峻挑战，引起了世界各国的广泛关注和积极响应，自 2018 年起，四川大学开设了“新能源与低碳技术创新班”，培养兼备材料、化学、机电、力学、经济、管理等基础，又具有新能源开发、储存、利用或相关低碳技术等专门知识，具有科研潜力和创新创业思想的复合型人才，积极参与全球的能源变革和应对气候变化，推动我国新能源与低碳经济发展。

三、优势学科及特色专业

四川大学通过门类齐全的专业和丰富的课程设置，培养学生多维度的能力，为学生赴国际组织实习提供了知识、能力储备，也逐步形成了国际组织人才培养相关领域的优势学科及特色专业。

（一）应急管理及防灾减灾领域

四川大学 2020 年起开设 IDMR 跨学科专业“国际减灾与应急管理创新

班”，由四川大学—香港理工大学灾后重建与管理学院为同学们制定有针对性的培养方案，以高水平的科研平台和优秀的教师队伍为支撑，为同学们配备“一对一”科研导师，设置全员覆盖的额外奖助学金和国际交流机会，让同学们以兴趣为驱动、以科研为导向、以培养创新思维为目标，围绕国际前沿和国家急需解决的重大科学问题及重大需求，开展选题和研究。

（二）国际关系及区域治理领域

四川大学国际关系学院作为培养相关专业高层次专门人才、开展国际问题研究、推进国际交流合作的重要基地，由原国务委员戴秉国同志担任名誉院长，目前设有国际政治系、南亚研究所（教育部人文社会科学重点研究基地、教育部国别与区域研究培育基地）、欧洲问题研究中心（教育部国别与区域研究培育基地、“让·莫内最佳欧洲研究中心”）、美国研究中心（教育部国别与区域研究培育基地）、当代俄罗斯研究中心（教育部中俄人文合作工作机制框架内下设中心）、中国西部边疆安全与发展协同创新中心、喜马拉雅文化及宗教研究中心等研究机构。

（三）能源环境及可持续发展领域

四川大学面向新能源与低碳技术领域（主要包括新能源汽车动力电池、太阳能发电、风光电储能电池、生物质能、大气污染控制、二氧化碳捕捉封存、废水处理等）国家战略性新兴产业对交叉复合型人才的需求，自 2018 年起，开设“新能源与低碳技术创新班”，在不改变该创新班大学生原专业属性的基础上，在以科学研究、工程技术和新能源政策为主导的工作氛围下，培养兼备材料、化学、机电、力学等理工科，或经济、管理等文科的扎实的理论基础，又具有新能源开发、储存、利用或相关低碳技术等专门知识，既具有科研潜力，又具有创新创业思想，最终成长为具有国际竞争力的科研和工程技术或管理的复合型人才。此外，四川大学还与斯坦福大学合作开展交叉学科教学项目可持续城市系统研究与实践课程。同学们经过一学年的课程学习后，赴美国斯坦福大学进行为期一周左右的交流与学习并进行成果汇报。此举有效提升了学生在国际化氛围中，运用跨学科知识，基于研究，充分实践，通过交流协作解决城市可持续发展实际问题的胜任力，强化责任担当。

（四）公共卫生领域

四川大学设置了预防医学（学制5年，授予医学学士学位）、卫生检验与检疫（学制4年，授予理学学士学位）、食品卫生与营养学（学制4年，授予理学学士学位）3个本科专业，充分发挥传统学科与新兴学科的优势，在专业设置、课程体系、教学内容和实践性教学环节等方面，真正从学生获得知识和提高素质与能力的目标出发，加强基础训练，重视创新能力、创新思维、综合素质与实践技能的培养，初步建成了面向未来、面向世界、面向先进的科学技术，德智体全面发展的高素质创新人才培养体系。

四、存在困难和工作展望

当前四川大学国际组织人才培养工作存在三大困难：一是拓展稳定的国际组织实习任职渠道是当前推进该项工作面临的一大问题。二是当前各校都在开展线上线下的国际组织实习任职系列论坛和专项活动，但还不够全面和体系化，学校之间未能形成良好的联动机制。三是在世界疫情反复及国际形势复杂的情况下，相关工作开展遇到困难。工作展望如下：

（1）在新时代本科教育的新起点上，四川大学将进一步坚持立德树人，更加聚焦和强化“厚通识、宽视野、多交叉”的理念，真正让120多年里学校形成的“开放、包容、厚重、大气”的文化特质成为每一个四川大学学子的人生底色。同时，突出学校学科特点，在现有基础上不断开拓进取，办出教育国际化的特色。在人才培养过程中，为学生赴国际组织实习给予外语、文化、法律等必备素养培训的有力支撑，引导学生关注世界、关注全局、关注人类、关注未来的高度社会责任感与使命感，提高心胸与眼界，与国际顶尖高校建立和增强联系，促进教师与学生双向交流。

（2）推进全校教材、教法、教研、课程协同创新，精准施策，建设“两性一度”系列“金课”：完善课程教学质量综合评价体系，基于学生学习成果，围绕教学各环节的质量要求，建立健全课程内容标准、课程运行标准、学习过程管理标准和课程考核标准，加大课程教学标准的应用、测量和评估，探索“水课”退出、“好课”准入和“金课”激励机制。将与国际组织实习人才相关能力的培养贯穿到课程教学中，培养不仅有专业知识储备，还具有较强的组织管理能力、语言表达能力和人际交往能力、团队协作能力，具备广阔的国际视野和跨文化交流、竞争与合作的能力的人才。

（3）进一步结合优势学科，整合资源，在疫情期间全球高等教育都面临难题的背景下，以“质量、开放、分享、责任和友爱”的理念作为指导，继续发挥四川大学的优势特色，让更多的优质在线英文课程资源服务学校学生及全球学习者。

（4）持续大力推进“大川视界”访学计划，加强全球实习基地建设，完善到国际组织实习和任职的激励政策，利用全球优质教育资源为学生提供多元化高等教育；打造“国际课程周”升级版，面向全球遴选优质课程；创新科研和学术交流模式，营造浓厚国际化校园氛围，构建人才培养国际化平台。

（5）继续推送更多学生赴国际组织实习并致力于与主要的政府间和非政府间国际组织——联合国、世界贸易组织、东南亚国家联盟、欧洲联盟、上海合作组织、国际红十字会等建立人才培养和推送合作机制。

高层次国际化人才培养探索①

一、引　言

党的十九大报告提出，中国将继续发挥负责任大国作用，积极参与全球治理体系改革和建设，不断贡献中国智慧和力量。② 面对新冠疫情带来的挑战，我国加快了融入国际社会、参与全球治理的步伐。在此背景下，国家对国际化人才，特别是战略性国际化人才的需求更显迫切。习近平总书记指出，要加强全球治理人才队伍建设，突破人才瓶颈，做好人才储备，为我国参与全球治理提供有力人才支撑。③《国家中长期教育改革和发展规划纲要（2010—2020 年）》中明确提出："要培养大批具有国际视野、通晓国际规则、能够参与国际事务与国际竞争的国际化人才。"④ 因此，如何培养符合国家需要的高层次

---

① 作者：张振，天津大学国际合作与交流处处长；魏有香，天津大学国际合作与交流处副处长；仇爽，天津大学国际合作与交流处科员。

② 习近平：决胜全面建成小康社会　夺取新时代中国特色社会主义伟大胜利——在中国共产党第十九次全国代表大会上的报告 . (2017-10-27) [2022-05-04]. http://www.gov.cn/zhuanti/2017-10/27/content_5234876.htm.

③ 中共中央政治局进行第三十五次集体学习 . (2016-09-28) [2022-05-04]. http://www.gov.cn/xinwen/2016-09/28/content_5113091.htm.

④ 国家中长期教育改革和发展规划纲要（2010—2020 年）. (2010-07-29) [2022-05-04]. http://www.moe.gov.cn/srcsite/A01/s7048/201007/t20100729_171904.html.

国际化人才，是高校面对的重要课题。

天津大学始终秉承“兴学强国”的理念，“爱国奉献”的传统，坚持培育具有家国情怀、全球视野、创新精神和实践能力的卓越人才。为深入贯彻党的十九大精神，落实《关于加强和改进中外人文交流工作的若干意见》《关于高等学校加快“双一流”建设的指导意见》《教育部等八部门关于加快和扩大新时代教育对外开放的意见》等文件的精神，依托学科优势，从全球合作网络建设、人才培养、师资队伍建设、机制体制建设等方面入手，大力推动全球合作网络建设，拓展人才培养新模式、提升师资国际竞争力，并做好政策支撑，从多角度推动高层次国际化人才培养。

二、重点举措及成果

（一）服务外交大局，推动全球合作网络建设

依托“双一流”建设重点学科领域，布局推动与重点国家的高校和机构的合作。目前，天津大学已与 50 个国家和地区的 256 所高校、研究机构、公司签订合作协议，建立合作伙伴关系，包括与美国约翰斯·霍普金斯大学、加拿大多伦多大学、英国爱丁堡大学、澳大利亚墨尔本大学、日本东京大学、韩国首尔国立大学等高校在人才培养、科学研究等领域开展合作。

牵头“中国—东盟工科大学联盟”，推进与东盟 6 国 14 所高校务实合作。建设“中国—东盟智慧海洋教育中心”，成功获得中国—东盟海上合作基金项目，主动融入中印尼副总理级人文交流机制，持续获得资助。借助联盟平台，与东南亚教育部部长组织高等教育与发展区域中心、中国—东盟中心等东盟相关国际组织沟通，打通与国际组织的沟通渠道，建立单独面对本校学生的实习项目，并每年定期选派优秀学生实习。

（二）依托学科优势，建立人才培养基地

为提升学生全球胜任力，培养国际化人才，天津大学着力完善学生海外访学体系，搭建多层次、多领域交流合作平台，实施“博士生海外访学激励项目”“研究生国际学术交流基金项目”“本科卓越拔尖学生境外毕业设计项目”等专项支持项目，提升学生访学比例。通过国家留学基金委国家公派项目，大力支撑研究生国际化培养。切实推动高层次国际化人才培养及推送工作，加强与国际组织交流合作建立定向实习项目，成功推送 12 人次至红十字

国际委员会东亚地区代表处、国际统一司法协会、东南亚教育部部长组织高等教育与发展区域中心、中国—东盟中心、联合国工业发展组织、联合国教科文组织、世界经济论坛等组织实习。

为培养出多层次、多类型的具有参与全球治理能力和素质的专业人才，结合国际组织人才需求特点，依托管理科学与工程学科优势，天津大学于2020年7月申报教育部中外人文交流中心《高层次国际化人才培养创新实践项目》，并获批成为首批“高层次国际化人才培养创新实践基地”。依托基地平台，学校开展了以下工作：

开展全球胜任力系列讲座。该系列讲座囊括国际关系与大国政治、国际组织理论与实践、全球热点问题解析3个模块，激发学生批判性审视全球问题，增强跨文化沟通能力。预计每年举办10场。

拓展学生培养项目。已开办两期“高层次人才培养领军班”，组织全球治理线上课程，共有来自机械、自动化、微电子、智算、建工、建筑、化工、环境、经管、外国语言与文学、法学、马克思、理学、数学、地球系统科学、医学、教育等学院的57人次学生参与，学习有关可持续发展、全球化、气候变化、社会心理学、世界贸易格局等全球治理相关专题，帮助学生拓宽视野、积累国际组织相关知识、提升自身素质。此外，遴选22名学生在2021年暑期参加“全球胜任力线上实践训练营”与“国际组织胜任力培养训练营”，帮助学生了解联合国等相关机构的运行机制和工作职能并提升相关岗位所需能力，为今后申请国际组织实习打下基础。

建设“微学历”项目。该项目以公共管理学科为基础，结合天津大学校内其他优势学科资源与特色，深入提升学生国际公务员素养、终身学习素养、批判思维能力、复杂问题解决能力、领导力、组织力与执行力，拓宽其国际化视野，提高其跨文化交际能力及国际事务解决能力。该项目共开设6门核心课程，包括“全球治理与可持续发展：理论与实践”“数据科学与公共政策”“系统思维与创新思维”“跨文化沟通与谈判”“前沿讲座”（含国际关系与国际法、联合国公文阅读与写作等）及“第二外语基础”（含法语、西班牙语等），每门课2学分，共12学分，学习年限一般设定为2—3年，于2022年春季学期开始授课。学生修读完全部课程即可获得天津大学“全球治理”微学历证书。

建立后备人才库。组建“天津大学学生国际组织发展交流协会”，针对有意愿赴国际组织实习的学生进行培养，帮助其深度学习各国际组织现状、历史发展、工作内容，针对国际组织要求的能力定向进行分析、培训，利用每周例会进行实际锻炼提升。建立天津大学国际组织实习任职人才库。面向学校对国际组织实习任职感兴趣的本硕博学生进行摸底、汇总，建立人才库，并定期向人才库的学生推送国际组织实习任职的空缺岗位信息、培训内容、实习心得等内容。

此外，天津大学于2021年申报中国教育国际交流协会“新青年全球胜任力人才培养项目”，并获批成为首批项目高校。项目通过线上课程、专题讲座、实践活动相结合的形式，帮助学生了解世界人文、经济与社会发展，提升学生国际学术交流能力与国际竞争力。

（三）加强师资队伍建设，大力提升人才培养能力

多措并举引进外籍专家、扩大外籍教师规模。鼓励教师主动融入国际学术网络，积极推进教师加入国际学术组织与期刊担任职务。鼓励教师赴境外开展交流合作，并推荐骨干教师出国研修，大力提升师资国际竞争力。

此外，为培养高素质、专业化的师资队伍，依托“高层次国际化人才培养创新实践基地”，天津大学开展了教师发展培训项目。学校有80余名来自管理、法学、建筑、环境、新媒体、医学、海洋等学院及部门的专业教师及行政人员参与培训，学习、研讨有关联合国可持续发展目标、全球教育政策、相关课程设计等专题，以提升学校教师在高层次国际化人才培养方面的能力。

（四）加强统筹领导，做好政策支撑

加强统筹领导，提高政治站位，深化思想认识，以“立德树人”为根本，加强党委对国际组织人才培养工作的领导。天津大学严格落实“一把手工程”，学校层面成立由学校主要领导担任组长，相关分管同志担任副组长，有关部处共同参与的领导小组，做好工作统筹规划。各学院党委高度重视，学院主要领导亲自抓，做好教育培养和支持把关。此外，根据实际情况，学校制定了校内工作文件，建立各部门联动的工作机制。

做好政策支撑。天津大学将国际组织实习实训纳入学校“双一流”建设项目，建立专项计划，由学院申报、学校统筹，做好年度实习实训项目规划及指标设定，并配有经费支持，以此鼓励学院开展相关人才培养及实习实训工作。

三、工作展望

在之后的工作中，天津大学将进一步完善人才培养机制体制建设，深化教育教学改革，把高层次国际化人才培养融入育人体系中，统筹全校各类资源，从意识培育、课程体系建设、师资培养、伙伴建设及体制机制保障等方面推进工作。

在意识培育方面，学校坚持把“立德树人”作为一切工作的中心环节，提高各学院及部门对国际化人才培养的重视程度，厚植爱国主义情怀，不断提高学生思想水平、政治觉悟、道德品质、文化素养，引导学生将个人小我价值融入国家发展大局之中，扎根中国大地，培养具有全球不同领域就业能力、治理能力和领导能力的人才。

在课程体系建设方面，学校切实把国际化人才培养工作作为“双一流建设”的重要内容，整合现有学科、专业优势，挖掘潜力，培养多层次、多类型、多语种，具有参与全球治理能力和素质的专业人才。依托基地平台，建设好“微学历”，推进跨学科融合，讲授全球治理、国际组织通识、跨文化交流等相关知识，选拔具备全球治理意识与能力的懂技术、会管理的复合型人才。

在师资培养方面，学校“通过培训 + 引进”，建立人才培养师资团队，使学生能获得有效的指导。通过培训、远程教学、聘请海外专家授课等方式，组织教师参与相关课程培训，鼓励青年教师拓展与世界一流高校及国际组织的交流合作。

在伙伴建设方面，学校通过“走出去 + 引进来”战略，积极拓宽与世界一流高校以及国际组织的合作渠道，推动合作备忘录、实习生推送备忘录签订等形式的合作交流；继续深化已有国际组织合作，着力培养学生国际化与全球治理的能力。

在体制机制保障方面，学校推进教学培养管理机制改革，大力支持学生赴世界一流大学交流以及赴国际组织实习或研修，加强政策支持和保障；设立专项基金，开源节流，积极争取政府、学校、社会各界资金支持，为学生提供资金保障。

鲁班工坊与全球胜任人才培养的实践探索[①]

一、引　言

鲁班工坊是天津原创并率先实践的中外人文交流知名品牌，致力于培养合作国家中熟悉中国技术、了解中国工艺、认知中国产品的技术技能人才，是国家现代职业教育改革创新示范区的标志性成果，是中国职业教育国际化发展的重大创新。

二、服务“一带一路”建设，推动构建人类命运共同体

2018 年 9 月 3 日，在中非合作论坛北京峰会开幕式上，习近平主席向全世界宣布要在非洲设立 10 个鲁班工坊，向非洲青年提供职业技能培训。[②]2018 年 12 月 5 日，习近平主席在出访葡萄牙期间见证了葡萄牙鲁班工坊签约。2019 年 4 月 25 日，习近平主席在人民大会堂会见埃及总统塞西，提出中方将在埃及设立鲁班工坊，向埃及青年提供职业技能培训。

鲁班工坊作为贯彻落实习近平总书记重要指示精神，服务“一带一路”建设，推动优质职业教育“走出去”的重要举措，对于强化中非全面战略合作伙

---

① 作者：张乐为，鲁班工坊建设联盟秘书处办事员；任静，鲁班工坊建设联盟秘书处办事员。

② 严玉洁，潘一侨 . 非洲各界热议习近平主席讲话：鼓舞人心　富有启迪 . (2018-09-05) [2021-10-13]. http://world.chinadaily.com.cn/2018-09/05/content_36867367.htm.

伴关系具有重大意义。

鲁班工坊紧密围绕“一带一路”沿线国家产业发展需求，服务“走出去”的中国企业和国际产能合作，积极培养当地经济社会发展急需的本土化技术技能人才。作为新时代中国职业教育国际交流的创新成果，为加强我国与“一带一路”沿线国家政府、企业、院校之间的国际交流与合作，提升我国国际产能合作影响力提供了有效的支撑服务要素。

鲁班工坊采取“学历教育 + 职业培训”的方式，将中国优质职业教育和中国优质产品技术输出国门，与世界分享，合作共建、互学互鉴，在职业教育领域搭建起技能传播与人文交流的平台，有利于促进“一带一路”沿线国家经济社会发展，有利于促进中外民心相通，推动“一带一路”建设和构建更加紧密的人类命运共同体。

三、鲁班工坊建设的“天津实践”

（一）鲁班工坊建设的核心要义

天津建设鲁班工坊坚持“12345”的核心要义。1 个品牌：培养合作国家当地熟悉中国技术、产品、标准的技术技能人才，打造中外人文交流国际知名品牌。2 个特征：开展高端技术技能人才的学历教育和服务当地经济社会的技术技能培训。3 个模式：通过校际合作、校企合作和政府间合作落地实施。4 个内容：以工程实践创新项目为教学模式，以国际化专业教学标准为基本依据，以全国职业院校技能大赛的赛项装备为重要载体，以“师资培训先行”及信息化教学资源为必要保障。5 个原则：平等合作、因地制宜、优质优先、强能重技、产教融合。

（二）总体建设进展

2016 年 3 月 8 日，天津渤海职业技术学院在泰国建成第一个鲁班工坊。2017 年 5 月 18 日，天津市经济贸易学校在英国建成欧洲第一个鲁班工坊。2019 年 3 月 28 日，非洲首家鲁班工坊在吉布提揭牌运营。截至 2021 年 9 月，天津已先后在泰国、英国、印度、印度尼西亚、巴基斯坦、柬埔寨、葡萄牙、吉布提、肯尼亚、南非、马里、尼日利亚、埃及、科特迪瓦、乌干达、马达加斯加、埃塞俄比亚等 17 个国家建成 18 个鲁班工坊。此外还有瑞士、俄罗斯、保加利亚等国的 6 个在建项目。已建成的 18 个鲁班工坊围绕智能科技、新能源新材料、先进制造、铁路运营、汽车工业、中医中药等重点领域，结合合作国家产业需求，开设了工业机器人、增材制造、新能源、云计算、物联网、动车组检修、汽车维修、物流管理、中餐烹饪、中医药等12大类44个专业，合作举办的学历教育包括中职、高职到应用本科3个层次。开展学历教育达到600余人，面向中资企业、合作国当地企业以及师生的培训规模超过6000人，实现了国际产教融合及校企合作，为合作国家培养了大量熟悉中国技术、了解中国工艺、认知中国产品的技术技能人才。

（三）制度机制建设

天津市成立了由分管教育工作的市委常委和两位副市长牵头的鲁班工坊推进工作领导小组，建立协调联动机制，发挥先行先试优势，加大资金投入力度，研究解决重大问题。《关于做大做强做优职业教育的八项举措》《关于推进我市职业院校在海外设立鲁班工坊试点方案的通知》等系列文件先后出台，领导小组将打造服务“一带一路”的鲁班工坊列为市政府重点工作，设立了鲁班工坊项目专项资金，开辟了鲁班工坊项目建设“绿色通道”。

投入专项资金，成立了鲁班工坊研究与推广中心，持续优化管理组织架构和工作运行机制，开展理论与政策研究、质量监控与评估、教师培训与资源开发、成果宣传与推广。围绕鲁班工坊的建设需求与发展规划，设立了20余个专项课题，进行有关成果总结、制度建设、教学模式、资源开发以及中外政策比较的深度研究，出版《2020年鲁班工坊建设与发展报告》及宣传册。开展鲁班工坊评价标准体系研究，启动对已建成3年的鲁班工坊验收评估工作，推动鲁班工坊全过程质量监控评估管理。建立数据库，跟踪已建成的鲁班工坊的人才培养、资源建设、人文交流、产教融合等各个方面的进展情况，确保项目高质量可持续发展。加强课程资源建设，制定国际化专业教学标准。设立鲁班工坊师资培训基地，开发和组织多层级多类型的师资培训项目。依托鲁班工坊中英文网站、微信公众号、鲁班工坊项目管理公共服务平台和鲁班工坊体验馆等线上和线下渠道，加强对鲁班工坊发展成果的宣传和推广，提升鲁班工坊品牌的影响力。

（四）主要建设成果

鲁班工坊既为中国企业“走出去”培养了急需的本土化技术技能人才，降低了运营成本，又为中国的技术、管理、标准、产品“走出去”搭建了平台。如吉布提鲁班工坊为中国土木工程集团有限公司培养和培训了大批高铁建设运营人才；肯尼亚鲁班工坊、南非鲁班工坊为华为公司在非发展培养了ICT专业技术技能人才；英国鲁班工坊在英国建立了中国食品展示窗，为天津食品集团的产品出口提供了平台；印度鲁班工坊为在印的中资企业提供了装备制造与新能源领域的订单式人才培训；国有控股合资企业七二九体育器材开发公司在泰国鲁班工坊建成了集文化体验、产品展示销售、技术研发实践、运动训练比赛为一体的创意文化体验中心。

鲁班工坊建设有效推动了中国职业教育“走出去”，有力提升了中国职业教育的国际影响力。泰国成立了工程实践创新项目教学研究中心，推广中国职业教育教学模式。鲁班工坊人才培养标准和专业建设质量获得了广泛认同，已有10个国际化专业教学标准获得合作国教育部批准，纳入其国民教育体系。中餐烹饪国际化教学标准经过英国Qualifi核准颁证，纳入英国普通和职业学历框架体系。吉布提鲁班工坊填补了该国没有高等职业教育层次的空白。特别是葡萄牙鲁班工坊的建设，标志着中国特色职业教育的标准体系已经走进西方发达国家，上升到了一个新的高度。

鲁班工坊实现了中国标准、中国模式、中国装备与中国方案的整体输出，彰显了开拓创新、精益求精的中国工匠精神与携手并进、共同发展的国际合作理念，培养了一批国际化技术技能人才，有力推动了优质产能“走出去”，扩大了中国职业教育的国际影响力，受到党和国家领导人的高度认可，得到了合作国政府、社会各界的高度赞誉。在2021年全国职业教育大会上，中央政治局委员、国务院副总理孙春兰对天津市在亚非欧三大洲建成18家鲁班工坊给予高度肯定。[①]2021年5月12日，国务委员、外交部部长王毅在陕西西安主持“中国＋中亚五国”外长第二次会晤，提出帮助中亚五国建设5所鲁班工坊，为中亚五国培养高素质人才。[②]

① 企校协同 服务“一带一路”建设 “鲁班工坊产教融合发展联盟”正式成立. (2021-04-30) [2021-08-09]. https://tj.chinadaily.com.cn/a/202104/30/WS608bb201a3101e7ce974d276.html.

② 王毅主持“中国＋中亚五国”外长会晤 .(2021-05-21) [2021-08-15]. https://www.fmprc.gov.cn/web/gjhdq_676201/gj_676203/yz_676205/1206_676548/xgxw_676554/202105/t20210512_9181263.shtml.

四、建设南非鲁班工坊，打造中南合作典范

天津职业大学与南非德班理工大学合作建设南非鲁班工坊，紧密围绕南非经济社会发展需要，首期建设“增材制造技术”和“物联网应用技术”两个专业，为南非提供急需的职业教育与培训，共享优秀职业教育成果。天津职业大学为德班理工大学两个专业8名教师开展了为期4周的专业培训，使其在较短时间内掌握专业基本原理及核心设备操作技能。两校师资团队共同开发了本科专业标准和高级证书培训标准4个、国际化课程标准15个，目前德班理工大学正在申报“物联网应用技术本”科专业，将中国标准融入南非国民教育体系。

自2019年12月揭牌运行以来，南非鲁班工坊已为百余名学员提供了职业教育训练和创新实践，向当地企业输送了多名员工。新冠疫情期间，南非鲁班工坊持续运行，两校师生定期连线，使用鲁班工坊增材制造设备制作防护口罩，应用物联网技术制作空气质量检测装置，支持当地抗疫。天津职业大学积极探索鲁班工坊建设的创新模式，推动南非鲁班工坊健康可持续发展。2021年6月，两校共同举办南非鲁班工坊创新创业论坛，围绕创新创业人才培养、技术创新、成果转移等话题深入研讨、互动交流，共享创新创业教育经验和成果。

南非鲁班工坊得到了德班理工大学校长的高度赞誉，他认为“鲁班工坊为南非带来了中国高等职业教育培养人才的良好模式，完善了实训条件，培养出不少复合型人才”，“鲁班工坊让许多南非青年学到技能，这样的工坊越多越好”。①

五、统筹各方资源，共同打造品牌

为加强全国鲁班工坊建设和管理，天津职业大学将成立鲁班工坊建设联盟（以下简称“联盟”），以民间组织的形式统筹管理全国鲁班工坊建设工作。天津职业大学成为鲁班工坊建设联盟筹备工作组所在地并于2019年下半年启动相关工作。先后完成联盟发起成员单位征集和《鲁班工坊建设规程》《鲁班工坊建设联盟工作办法》等工作文件制定工作。2021年11月6日，由天津职业大学主办的联盟成立大会召开，天津职业大学成功当选为联盟理事长单位

---

① 李滢嫣．“这样的工坊越多越好”．人民日报，2021-01-08(3).

和秘书处单位，联盟发起成员单位、天津市鲁班工坊建设单位参加会议，累计超过4.06万人次同步在线观看了大会直播。

联盟是职业教育“走出去”的重要平台，以政校行企多方联动推进鲁班工坊标准化建设和可持续发展，现有72家成员单位，包括60所学校、8家企业和4所研究机构。联盟成立以来，重点开展了鲁班工坊建设标准研发工作，启动了联盟专家申报和鲁班工坊项目备案等工作。同时，学校在天津市教委指导下组建了鲁班工坊研究与推广中心欧洲分中心，负责欧洲鲁班工坊建设质量评估、鲁班工坊建设交流和师资培训等工作。联盟同该中心将整合优质资源、汇聚多方力量，助力“一带一路”建设，为构建人类命运共同体做出贡献。

六、未来工作思考

（一）纳入国家战略实施全球布局

应将鲁班工坊的建设纳入国家“一带一路”倡议，推动鲁班工坊建设协调会商机制，加强鲁班工坊顶层设计，整体规划全球布局。积极争取在“一带一路”建设资金等国家部委项目资金中设立鲁班工坊专项资金，按有关程序支持有建设意愿和建设能力的院校到海外建设鲁班工坊。

（二）创建全国统一的管理机制

应以鲁班工坊建设联盟为载体，统筹规划实施全国职业院校海外鲁班工坊的建设与发展计划。共鉴共享鲁班工坊建设经验和成果，建立统一的鲁班工坊建设全国规范和标准体系，组建联盟专家委员会，从鲁班工坊的建设立项、组织实施以及成果验收实施全过程闭环质量监控，确保项目建设的高质量与可持续发展。

（三）推进国际产教深度融合

应深化职业院校与海外中资企业在人才培养、技术创新等领域的合作，为中国企业“走出去”培养急需的技术技能人才、提供相应的技术支持。依托非洲鲁班工坊，围绕非洲职业教育发展、中非人文交流和鲁班工坊建设，加强科学研究，引领创新发展，打造中非国际产教融合的桥头堡。

国际组织的类别、特征和职员需求[①]

一、国际组织的类别及其核心特征

国际组织在处理国际事务和开展全球治理中的作用日益突出，已经成为制定国际规则、协调多边事务、配置国际资源的重要平台。国际组织的人才选拔和职员需求问题，也不仅仅是单纯的人才招聘与配置问题，而是融汇了政治、经济、文化、教育与外交等多元素、多维度的综合性课题。厘清不同类别国际组织的核心特征和职员需求，不仅能够为我国培养及输送国际组织人才提供有效证据支持和对策，对进一步促进多边外交和争取国际话语权地位也有重要意义。本文选取了联合国秘书处、联合国教科文组织、世界银行、联合国儿童基金会、亚洲开发银行、亚欧会议以及国际民航组织为研究对象，分别对其国际组织人才政策、架构以及选拔标准进行分析，针对不同类别国际组织间的核心特征进行梳理和总结。

（一）联合国秘书处

联合国秘书处（UN Secretariat）是联合国的六大主要机关之一，首席行政长官为联合国秘书长。联合国秘书处负责处理大会和其他主要机关委任的

---

① 作者：曾晓东，联合国教科文组织国际农村教育研究与培训中心执行主任；陆一帆、王艺亦、龚诗情、翁馨，联合国教科文组织国际农村教育研究与培训中心项目助理。

各项日常工作，下设多个部门，每个部门或办事处都有明确的行动和责任范畴。各办事处和部门相互协调，确保团结一致地实施联合国的工作方案。秘书处的职责同联合国所处理的问题密切结合，多种多样，职能范围包括：管理维持和平行动，调停国际争端；调查经济及社会趋势和问题；编写关于人权和可持续发展问题的研究报告，等等。秘书处工作人员负责以下工作：让世界各国媒体了解和关心联合国的工作；就全世界所关切的问题组织国际会议；监测联合国各机构所做决定的执行情况；将发言和文件翻译成联合国正式语文。联合国秘书处的大多部门和办事处设在美国纽约。在总部以外，联合国还设有 3 个主要办事处（日内瓦办事处、内罗毕办事处、维也纳办事处）和 5 个区域经济委员会（分别设在亚的斯亚贝巴、曼谷、贝鲁特、日内瓦、圣地亚哥）。根据《联合国宪章》，秘书长和秘书处职员只对联合国负责，不得请求或接受任何政府的指示。

根据联合国大会 2020 年的报告①，截至 2019 年 12 月 31 日，联合国秘书处长期、连续、定期或临时任用的各类工作人员共有 36574 人，涉及 188 个会员国。根据秘书长的全系统性别均等战略，计算性别均等的工作人员基数包括长期、连续或定期任用的专业及以上职类和外勤事务职类工作人员。截至 2019 年 12 月 31 日，这一群体包括 14772 名工作人员：5939 名女性（40.2%），8833 名男性（59.8%）。

秘书处负责管理联合国系统各项会议。处理联合国大会事务是秘书处的核心工作之一，秘书处下设大会和会议管理部，专门负责联合国大会及会议管理工作。联合国大会是联合国主要议事机构，根据《联合国宪章》，联合国大会每年 9 月至 12 月举行会议，所有会员国均参与联合国大会。大会举行年度一般性辩论，会员国可通过辩论表达对重大国际问题的看法。在辩论首日，秘书长提交关于联合国工作的报告。另外，在会议续会期间，大会以大会主席同成员协商召集的高级别专题辩论形式，审议当前对国际社会至关重要的议题。2022 年 9 月，联合国大会第 77 届会议在纽约举行。

联合国各个主要机构都需要向联合国大会提交报告，报告自己过去一年的工作。许多目前国际社会广泛认可的宣言和公约都是联合国大会通过的决

---

① UN. Composition of the Secretariat : staff demographics : report of the Secretary-General. (2020-11-09) [2021-12-13]. https://digitallibrary.un.org/record/3897446?ln=zh_CN.

议，比如:《世界人权宣言》（第3届会议通过的第217号决议）、《儿童权利公约》（第44届大会通过的第25号决议）。

（二）联合国教育、科学及文化组织

联合国教育、科学及文化组织（简称“教科文组织”）的使命宣言是“教科文组织作为联合国的一个专门机构，依据其《组织法》，通过教育、科学、文化、传播和信息促进建设和平、消除贫穷、可持续发展和文化间对话”①。围绕这一使命，有八大专长方向，即教育、自然科学、海洋科学、社会科学及人文科学、文化、传播和信息、非洲，以及性别平等。

教科文组织的总部位于法国巴黎，另有53个地方办事处，分布在全球各地。它还有9个一类机构，如终身学习研究所、国际教育规划研究所、统计研究所等。这些中心在运作上是自治组织，但在制度上和法律上都是教科文组织的组成部分，受教科文组织规则和条例的管理。

教科文组织的理事机构是大会和执行局。大会由教科文组织成员代表组成，每两年召开一次会议。大会决定教科文组织的政策和主要工作路线，职责主要是制订组织的项目和预算，也负责选举出执行局成员以及每隔两年为执行局制订具体的工作职责，并每隔四年任命一任总干事。执行局负责教科文组织的总体管理，包括为大会的工作做准备，并确保大会中通过的决议被正确地实施。执行局的58个成员由大会选出，这些代表的选择主要体现他们各自代表的文化以及地理区域的多样性。教科文组织的执行机构是秘书处，由总干事及其任命的工作人员组成，秘书处的组织结构如图1所示。

秘书处的领导机构有理事机构秘书处、总干事办公室、内部监督办公室、国际准则及法律事务办公室和伦理办公室。有五大重要计划，分别是教育、自然科学、社会科学及人文科学、文化，以及传播和信息，对应5个部门。与计划有关的业务包括协调和监督惠及非洲的行动、协调和监督实施性别平等的行动、教科文组织应对冲突后和灾后形势、对外关系与公众宣传等。其中，协调和监督惠及非洲和实施性别平等的两个行动也是教科文组织2014—2021年中期战略中的两大优先领域。

① 联合国教科文组织 . 中期战略（2014—2021年）. [2021-12-13]. https://www.crihap.cn/pdf/37C-4-cn.pdf.

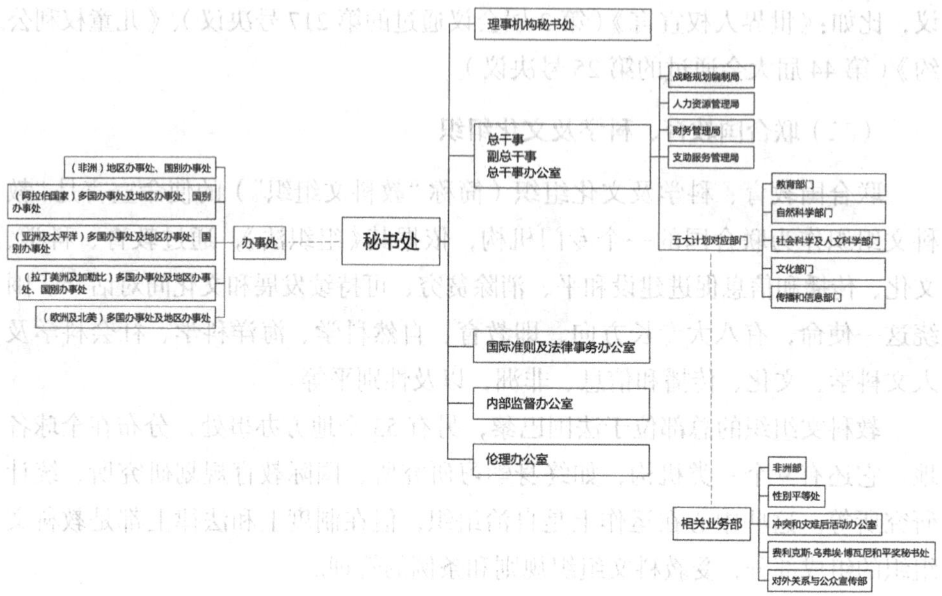

图 1　2014—2015 年教科文组织秘书处结构图

根据教科文组织 2021 年员工数据报告，员工（仅指固定期限的员工）总数为 2293 人，来自 169 个国家，其工作人员分为专业人员和一般事务类人员两类，另有 3145 名临时合同的非组织工作人员身份的雇用人员。①

教科文组织的代表性报告主要是该组织发布的一些具有全球影响力的旗舰出版物，比如《全球教育监测报告》《世界水资源开发报告》《世界社会科学报告》《人类文明史》等。

（三）世界银行

世界银行集团是联合国系统下的多边开发机构，由国际复兴开发银行、国际开发协会、国际金融公司、多边投资担保机构和国际投资争端解决中心组成。

世界银行于 1945 年 12 月在布雷顿森林会议后正式成立，最初的目标是支持二战后的欧洲重建。1947 年 11 月起，世界银行成为联合国的专门机构，自此不断发展演变，关注点从战后重建转向发展，重点放在大坝、电网、灌

① UNICEF. Compensation, benefits and wellbeing [2022-05-02]. https://www.unicef.org/careers/compensation-benefits-and-wellbeing.

溉体系、道路等基础设施建设上，致力于应对危机前、危机中和危机后的种种挑战。

截至 2021 年，世界银行集团共有 189 个成员，员工来自 170 多个国家，在 130 多个地方设有办事处。成员通过理事会和执行董事会管理世界银行集团，各机构的重大决策均由理事会和执行董事会做出。集团的日常运营则在行长、行业和综合管理机构部门的领导与指导之下开展。世界银行的内部机构包括一般管理部门、地区部门、全球发展实践局和全球发展主题，如表 1 所示：

表 1　世界银行集团内部机构设置

<table>
<tr><th colspan="8">一般管理部门</th></tr>
<tr><td rowspan="2">发展经济学研究部、发展金融局</td><td>机构对外关系部</td><td>信息与技术解决方案局</td><td>综合服务</td><td>常务副行长</td><td>首席财务官</td><td rowspan="2">机构财务与风险管理</td><td rowspan="2">机构秘书处</td></tr>
<tr><td>人力资源部</td><td>机构廉政部、法律部、司库部、内部冲突解决机制、申诉服务、调解服务、职业道德、上诉委员会、职场顾问、执行董事和副执行董事</td><td>独立评价局、独立检查小组、集团内部审计</td><td>评价与资格中止或制裁处、行长办公室、企业责任</td><td>世界银行集团财务</td></tr>
<tr><th colspan="8">地区部门</th></tr>
<tr><td colspan="8">非洲地区、东亚和太平洋地区、欧洲和中亚地区、拉美和加勒比地区、中东和北非地区、南亚地区</td></tr>
<tr><th colspan="8">全球发展实践局</th></tr>
<tr><td colspan="8">农业，教育，能源，环境与自然资源，金融、竞争力与创新，治理，卫生、营养与人口，就业与发展，宏观经济、贸易与投资，贫困，社会保护，社会、城市、农村和灾害风险管理，交通运输，数字发展，水</td></tr>
<tr><th colspan="8">全球发展主题</th></tr>
<tr><td colspan="8">气候变化，脆弱性、冲突与暴力，社会性别，基础设施</td></tr>
</table>

作为一个独特的国际金融机构，世界银行集团在为发展中国家的政府和私营部门提供资金、技术援助和政策咨询的同时，也致力于寻求消除极端贫困和促进共同繁荣的可持续发展之道。其使命为“到 2030 年将极端贫困人口占全球人口的比例降低至 3%”以及“提高各国占人口 40% 的最贫困人群的收入水平”。基于此，世界银行明确了 3 个优先重点，即“帮助创造可持续的经济增长”“投资于人”和“增强抵御冲击与威胁的韧性”，以及指导各国合作消除贫困和促进最贫困人口共享繁荣的工作。在这 3 个重点的指导下，世界银行通过营养、医疗保健、优质教育、就业和技能提升等帮助发展中国家进行人力资本的投资与开发，从而实现消除极端贫困的目标。

自1978年起，世界银行集团每年都会发布《世界发展报告》，基于年度专项主题就全球发展进行探讨研究，提出改革或改善措施。此外，世界银行还研发并公开了“世界发展指标”，提供有关全球发展、贫困、人民生活质量、环境、经济、国家与市场运作和金融、贸易与移民全球联系等最新数据，为分析人员、政策制定者、学术界人士及对世界现状感兴趣的人士等用户提供发展领域的信息参考。

（四）联合国儿童基金会

联合国儿童基金会于1946年由联合国成立，成立初期名为“联合国国际儿童紧急救助基金会”，目的是为第二次世界大战后欧洲和中国的儿童提供紧急援助。1953年正式更名为“联合国儿童基金会”并成为联合国体系的永久性组织。

联合国儿童基金会的使命是“倡导保护儿童权利、满足儿童的基本需求，并为他们提供广泛的发展机会以充分发挥自身潜能”。遵循联合国《儿童权利公约》，并以“儿童优先”为目标，联合国儿童基金会在九大领域开展工作，分别为儿童保护与接纳、儿童生存、教育、社会政策、应急响应、性别、创新为儿童、供应与物流和研究、证据与分析。

本着促进儿童生存、保护和发展以推动全球发展和人类进步的信念，联合国儿童基金会在2022—2025年的战略规划中，将组织的五大目标总结为：在任何情境下，包括人道主义危机和脆弱的环境中，每个儿童和青少年都能够:（1）生存并茁壮成长，获得充足的饮食、服务、活动与物品供应;（2）为未来学习并掌握知识;（3）受到保护，免受暴力、剥削、虐待、忽视和其他不利行为的伤害;（4）获得安全和公平的水、环境卫生和个人卫生服务和供给，并生活在一个安全与可持续的气候与环境中;（5）可以获得社会保护并远离贫困。

秉持着“关爱、尊重、正直、信任和责任”五大核心价值，并确保其构成业务的基础上，联合国儿童基金会指导着世界领先的儿童和青年组织并实现以上五大目标。

执行局是联合国儿童基金会的领导机构，由代表联合国5个地区的36个成员构成（亚洲7个、非洲8个、东欧4个、拉美5个、西欧和其他地区12个），任期3年，主要职能是根据联合国大会与联合国社会及经济理事会的政策指导为联合国儿童基金会提供跨政府的支持与监督。执行局在秘书处执行主任领导下处理日常事务，执行主任任期为5年。日常工作则由办事处进行协调，办事处是联合国儿童基金会秘书处与执行局5个地区代表之间的桥梁，主要负责联络、行政与其他职能工作，例如协助会议表决的谈判，以提高理事会工作的有效性。联合国儿童基金会的资金主要来自各国政府、政府间组织、非政府组织和个人的自愿捐款。

联合国儿童基金会领导层由执行团队、部门负责人和顾问、区域办事处主任3个团队构成。部门负责人和顾问由来自23个司的司长和部门主任组成，区域办事处主任为代表7个项目地区的区域主任。

联合国儿童基金会的主要工作成果体现在项目、出版物、数据、研究4个方面。开展项目是其工作的核心，因此项目职员是四大工作领域中的重要部分。通过在全世界191个国家建立157个国别项目，联合国儿童基金会在青少年发展、沟通与发展、儿童保护、早期发展、教育、性别平等、健康、营养、社会政策、水、环境卫生和个人卫生等多领域保障儿童权益与发展。

出版物方向的工作主要分为旗舰刊物与其他出版物两部分。旗舰刊物为《世界儿童状况》与《联合国儿童基金会年度报告》。《世界儿童状况》于1980年创刊，最新一期于2021年10月出版，是一个以调查研究为基础的出版物，其中包含了数据图表，即全世界各个国家与地区关于儿童生存、发展与保护的最新数据图表。《联合国儿童基金会年度报告》关注联合国儿童基金会及其合作伙伴每年在各个领域的儿童工作中取得的成就，包括财政数据与捐赠方认证。其他出版物涉及联合国儿童基金会的各个工作领域，通过数据与分析展示全球儿童面临的困境与挑战。这些出版物来自专门的部门，展现联合国儿童基金会以儿童为中心的工作方法、成果和政策，也提供最新信息，为陷入危机中的儿童发出紧急呼吁与行动倡导。联合国儿童基金会还与其他联合国合作机构或国际发展组织联合发布出版物。

联合国儿童基金会坚信“一致且可靠的关于儿童状况的数据对于改善他们的生活至关重要”，因此，其在关于世界各地儿童和妇女状况的数据收集、验证、分析、使用和传播方面一直走在前端，并确保这些数据具有可靠性，可以在国际范围内进行比较。该数据涵盖16个主题，涉及全球200多个国家，通过国家概况、期刊、指南、交互式数据、数据可视化等多种形式进行展示。

研究方面，联合国儿童基金会专门在意大利佛罗伦萨成立了因诺琴蒂研究中心（Office of Research-Innocenti），进行前沿的、与政策相关的研究，使联合国儿童基金会和全球其他群体的工作能够得到最可靠且最新的研究支持。研究中心的工作覆盖 13 个主题，包括童工、数据时代的儿童权利、儿童与移民、教育、儿童遭受的暴力等。与其他 3 个方向的工作不同的是，研究中心专门提供 4—12 个月的因诺琴蒂高级研究奖学金计划（The Innocenti Senior Fellowship Programme），为有国际声誉的学者提供平台与框架，资助其在联合国儿童基金会及其研究中心相关的领域开展研究。

（五）亚洲开发银行

亚洲开发银行成立于 1966 年 12 月 19 日，目前有 68 个成员，其中 49 个来自亚太地区，19 个来自其他地区，总部设置于菲律宾马尼拉并在世界各地拥有 31 个办事处。亚洲开发银行的使命是致力于实现繁荣、包容、有适应力和可持续的亚太地区，同时坚持消除极端贫困。其宗旨是通过向成员提供贷款和技术援助，协助成员在经济、贸易和发展方面的政策，同联合国及其专门机构进行合作，以促进亚太地区的经济发展。

为了实现其宗旨和使命，亚洲开发银行有以下具体任务：为亚太地区成员的经济发展筹集与提供资金；促进公、私资本对亚太地区成员的投资；帮助亚太地区各会员国或地区成员协调经济发展政策，以更好地利用自己的资源在经济上取长补短，并促进其对外贸易的发展；为成员拟定和执行发展项目与规划提供技术援助；以亚洲开发银行认为合适的方式，同联合国及其附属机构，向亚太地区发展基金投资的国际公益组织，以及其他国际机构、各国公营和私营实体进行合作，并向他们展示投资与援助的机会；发展符合亚洲宗旨的其他活动与服务。

如图 2 所示，亚洲开发银行最高的决策机构是理事会，由每个成员的一名代表组成。理事会每年召开一次会议，通称年会。理事会又会在其成员中选出 12 名代表组成董事会，在亚洲开发银行总部全职履行其职责。董事会监督财务报表，批准行政预算，审查和批准所有政策文件以及所有贷款、股权和技术援助业务。理事会还会选出银行行长，行长任期 5 年并可连任，是董事会的主席并负责管理银行的主要事务。行长领导一个通常由一名常务董事和六名副总裁组成的管理团队，该团队负责监督银行运营、行政和知识部门的工作。

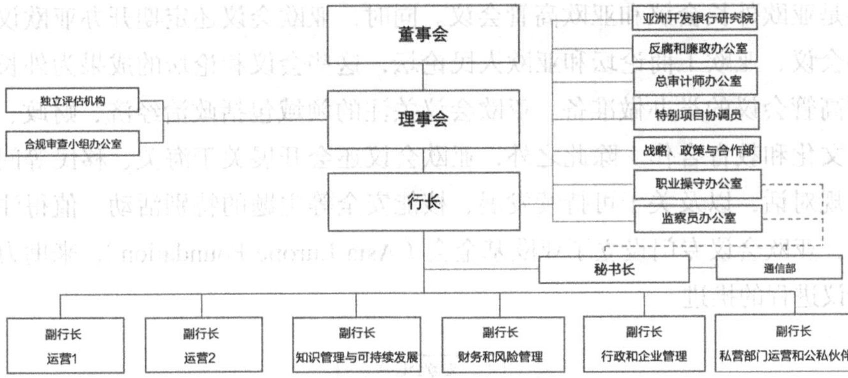

图 2　亚洲开发银行职能组织图

（六）亚欧会议

亚欧会议（Asia-Europe Meeting，简称 ASEM）是亚洲与欧洲之间级别最高、规模最大的政府间论坛。1996 年 3 月，首届亚欧会议在泰国首都曼谷举行，参加会议的 26 个成员包括亚洲的 7 个东盟成员（泰国、马来西亚、菲律宾、印度尼西亚、文莱、新加坡、越南）以及中国、日本和韩国，欧洲的 15 个当时的欧盟成员（意大利、德国、法国、荷兰、比利时、卢森堡、丹麦、爱尔兰、英国、希腊、西班牙、葡萄牙、奥地利、芬兰、瑞典）以及欧盟委员会（European Commission）。截至 2021 年，亚欧会议成员已扩增至 53 个，包括 30 个欧洲国家和 21 个亚洲国家，欧盟以及东盟秘书处。

首届亚欧会议通过的《主席声明》确定亚欧会议的目标是在亚欧两大洲之间建立旨在促进增长的新型、全面的伙伴关系，加强相互对话、了解与合作，为经济和社会发展创造有利的条件，维护世界和平与稳定。

亚欧会议遵循以下原则：各成员之间对话的基础应是相互尊重、平等、促进基本权利、遵守国际法规定的义务、不干涉他国内部事务；合作应是开放和循序渐进的，后续行动应在协商一致的基础上进行；新成员加入须先获得所在地区支持，再由首脑会议协商一致决定。

亚欧会议以非机制化方式多层次开展活动。如图 3 所示，亚欧会议没有常设秘书处，总体性过程管理由亚洲和欧洲地区各 2 名协调员负责。欧洲的协调员由欧盟和欧盟轮值主席国担任，亚洲的协调员由东盟国家小组、东北亚和南亚国家小组各确定 1 名协调员。亚欧会议的最高级别会议是首脑会议，其次是亚欧外长会议和亚欧高管会议。同时，亚欧会议还定期开办亚欧议会伙伴会议、亚欧工商论坛和亚欧人民论坛，这些会议和论坛的成果为外长会议和高管会议的举办做准备。亚欧会议关注的领域包括政治经济、财政、社会、文化和教育合作。除此之外，亚欧会议还会开展关于海关、移民等问题的常规对话，以及关于可持续发展、核能安全等主题的特别活动。值得注意的是，亚欧会议专门设立了亚欧基金会（Asia-Europe Foundation），来助力亚欧会议进程的推进。

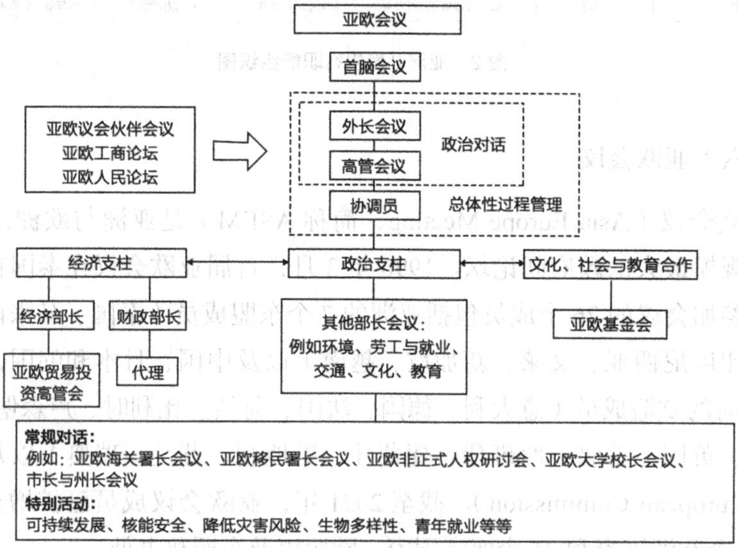

图 3 亚欧会议结构图

为了更好地推动亚欧会议在各个领域的行动，亚欧会议设立了诸多机构来开展项目。以教育领域为例，亚欧会议成立了亚欧会议教育进程；开设了亚欧搭档奖学金项目，成立了亚欧会议终身学习的教育与研究联盟。

（七）国际民航组织

国际民航组织由 193 个成员提供资金和做出指示，以支持它们作为《芝加哥公约》（1944 年）签署国在航空运输方面的外交与合作。其核心职能是维持国际民航组织秘书处（见图 4），支持外交互动，并根据各国政府通过国际民航组织大会或由大会选举产生的国际民航组织理事会的指示和核准，研究新的航空运输政策和标准化创新。业界和民间团体，以及其他有关的地区和国际组织也以“受邀组织”的身份参与国际民航组织新标准的探索和制定。这些利害相关方确定新的优先事项后，国际民航组织秘书处会召开专家组、工作队、会议和研讨会，探讨其技术、政治、社会经济和其他方面的问题。然后，在各国政府通过外交途径集体制定新的有关国际民用航空的国际标准和建议措施时，秘书处为其提供尽可能好的成果和咨询意见。一旦各国政府就新标准的范围和细节达成外交共识，该标准就会被这 193 个国家采纳，使各国法规在全球范围内保持一致，实现真正全球范围内航空运行的安全、安保和可持续性。

除了这些核心的外交和研究能力外，国际民航组织还通过其 7 个地区的办事处成为民航领域的重要协调平台。国际民航组织根据各国政府正式确定的需求和优先事项，在全球范围内开展教育宣传、发展联盟，并进行审计、培训和能力建设活动。国际民航组织标准所含的规定不会取代国家监管要求的首要地位。在主权国家内执行和由主权国家执行的始终是当地的国家规章，使用适用空域和机场的航空运营人必须依法遵守这些规章。但国际民航组织不是一个国际航空监管机构，它没有权限去关闭、限制一个国家的空域、关闭航线，或谴责机场、航空公司在安全、客户服务方面的不良表现。如果一个国家违反经该组织通过的某项国际标准，国际民航组织将根据其核心外交能力和作用，帮助各国根据《芝加哥公约》及其所载的条件和附件，按照国际法进行相关国家可能希望寻求的讨论、谴责、制裁等。

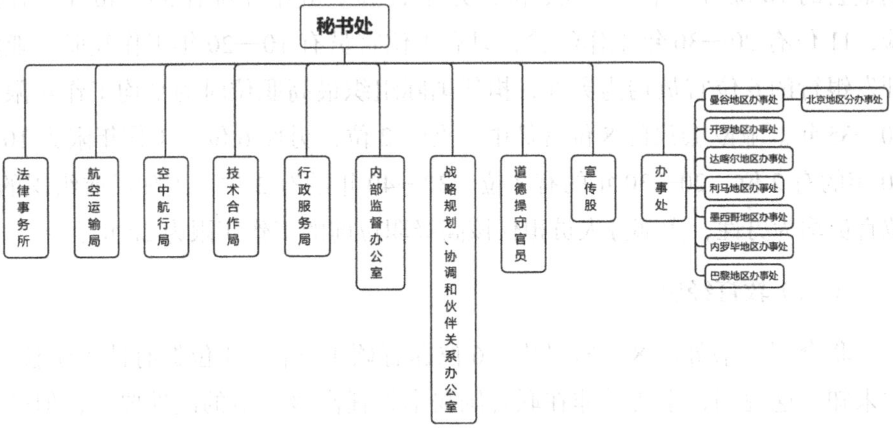

图 4　国际民航组织秘书处机构图

二、高级职员的背景分析

本文研究对象为2018—2021年在联合国系统内担任过（含正在担任）重要职务或在D级及以上，且具有一定国际知名度的官员，担任的职务包括联合国秘书处副秘书长，部分组织的总干事、副总干事，以及世界银行副主席，国际民航组织秘书长，等等。通过收集整理互联网以及相关组织官方网站公开的官员信息，形成基础数据集。由于部分官员有不同国际组织的任职经历，因此研究以官员担任最高职务的国际组织为统计标准。79位官员中，任职的组织除了联合国秘书处（8人）以外，涉及的专门机构有联合国教科文组织（12人）、世界银行（24人）、联合国儿童基金会（17人）、亚洲开发银行（6人）、亚欧会议（8人）以及国际民航组织（4人）。

（一）性别和年龄

本文所选取的79位官员中，女性有28位，男性有51位，女性占比约为35%，男性占比约为65%。其中联合国秘书处的8位副秘书长中，女性4位，男性4位。大部分官员在履职前拥有30—40年工作经验。联合国教科文组织的12位官员中，女性5位，男性7位。大部分人员担任该高级职位前的工作年限为20—30年，其中，根据5位任职时提供的年龄信息，他们在入职时的平均年龄为56岁。世界银行的24位官员中，女性12位，男性12位。24位官员担任国际组织最高级职位时的平均工作年限为30—35年。联合国儿童基金会的16位官员中，女性5位，男性11位。其中4位有30—40年工作经验，11位有20—30年工作经验，只有1位官员有10—20年工作经验。亚洲开发银行的6位官员均为男性，担任国际组织最高职位时的平均工作年限为30—35年。亚欧会议的8位官员中，女性2位，男性6位。工作年限为10—20年的有2位，20—30年的有3位，30—40年的有3位。国际民航组织的4位官员均为男性，大部分人员担任该高级职位前的工作年限为28年。

（二）教育经历

联合国秘书处的8位官员中，6位拥有硕士学位，1位拥有博士学位，1位未知。这说明，学历并非在联合国秘书处任高级官员的硬性要求，但硕士学位获得者为主流。从专业角度看，3位硕士学位拥有者的硕士专业与从事工作有较强联系，涉及新闻传播、会计和审计三种专业性强的职位；1位官员没有学位信息，但作为安保部门管理者有大量相关项目培训经验；其余4位工作内容涉及和平、国际关系与公共服务，他们的本科、硕士及博士学位涉及人文学科和管理学科，与实际工作有关联但联系并不强。

联合国教科文组织的12位官员中，7位获得博士及以上学位，9位有海外求学的经历。总体上职员的教育专业方向与工作专业方向匹配度较高。例如，近年来任命的6位助理总干事中，自然科学助理总干事是生命科学博士，社会及人文科学助理总干事是包容发展与性别方向的毕业生，传播和信息助理总干事是信息系统专业博士。

世界银行的24位高级官员中，有11位拥有博士学位，其中10人为经济学相关专业，1人为发展学。13位拥有硕士学位，其中9人为经济与管理相关专业，1人为发展学专业，1人为法学专业，2人拥有双硕士学位。

联合国儿童基金会的16位高级官员中，6位拥有博士学位，10位获得了硕士学位，并且专业方向与岗位专业方向高度契合。例如，获得博士学位的官员中，伦理司司长和内部审计与调查部部长均拥有法学博士学位，教育司司长为教育学博士，健康部主任为医学博士。拥有硕士学位的高级官员中，2位副执行长分别来自工商管理与组织管理专业，其他大部分来自经济学与人文社科专业，并且与发展领域相关，例如，中东与北非区域主任拥有发展与阿拉伯研究硕士学位，数据研究与政策司司长为发展经济学硕士。

亚洲开发银行的6位高级官员均有海外留学经历，其中2位获得了博士学位，1位为经济学博士，1位为法学博士。其他4位拥有硕士学位，均来自不同的专业，分别是公共国际事务、工商管理、国防和战略研究、公共政策研究。

亚欧会议的8位官员中，有2位拥有本科学位，4位拥有硕士学位，2位拥有博士学位。他们的教育专业方向与工作专业方向匹配度较高。例如，专业为应用经济学的官员从事经济学领域工作，专业为会计的官员从事审计工作，专业为社会学的官员从事成人继续教育领域的工作。相对而言，外交工作对于专业方向要求不高，专业方向可以是法律，也可以是哲学和历史等人文社科专业。

国际民航组织的4位官员均拥有硕士学位，其中1位具有双硕士学位，涉及法律及管理类专业。从硕士阶段的专业来看，1名在硕士阶段选择了跨专业学习或者跨专业进修。

（三）职业发展

从联合国秘书处8位官员的职业周期来看，8位官员在被提名为副秘书长之前均具有在国际组织工作的经验，其中6位官员直接有至少10年的在联合国系统内部工作的经验，1位官员曾作为本国政府代表在联合国工作，仅1位官员此前从未在联合国系统内任职。8位官员都具有在联合国外部机构（企业或政府、学术部门、非营利机构）的工作经历。从工作履历来看，4位官员负责的部门有强专业性，而他们的职业经历与专业学习都与之高度相关（新闻传播、政策与合规、内部监督、安全保障）。另外4位官员都属于职业外交官，曾负责国家政府外交工作、国际组织中的外交工作等，目前在联合国秘书处承担职责涉及会议管理、业务支持、政治事务与和平事务，即工作所涉及的范围相对比较宽泛，但都与联合国秘书处的职责息息相关。由此可见，联合国秘书处的高级官员分为两种：一种为强专业性高级职员，这一类高级官员往往有较长时间在国际组织的工作经历且经历高度专业化；另一种则是作为外交官的联合国国际官员，他们在外交、公共事务等方面有较为丰富的经验。

教科文组织的12位官员中，6位在任职前已在国际组织就职，其中有3位是在教科文的其他部门工作后晋升到目前职位；4位在任职前就职于政府部门；2位就职于高校。这6位在任职前就职于国际组织的人员，在早期职业发展过程中，也有就职于其国家政府部门的经历。

从世界银行的24位官员的职业周期来看，7位官员从世界组织内部逐步晋升到D级，5位官员拥有在其他国际组织的30年以上的工作经验，拥有至少20年的国家部委级政府工作经验的有5人，至少20年企业工作经验的有4人，另有3人曾任高校教授。24位官员在世界银行的主要业务与他们的最高学历均具有较高的相关性，其中12人掌握两门或两门以上的语言，1人掌握6门语言。

联合国儿童基金会的17位高级官员包括2位副执行长、1位秘书处主任、6位司长、6位部门或中心主任以及2位区域主任。这些高级官员均有国际组织工作经验，其中14位在担任高级职位前曾就职于基金会其他岗位，在组织内部晋升。少数高级官员曾任基金会顾问，在成为高级官员前曾在其他国际组织——如世界卫生组织、世界银行担任高级官员或从事管理岗位。除此以外，这些高级官员都有在多个国家参与实地工作的经历，其中超过一半的司

长、部长级别官员在晋升前曾在不同国家担任国别代表，2名区域主任均担任过国别代表以及司长

从亚洲开发银行的6位官员的职业周期来看，1位官员从世界组织内部逐步晋升到D级。从工作履历来看，5位官员供职国际组织前的工作单位均为国家政府部门，工作年限不少于20年。根据从事的工作专业相关度来看，6位官员所学专业均与其工作所涉及的主要业务具有高度相关性。

亚欧会议的8位官员中，有4位在任职前曾在政府部门工作，有2位任职前在高校工作，有1位任职前在国际组织工作，有1位任职前在企业工作。从晋升路径来看，8位官员当中仅有2位通过组织内晋升的方式获得了现有职位，说明大多数高职位官员来源于组织外部。

从国际民航组织的4位官员的职业周期来看，2位官员初任最高职位前虽然没有国际组织任职经历，但是具有平均28年的相关行业工作经历；另外2位官员初任最高职位前有平均10年的国际组织任职经历，且均与国际民航组织工作紧密相关。从工作履历来看，4位官员供职国际组织前的工作单位主要涉及政府机构及企业，其中政府机构主要涉及国家部委、驻外使（领）馆。根据从事的工作专业相关度来看，4人与供职的国际民航组织涉及的主要业务与他们所学的专业具有高度相关性，其中2人在法律方面具有平均20年的工作经验，包括航空法和条约法。

三、国际组织代表性产出与人员聘任需求之间的关联分析

本研究尽管样本量较小，但是涉及国际组织种类较多，研究内容对于分析国际组织高层次人才特征具有一定代表性，对于我国培养和输送高层次国际组织人才也有一定参考价值。本研究认为，以联合国体系为代表的国际组织代表性产出与人员聘任需求之间有以下关联特征。

联合国秘书处设置的最初目的是为联合国的会议服务，如为举行会议进行具体安排，包括记录发言和决议、准备文件，提供翻译等。随着联合国的发展和会员国的不断增加，联合国秘书处总部的职能不断增加。根据联合国求职网站，联合国将系统内职位分为经济、社会与发展，信息与通信技术，内部安全与安保，法律，物流、运输与供应链，管理与行政，政治、和平与人道主义，公共信息与会议管理，科学，共9个类型。作为联合国六大机关之首同时也是联合国系统中雇员最多的机关，这9类雇员联合国秘书处均有

需要。然而，考虑到秘书处的服务性质，科学类人员是秘书处需求最少的。目前在任所有副秘书长中没有一位高级官员的教育和工作经历与自然科学、形式科学有强联系。

联合国秘书处副秘书长由秘书长提名任命。实际上其人员任用离不开国际政治的影响。目前，除常务副秘书长之外，负责各部门的秘书长国籍多样，五大常任理事国在联合国秘书处各有至少一位副秘书长任职，且负责联合国秘书处比较重要的职能部门，如政治安全、经济社会、人权、发展，具体如表2所示。

表2　联合国秘书处副秘书长任职情况

副秘书长主管部门	副秘书长姓名	国籍和曾任职务
政治和建设和平事务部	罗斯玛丽·安妮·迪卡洛	美国，美国常驻联合国副代表
和平行动部	让－皮埃尔·拉克鲁瓦	法国，法国外交部联合国、国际组织、人权和法语国家司司长
人道主义事务协调厅	马丁·格里菲斯	英国，联合国秘书长也门问题特使
联合国反恐怖主义办公室	弗拉基米尔·沃龙科夫	俄罗斯，俄罗斯联邦驻维也纳各国际组织大使兼常驻代表
经济和社会事务部	刘振民	中国，外交部副部长

可以看到，除了来自英国的副秘书长之外，其他四国高级官员在担任副秘书长一职之前都是长期代表本国政府在联合国等国际组织发声的职业外交官，代表国家外交利益，同时熟悉国际组织规则和外交礼仪。而其他服务于联合国秘书处运转部门的副秘书长往往有较长时间在联合国系统内部担任管理职位的经验，具体分析见上一节。目前，联合国秘书处的副秘书长的国籍除了五大常任理事国之外，还包括塞内加尔、葡萄牙、日本、印度、亚美尼亚、格鲁吉亚、加拿大、圭亚那。这些副秘书长大多有较长时间国际组织内部工作的经验及专业素质。根据对他们的分析，联合国秘书处高级职员需要大量拥有长期国际组织工作经验，专业技能集中于政治、和平与人道主义和经济、社会与发展、发展的人才。此外，审计、会计、新闻传播和安保方面的专业人才对维持组织运转至关重要，也应是我国鼓励人才进入国际组织任职发展的方向。

联合国教科文组织的代表性产出多样，如前文提到的《全球教育监测报告》《世界水资源开发报告》《世界社会科学报告》以及《人类文明史》等，本文在此选取该组织最具代表性的产出《全球教育监测报告》[①] 做深入分析。《全球教育监测报告》是由教科文组织出版的一份编辑独立、讲求实证的权威年度报告，创建于 2002 年，其任务是监测实现新的可持续发展目标框架内各项教育具体目标的进展情况。

《全球教育监测报告》的团队人员主要分为 3 个方向——研究、宣传和行政，各方向对工作人员的能力要求包括监测和报告、分析和研究、倡导、管理、宣传、出版、财务管理和运营等。目前该报告的总负责人从该报告团队中升职就任，他原来负责报告中的监测板块；在加入这个团队之前，他在教育领域里的公共财政、检测与评估方向有 10 年的实践工作经验；他同时还拥有经济学的博士学位。

《全球教育监测报告》团队大体可分为初、中、高 3 个级别，分别对应助理项目官员、项目官员，以及高级项目官员或分析师，在 3 个级别中，研究方向的人员均占绝大多数。在高级项目官员或分析师这一层级，大部分研究方向的人员都有博士学位，且学习方向是经济学、人口学、统计学以及教育学；宣传与行政（筹资）方向的高级职员学历与研究方向相较之下不高，但相关实践工作经验丰富。在项目官员这一层级，大部分人员都取得了相关领域的硕士学位且在经合组织工作过，这也许和经合组织同《全球教育监测报告》团队一样同注重组织的研究能力有关，其中一位是通过参与该组织的初级专业人员项目继而留在团队的。在助理项目官员这一层级，人员学历和中级一致，基本是硕士研究生，其中一位甚至拥有博士学位。在工作背景上，初级人员与中级人员的工作内容和机构类似，不过中级人员会担任更多的领导性工作。

总体而言，在《全球教育监测报告》团队工作的人员均有国际组织或多国工作经历，团队的大部分员工就职于研究方向，对研究方向的员工学历要求较高，专业方向多与经济学、统计学相关，但对就职于宣传与行政（包含筹资）方向的员工，则更看重其实践经验。

世界银行致力于为发展领域提供真实的统计数据，同时为发展中国家提供分析和建议。基于此，世界银行希望通过免费、公开的数据分享，培养公

① UNESCO. Non-state Actors in Education: 2021/2 GEM Report. (2021-12-10)[2022-02-09]. https://gem-report-2021.unesco.org/non-state-actors-in-education/.

有意识，广泛建立伙伴关系，吸引更多相关方参与到发展进程当中。世界银行的官方网站免费提供公开数据库，其中最重要的是“世界发展指标”。该报告收录了各个国家、地区和全球测算数据，提供关于217个经济体的近1600个指标，用户可通过主题、时期、专题等不同搜索类型浏览全球数据。借助可视化和互动性资料，用户还可以了解数据的演变情况以及世界银行在监测可持续发展目标完成进度方面所起的作用。该数据库由世界银行发展数据局与200多个国家统计局、50多个外部伙伴，以及世界银行国别代表处专家和总部各全球实践局合作建立并负责维护。世界银行的代表性产出还包括《世界发展报告》《国际债务统计报告》《政策研究报告》等，内容涵盖风险管控、技术改革、性别平等、公共健康、农业经济、气候变化等多个方面。一般而言，这些报告由以世界银行工作人员和外部专家、顾问组成的研究小组，通过咨询大量研究人员、政策制定者、基层领导人、非政府组织工作人员、私营部门和捐赠机构的代表后共同撰写完成。

联合国儿童基金会主要通过项目、出版物、数据、研究四类产出实现基金会在儿童保护与接纳、儿童生存、教育、社会政策、应急响应、性别、创新为儿童、供应与物流和研究、证据与分析九大领域的工作目标。基金会在各领域分别配有专职高级职员，负责统筹管理该专业方向的工作，并专设项目司领导监督项目工作，但基金会内除项目外的其他3类代表性产出与高级职员聘任需求之间的关系尚不明确。通过收集和分析联合国儿童基金会于2021年12月发布的信息通信技术主任（D2级别）招聘信息和高级官员履历介绍，本小节将从招聘信息及现有高级官员履历两方面分析个人专业背景和品质与组织的主要产出之间的关系，厘清基金会在高级职员的聘任方面的关键需求与考察重点。

从招聘信息来看，信息通信技术部主任的岗位直属于负责项目成果与创新的副执行主任，职责包含4个方面。（1）政策制定：协同总部、区域和国家办事处共同制定迭代信息通信技术相关的全球战略、优先事项以及方案，指导信息通信技术在发展和人道主义响应方案中的应用。（2）研究与创新：通过研究将前沿数字工具应用于组织整体战略规划以及成果产出过程，推动组织工作方式以及解决方案的创新与变革。（3）内部管理：领导组织业务模式和流程的持续数字化转型，包括调整和更新全球员工队伍，并协调、监测与制定相关工作规划。（4）外部合作：支持和发展与信息行业私营部门、学术界和其他行业领袖的伙伴关系。

教育背景方面，该岗位要求候选人有计算机科学、软件工程、信息系统管理、工商管理相关硕士研究生及以上学历，并且在国际组织、政府或私营部门中有15年以上的工作经验。要求的专业素养中包括了信息技术专业知识、组织发展、管理与变革的能力、复杂的多元文化背景下的领导力和富有同理心的人际交往能力。另外，岗位要求的个人核心素养与组织介绍中提到的“关爱、尊重、正直、信任、责任”五大核心价值完全一致。

岗位招聘信息体现了联合国儿童基金会对高级职员的综合能力与专业素养的多维度考量，在强调专业化的学术背景，要求候选人利用专业知识为联合国儿童基金会的产出成果做出贡献的同时，还要求将技术作为组织内部发展的工具和手段，并且以信息通信技术作为平台，拓展伙伴关系，搭建合作网络。从岗位职责和教育与专业要求中可以看出，联合国儿童基金会对高级职员的岗位规划并非只对应组织四类产出中的一类，而是要求职员可以依托已有专业经验推动项目创新与落地，参与研究并产出相关出版物及数据，并且推动组织内部发展与变革。

尽管在职位要求中提到，D2级别的官员需要至少15年的工作经验，但从已有相似级别的职员背景来看，能够胜任该岗位的候选人大多拥有20—30年的相关经历，并且在过去的经历中有十分显著、综合性强并且与基金会主要产出高度相关的工作成果。以上一节使用的高级职员中现任联合国儿童基金会项目司社会政策与社会保护部主任娜塔莉亚·温德尔-罗西为例，温德尔-罗西女士在出任部门主任前已经拥有22年的工作经验。同时，由于该岗位与上文提到的信息通信技术部主任级别相似，温德尔-罗西女士的职业路径与专业背景可以为谁理解联合国儿童基金会对高级职员的聘任需求提供有效帮助。

温德尔-罗西女士的个人领英主页显示她拥有两个硕士学位，分别是美国乔治城大学的发展经济学与国际发展硕士和英国伦敦政治经济大学的社会政策研究硕士。在出任部门主任前，温德尔-罗西女士曾领导联合国粮食及农业组织全球社会保护组，兼任农村贫困与和性与人道主义行动战略项目高级顾问。在此之前，她曾作为高级社会保护专家与社会保护项目官员在联合国儿童基金会东部与南部非洲区域办公室和纽约总部工作。其间，她为24个国家提供技术指导并加强了与艾滋病相关的社会保护与韧性建设工作，并合作领导开发了联合国儿童基金会的第一个社会保护框架。结合温德尔-罗西女士的履历和上文提到的信息通信技术部主任的聘任要求可以看出，联合国儿童基金会需要在某一领域长期深耕的高级职员，并且需要有具体实地工作经验配合项目规划、政策制定等文案与研究相关工作经历。尽管联合国儿童基金会在九大领域各配有部门主任，并指派项目司司长领导全球项目类工作，联合国儿童基金会在出版物、数据以及研究方面的工作与多数高级职员的聘任需求并无直接联系，但各个专业领域的高级职员都具有强专业能力与综合管理能力，由此推断这些高级职员横向把握联合国儿童基金会在项目、出版物、数据与研究方向的工作能力。

以亚洲开发银行为例，知识创造和分享是其工作的组成部分。每年亚洲开发银行都会出版大量的研究报告、统计报告、工作文件、图书、简报和宣传材料，所有的出版物都可供数字下载，用户可通过主题、时期、专题等不同搜索类型浏览。亚洲开发银行采用以国别为重点的方式，针对每个发展中成员提的具体发展需求和挑战，定制解决方案；亚洲开发银行积极寻求各种途径，促进在其业务中先进技术的应用，并为发展中成员提供能力建设支持；亚洲开发银行将各行业和专题的专业能力相结合，推动公告和私营部门合作，提供综合解决方案。其代表性产出包括：年度报告，亚洲发展瞭望，亚太地区发展指标及其他与之关键发展主题相关的研究、政策分析、指南等出版物。

亚欧会议致力于促进亚洲和欧洲在政治、经济和文化领域的合作。亚欧基金会为亚欧会议提供资金支持，同时重点关注社会文化活动，包括亚欧之间的专家和人员的交换。在教育领域，亚欧搭档奖学金项目的秘书处为亚欧之间人员流动提供保障，亚欧会议终身学习的教育与研究联盟推动终身学习的进程。亚欧基金会通过提供交流思想的机会来促进亚欧人民之间的相互理解与合作。作为亚欧会议的民间社会外联机构，亚欧基金会是加强亚欧双边区域关系的常设网络，主要通过研讨会、工作坊、会议、出版物、门户网站、赠款和公开演讲来加强亚欧之间的关系。亚欧基金会招聘要求官员的国籍为亚欧会议成员。该组织的高职位官员每四年更换一次，并且轮流从亚洲和欧洲选取候选人。在主任层面，执行主任和副执行主任都是外交家。执行主任森川彻大使是一位经验丰富的外交官，会说日语、法语和英语。他曾经担任过日本驻伊朗大使馆的外交使节、日本驻法国大使馆的公使衔参赞，并负责过很多文化交流倡议。此外，他在媒体和地区经济合作领域也有工作经验，擅长与企业等不同机构建立伙伴关系，推动项目进展。副执行主任利昂·费伯大使是一位有着将近30年工作经验的职业外交官。他曾经担任过欧盟驻老挝的代表团团长、卢森堡外交部副秘书长、卢森堡驻河内大使馆负责人。此外，他在人权、健康和人道主义事业方面也有工作经验，在发展合作方面有超过20年的工作经验。他还拥有在德国、中国和卢森堡的学习经历，对于跨文化议题非常感兴趣。在各个细分部门，部门主任的专业和职业发展经历与部门匹配度较高。例如，治理与经济部门主任扬尼克·比诺博士曾经在法国的里尔大学担任了超过20年的经济学教授。作为一名学者，他在国际层面开展了很多国际合作的项目。除了学术成果以外，他还指导、支持和管理了大学内部的国际合作部门的师生流动项目，并为很多亚洲国家开设了双学位项目。他曾经在东盟秘书处及其10个成员内领导了欧盟-东盟指南项目。可持续发展与公共健康部门执行主任格拉齐娜·普拉维斯卡于2010年加入亚欧基金会，于2020年在组织内部晋升成功。在加入前，她在波兰经济部从事区域发展相关的工作。此外，她也积极参加非政府组织的工作，支持创新创业和经济贸易。传播部门主任劳伦斯·安德森在新加坡获得了本科学位，并在英国获得了硕士学位。他有非常丰富的外事经历，曾经担任新加坡常驻联合国纽约代表团一等秘书，担任新加坡驻多地的外交官员，例如新加坡驻沙特阿拉伯王国的大使和驻巴林王国的非驻地大使。此外，他还担任过东盟司区域政策副司长、欧洲司司长等多个职务，与东盟、欧洲有过密切的工作联系。财务与行政部门主任兰贡斋有着丰富的企业工作经验，擅长于管理财务及会计职能，变革及危机管理，检讨企业财务、现金流及内部控制。

亚欧搭档奖学金项目的秘书处为该项目提供行政支持服务，为亚欧之间人员流动提供保障。秘书处主任李素姬毕业于心理学相关专业，但是在教育领域有着10—20年的工作经验，通过组织内晋升的方式获得了主任职位。

亚欧会议终身学习的教育与研究联盟为终身学习领域的研究者、实践者和政策制定者提供了一个对话平台，进而促进循证的教育变革和创新。在伙伴大学和亚欧会议成员的支持下，联盟每年组织研讨会和会议、出版图书并在其官网发布信息。在会议上，联盟还会将研究成果分享给大众、亚欧会议部长代表，以及学术界。当前的主持人谢默斯·图米身兼多职。他是科克大学的高级讲师，是美国成人与继续教育协会（American Association for Adult & Continuing Education）的大使，是科克大学成人继续教育中心主任，是联合国教科文组织终身学习研究所关于大学如何推动终身学习的专家组成员。这些职位为谢默斯·图米提供了终身学习领域的全球网络，有助于该联盟开展教育与研究工作。

以国际民航组织为例，该组织的核心职能是维持国际民航组织秘书处，支持外交互动，并根据各国政府通过国际民航组织大会或由大会选举产生的国际民航组织理事会的指示和核准，研究新的航空运输政策和标准化创新。国际民航组织通过许多其他活动及其与成员和各利益攸关方的合作，制定政策和标准，进行合规审计、研究和分析，提供援助和建设航空能力并实现全球民用航空系统的可持续增长。其代表性产出包括：航空惠益报告、全球航空安全计划、安全报告、全球空中航行计划、空中航行报告、国际民航组织世界航空论坛，以及国际民航组织“不让任何国家掉队”举措等相关项目、活动及出版物。

通过收集整理该组织官方网站公开的官员信息，结合空中航行局 D1 职位的招聘需求进行分析发现，该岗位的主要职责包括监督全球航空导航计划、领导国际民航组织、确保全球空中交通管理现代化计划的连续性和协调性、监督全球航空导航计划结果的报告，并从现场实施报告中吸取经验教训，以更新全球航空导航计划和其他组织文件，与其代表性产出成果紧密相关；在管理和处理危机方面，岗位要求与有关国家代表谈判飞行情报区边界和协调处理争端的能力；在创新与合作方面，岗位要求具备通过与利益相关者的合作，保持对新兴业务的技术意识的能力；在执行与协调层面，岗位要求具备与相关技术专家和部门密切合作，编写和提供技术咨询和指导，并传达战略方向的能力；在培训层面，岗位要求与其他部门相关部门协调，监测相关培训课程的开发及管理的能力；各项能力要求均对应国际民航组织核心职能，尤其注重规划、指导和监督全球和区域航空计划等核心产出的工作能力以及处理复杂问题的协调和沟通能力，能够识别组织战略、机遇和风险，并且明确传达组织战略和具体项目目标之间的联系。

在教育背景方面，该岗位优先要求申请人具有航空相关领域的学士或硕士学位，或科学、技术管理、行政和其他相关领域的同等学位。在工作经验方面，该岗位要求至少 15 年的工作经验，其中至少 10 年在民航局、机场、航空公司、航空导航服务或其他航空相关组织工作，需要具有规划和管理民航方面的实际经验，以处理跨越国界的航空事务，包括与政府当局进行高级别谈判的经验，在领导和指导多学科航空专家团队在实现组织目标方面具有成熟的经验，同时具备管理或协调技术援助、能力建设和执行航空安全等相关活动。这些相关技能和要求与国际民航组织制定政策和标准、研究和分析、提供援助和建设航空能力等核心职能一一对应，同时在管理和领导方面突出了岗位人才在政治、外交、管理等方面的能力和才能，以对应国际民航组织与成员和各利益攸关方协商和谈判飞行情报区边界和协调处理争端的主要职能。

结合上一节对选取的国际民航组织4位高级官员的分析可知，4位官员任个人最高职位前有平均28年的相关工作经历，远超网站发布的任职需求，且均与民航领域工作紧密相关，除去国家部委、驻外使（领）馆等国家政府部门任职经历外，还有法律、环境领域等丰富的行业经验，整体专业性强，与组织专业性匹配度高。同时，4位官员涉外程度高，有政府机构履职情况的官员大多曾从事外交工作，出身其他行业的官员在职业周期内也多有从事罗马公约现代化和航空安保公约现代化外交大会等涉外工作经历，担任过协调员或双重职务，对其专业能力、协调和管理能力要求较高，在专业素质和领导力方面也能够与岗位任职需求匹配。

四、国际组织的薪酬、吸引力和筹资来源

联合国教科文组织每2年制定一次预算，2020—2021年的预算为13.47亿美元，其中5.346亿美元来自正常计划，1700万美元来自正常计划额外拨款，7.76亿美元来自自愿捐款，2780万美元来自创收基金和管理特别账户。截至2021年6月，已筹得8.91亿美元，但组织项目的一些重点领域仍然资金不足。

作为联合国的专门机构，教科文组织的薪酬福利体系与其他联合国机构一致，在专业人员及以上的国际工作人员征聘均遵循国际公务员制度委员会制定的标准。人员分为专业人员和主任2个类别，专业人员有5个等级，即P1至P5，主任有2个等级，即D1至D2。他们的工资由两个主要部分组成：底薪和工作地点差价调整数。国际公务员制度委员会定期了解会员国中公务员的薪酬水平最高的国家，美国一直是一个参照对象，因为美国的国家公务员制度有着较高的薪酬标准。

根据国际公务员制度委员会公布的专业及更高层级人员薪酬福利标准（详

情参见图 5）来看，薪酬福利系统比较完善，比如每月有 2.5 天的假期，如果出于工作原因没能休满假期，则会换算成工资。

Salary scale for the Professional and higher categories

Annual gross salaries and net equivalents after application of staff assessment

(United States dollars – effective 1 January 2021)

Level		Steps I	II	III	IV	V	VI	VII	VIII	IX	X	XI	XII	XIII
USG	Gross	205 264												
	Net	150 974												
ASG	Gross	186 323												
	Net	138 473												
D-2	Gross	148 744	152 092	155 517	158 944	162 371	165 798	169 221	172 650	176 074	179 498			
	Net	113 621	115 881	118 141	120 403	122 665	124 927	127 186	129 449	131 709	133 969			
D-1	Gross	133 164	136 000	138 840	141 679	144 507	147 347	150 194	153 198	156 211	159 217	162 224	165 229	168 239
	Net	102 715	104 700	106 688	108 675	110 655	112 643	114 628	116 611	118 599	120 583	122 568	124 551	126 538
P-5	Gross	114 767	117 181	119 596	122 006	124 420	126 831	129 247	131 659	134 071	136 483	138 897	141 306	143 723
	Net	89 837	91 527	93 217	94 904	96 594	98 282	99 973	101 661	103 350	105 038	106 728	108 414	110 106
P-4	Gross	93 964	96 109	98 254	100 433	102 760	105 089	107 420	109 749	112 076	114 401	116 734	119 057	121 386
	Net	74 913	76 543	78 173	79 803	81 432	83 062	84 694	86 324	87 953	89 581	91 214	92 840	94 470
P-3	Gross	77 132	79 117	81 103	83 086	85 072	87 055	89 039	91 028	93 011	94 995	96 984	98 968	101 036
	Net	62 120	63 629	65 138	66 645	68 155	69 662	71 170	72 681	74 188	75 696	77 208	78 716	80 225
P-2	Gross	59 612	61 387	63 161	64 936	66 713	68 491	70 268	72 038	73 816	75 589	77 366	79 143	80 917
	Net	48 805	50 154	51 502	52 851	54 202	55 553	56 904	58 249	59 600	60 948	62 298	63 649	64 997
P-1	Gross	45 990	47 370	48 749	50 142	51 647	53 157	54 662	56 170	57 676	59 184	60 689	62 196	63 703
	Net	38 172	39 317	40 462	41 608	42 752	43 899	45 043	46 189	47 334	48 480	49 624	50 769	51 914

Abbreviations: ASG, Assistant Secretary-General; USG, Under-Secretary-General.

NOTE: The normal qualifying period for in-grade movement between consecutive steps is one year. The shaded steps in each grade require two years of qualifying service at the preceding step.

图 5　专业及更高层级人员薪酬福利标准

联合国儿童基金会的资金主要来自各国政府、政府间组织、非政府组织和个人的自愿捐款。预算方面，根据基金会 2022—2025 年综合预算计划与 2008—2020 年的收入与支出对比显示，自 2008 年以来，基金会年收入基本呈上升趋势，总增长 38 亿美元，主要来自预留款项，并且在 2020 年首次突破年收入 70 亿美元关口。基金会的支出主要分为项目活动支出与机构预算两方面，其中项目活动支出占总支出的百分比自 2012 年来连年增长，在 2020 年达到了 91%，并且基金会在保证项目活动支出不断增长的同时通过增强内部效率与发展有效性将机构预算控制在同一水平。工资薪酬方面，联合国儿童基金会依据联合国薪资标准及政策（具体标准可参考本小节第 2 段联合国教科文组织工资标准），按照学工的 3 种类型——国际专业人员（international professional）、国家专员（national officer）和一般服务人员（general service）签署两种类型的合同，分别是固定期任职（FTA）合同和临时任职（TA）合同。签署这两种合同的员工享受相同的底薪，但签署临时任职合同的员工享有的福利较少。

世界银行的资金主要来源于各成员缴纳的股金、国际金融市场借款以及债券和贷款利息。世界银行的员工职级主要分为 11 个级别，最初级为 GA，最高级为 GK。各个级别对于学历和经验的要求也有所不同，详见表 3：

表 3　世界银行员工职级设置

<table>
<tr><th>级别</th><th>类型</th><th>要求</th></tr>
<tr><td>GA–GD</td><td>行政类
例如：项目助理、行政助理等</td><td>本科学历及 2—3 年的相关经验</td></tr>
<tr><td>GD–GJ</td><td>专业技术类
例如：运营官员、项目经理、技术支持专家、金融及经济学家等</td><td rowspan="2">GE 及以上级别：硕士或博士研究生学历并至少拥有 5 年相关经验</td></tr>
<tr><td>GH–GK</td><td>管理类
例如：部门经理和主管、国别经理和主管、高级顾问、副主席等</td></tr>
</table>

薪资方面，世界银行分为总部和国别办公室两大薪资体系，国别办公室以当地货币计算。从 2021 年 7 月的数据来看，华盛顿总部初级职员（GA）的年薪中位数为 41800 美元，最高管理层（GI）的年薪中位数为 317500 美元。而中国办公室的初级职员（G1）的年薪中位数为 11.4 万人民币，最高管理层（GH）的年薪中位数为 178 万人民币。

亚洲开发银行的主要资金是通过在世界资本市场上发行债券筹集资金，还依靠成员的捐款、贷款业务的留存收益、贷款的偿还，以及一些特别基金提供的贷款和赠款。亚洲开发银行为其员工提供有竞争力的薪酬和全面的福利待遇，其中包括为员工和家属提供的全球医疗保险、人寿和伤残保险、休假、意外事件福利和退休福利。银行所有员工的薪酬都是由市场驱动的，参考招聘特定职位的适当全球或当地市场。薪金根据工作的责任程度来确定，每年会进行审查，以确保亚行的薪酬保持竞争力。对于国际工作人员的职位，工资是参照全球同等职位的市场来确定的，以美元计价。

亚欧会议的吸引力主要来源于它的几个关键特征，分别是非正式、多维度、平等的伙伴关系，高级别以及注重人与人的交流。具体而言，亚欧会议为政策制定者和官员提供了一个探讨政治、经济和社会文化事务的开放平台，是其他双边和多边平台的补充。亚欧会议关注了亚欧之间的政治、经济和社会文化领域。平等的伙伴关系倾向于相互尊重和互利的更广泛的对话和合作进程，而不是以援助为基础的关系。亚欧会议为国家元首和政府首脑、部长和其他高级官员提供了会议平台，并且重视所有部门的参与。

亚欧基金会是亚欧会议框架下的唯一常设机构，是亚欧会议的主要资金来源。亚欧基金会的资金主要来源于亚欧会议成员的自愿捐款。虽然亚欧会议成员的捐款数额不一样，但各成员都是受到平等对待的。